客家村落的传统与变迁

赵芮 邓晓华 沙仁高娃 曹晓佩 杨翊 著

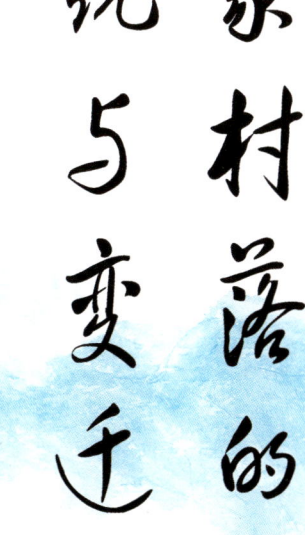

厦门大学出版社
国家一级出版社
全国百佳图书出版单位

图书在版编目(CIP)数据

客家村落的传统与变迁/赵芮等著.—厦门:厦门大学出版社,2020.11
ISBN 978-7-5615-7983-1

Ⅰ.①客… Ⅱ.①赵… Ⅲ.①客家人—村落—研究—中国 Ⅳ.①K928.5

中国版本图书馆 CIP 数据核字(2020)第 238802 号

出 版 人	郑文礼
责任编辑	薛鹏志　林　灿
封面设计	李嘉彬
技术编辑	朱　楷

出版发行　**厦门大学出版社**

社　　址	厦门市软件园二期望海路 39 号
邮政编码	361008
总　　机	0592-2181111　0592-2181406(传真)
营销中心	0592-2184458　0592-2181365
网　　址	http://www.xmupress.com
邮　　箱	xmup@xmupress.com
印　　刷	厦门集大印刷厂

开本	720 mm×1 000 mm　1/16
印张	15.5
插页	2
字数	260 千字
印数	1～1 000 册
版次	2020 年 11 月第 1 版
印次	2020 年 11 月第 1 次印刷
定价	64.00 元

本书如有印装质量问题请直接寄承印厂调换

厦门大学出版社　　厦门大学出版社
微信二维码　　　　微博二维码

序　言

本书汇集了我的几位学生研究客家的论文,当年她们在我的安排和指导下,深入客家乡村,做人类学田野调查,"深描"当地文化表象,希望以第一手参与观察获得材料在建构客家文化体系方面做些工作。其中,杨翊的文章以连城县姑田镇的游龙习俗为个案,研究客家民间信仰与宗族组织及社会结构的关系;赵芮的文章则从医疗人类学的角度探讨客家村落的卫生保健体系;高娃的文章以永定初溪土楼申报世界文化遗产的历程为个案探讨传统文化开发与再地方化问题;曹晓佩以永定县湖坑镇洪坑村客家民俗文化村为例研究文化遗产保护与传统社区的重构问题。这些文章虽成文多年,她们也早已毕业,但近年又重作修改,提交出版。

从本书的研究内容和聚焦我们可以观察到整个客家研究的变化过程,早期的客家研究内容上多重客家史,方法上基本沿袭罗香林的文献族谱研究方法,强调客家族群族性的特殊性以及客家文化的共性特点;而近年来的客家研究则具有显著的人类学取向,重视人类学的微观单点的"深描"个案研究,从具体的文化表象探讨客家文化的个性特点,善于借鉴人类学的理论和方法以及最新的相关学科成果来建构客家文化共同体,例如"何谓客家"、"客家人的来源及特征",一直是客家研究争论的问题之一,近年来研究者开始注意到应该在西方的族群建构理论如巴特的边界理论与国内本土学者注重的"历史连续体"的学说之间建立一种互补协调而非"非此即彼"的平衡点,也就是说应该在客家认同的主观建构与语言、基因等客观标准之间建立一个可对话的平台。这正如王明珂先生所主张的:在族群认同与区分中,语言、体质与文化的客观特征与主观想象如何形成、改变与被建构。也就是说,不只涉及客观的体质和语言因素如何传播、分化,造成在地表人群间的客观分布,更涉及这些有客观异同的体质与语言因素,如何被人群主观的分类、理解,以造成人群的认同与区分。我们希望透过此主题,在生命科学与人文间产生一些交流与对话,对于双方的研究有本质上的突破与帮助。

即便如此,学术研究的不确定性仍在持续变化之中,例如,传统的观点认为:族群的体质特征是区分族群的重要标准之一,因为人群的体质特征相对于语言、习俗等文化因素更为稳定,且可以区分群体,但最近的研究发现:遗传、地域、气候、营养、体育锻炼、社会经济状况等都可影响体型,其中虽然遗传起主要作用,现代性引起的广泛的人群移动,导致不同人群基因产生交流,体型特点会发生较大变化。例如我的同事胡荣博士研究畲族体型发现:史料、传说、语言、考古、分子生物学等方面的证据显示在最初畲族形成的时候,与苗、瑶或闽、越等南方少数民族族群有着很近的关系,但在民族不断迁徙、发展过程中,畲族与周边的族群尤其是与汉族群体不断发生基因交流、融合以及适应,最终了形成现今畲族体型与汉族各群体反而更相近的景况。畲客都是山地族群,关系密切,这些研究对客家研究有启示意义。

学术研究犹如海岸沙滩划线,潮起潮落,永无止境。唯以保持谦卑与质疑之心,不断学习,努力奋进,亦望此书的出版有助于客家文化的研究进步。

是为序。

邓晓华

2020年初秋于厦门大学东区寓所

目　　录

第一章　绪　　论 ………………………………… 沙仁高娃/3
　第一节　客家与客家研究 ………………………………… 1
　第二节　文化与文化变迁 ………………………………… 5
　　一、文化的概念 …………………………………………… 5
　　二、文化变迁理论 ………………………………………… 5
　　三、文化变迁的原因与途径 ……………………………… 7
　第三节　村落与村落社会文化变迁研究 ………………… 8
　　一、单村落的民族志研究 ………………………………… 9
　　二、多村落的比较研究 …………………………………… 9
　　三、超越村落的研究 ……………………………………… 10
　　四、文化遗产、旅游与村落社会文化变迁 ……………… 11
　第四节　客家村落社会文化研究的意义 ………………… 12

第二章　宗族社会与民间信仰
　　　　——连城县姑田客家村落民间信仰的
　　　　人类学考察 ……………………………… 杨　翊　邓晓华/14
　第一节　前言 ……………………………………………… 14
　第二节　姑田镇的历史沿革和人文背景 ………………… 15
　第三节　对构成民间信仰地缘因素的分析 ……………… 16

  一、公王庙 …………………………………………………… 17
  二、天后宫 …………………………………………………… 19
 第四节 民间信仰与宗族互动关系的分析 ………………………… 22
  一、姑田邓姓 ………………………………………………… 22
  二、姑田赖姓 ………………………………………………… 25
  三、姑田蒋姓 ………………………………………………… 28
  四、姑田江姓 ………………………………………………… 33
  五、姑田华姓及华姓和蒋姓的关系 ………………………… 35
 第五节 姑田民间信仰的变迁 ……………………………………… 37
 第六节 结 论 …………………………………………………… 39

第三章 客家村落的卫生保健体系研究
  ——以福建南靖县塔下村为例 ……………………… 赵 芮/42

 第一节 医学体系与病因论 ………………………………………… 42
 第二节 塔下自然、人文与经济环境 ……………………………… 46
  一、自然与人文环境 ………………………………………… 46
  二、经济环境 ………………………………………………… 49
 第三节 卫生保健体系 ……………………………………………… 51
  一、专业方式 ………………………………………………… 52
  二、民间方式 ………………………………………………… 65
  三、大众方式 ………………………………………………… 69
  四、小 结 …………………………………………………… 72
 第四节 社会支持和基础设施 ……………………………………… 73
  一、交通和教育 ……………………………………………… 73
  二、新医疗政策和社会福利、基金会 ……………………… 75
  三、小 结 …………………………………………………… 78
 第五节 结 论 …………………………………………………… 79

第四章 传统文化开发与再地方化
  ——以永定县初溪土楼群"申遗"为例 …………… 沙仁高娃/82

 第一节 绪 论 …………………………………………………… 83
  一、选题背景及意义 ………………………………………… 83

二、研究方法 ………………………………………………………… 85
　第二节　社区概况 …………………………………………………… 86
　　一、下洋镇印象 ……………………………………………………… 86
　　二、走进初溪 ………………………………………………………… 88
　第三节　初溪村世界遗产申报历程及发展现状 …………………… 98
　　一、申报历程 ………………………………………………………… 98
　　二、"申遗"大浪潮下的初溪 ………………………………………… 99
　　三、旅游业发展现状与民众参与 …………………………………… 101
　第四节　"世遗"的归属与村民的反抗 ……………………………… 110
　　一、村民与旅游公司之间——谁的家园？ ………………………… 111
　　二、村民与政府之间 ………………………………………………… 116
　　三、村民之间 ………………………………………………………… 123
　　四、小　结 …………………………………………………………… 125
　第五节　"世遗"对地方政治的影响 ………………………………… 127
　　一、书记派"一手遮天"时期 ………………………………………… 128
　　二、书记村主任的两派对峙 ………………………………………… 130
　　三、小　结 …………………………………………………………… 136
　第六节　结　论 ……………………………………………………… 137
　附录一　集庆楼与"九宫八卦" ……………………………………… 139
　附录二　2009年12月30日签订的最终修改协议 ………………… 140
　附录三　永定客家土楼申报《世界遗产名录》环境整治
　　　　　房屋拆迁补偿安置协议书 ………………………………… 142
　附录四　永定县人民政府办公室关于初溪村民要求分享土楼
　　　　　旅游开发利益问题调查处理情况的报告 ………………… 145

第五章　客家传统社区的重构
　　　　——以永定县湖坑镇洪坑村客家民俗
　　　　文化村为例 ……………………………………… 曹晓佩/148
　第一节　绪　论 ……………………………………………………… 148
　　一、研究缘起 ………………………………………………………… 148
　　二、理论回顾与文献综述 …………………………………………… 150
　　三、研究方法及资料来源 …………………………………………… 156

第二节　社区概况 ··· 157
　一、永定县概况 ··· 157
　二、湖坑镇概况 ··· 159
　三、洪坑村概况 ··· 161

第三节　永定土楼申遗的过程 ··· 164
　一、申遗的经过 ··· 164
　二、政府政策及客家文化精英的活动 ······································ 170

第四节　客家文化习俗的承继和再生 ··· 178
　一、传统文化习俗的承继 ·· 178
　二、客家文化遗产的再生 ·· 181

第五节　客家族群认同的强化 ··· 184
　一、政府对当代客家认同的推动 ·· 184
　二、地方民众的认同 ··· 188

第六节　社区内部不同利益群体的关系 ····································· 191
　一、公司与村民的关系 ··· 192
　二、公司与政府的关系 ··· 197
　三、政府与村民的关系 ··· 199
　四、村民内部的关系 ··· 200

第七节　结　论 ·· 204

附录一　福建省永定县旅游发展总体规划
　　　　（2008—2020）（部分） ·· 206

附录二　福建土楼·永定客家土楼保护规划 ······························ 214

参考文献 ··· 223

第 一 章

绪　　论

沙仁高娃*

第一节　客家与客家研究

客家是汉族中重要的民系（族群）之一。客家先民，原是黄河江淮流域的汉人。长期的迁徙，至今客家人已遍及世界各地，用他们的话说是："有山的地方就有客家人"、"有太阳的地方就有客家人"，足以昭示客家人分布之广泛。同时客家先民在迁徙的过程中，不断与当地住民互动，吸收了各地文化的精华，形成了在语言、民情、风俗、精神特质等方面有显著特点的客家文化。因此，近几十年来，客家研究成为一门显学，掀起了一股客家热，国内外学者都参与到了客家研究中来。

何为客家？中国社会科学院语言研究所编辑出版的《现代汉语词典》对"客家"的解释是："指在4世纪初（西晋末年）、9世纪末（唐朝末年）和13世纪初（南宋末年）从黄河流域逐渐迁徙到南方的汉人，现在分布在广东、福建、广西、江西、湖南、台湾等省区。"1979年出版的《辞海》对"客家"做了进一步阐释，"相传西晋末及永嘉年间（4世纪初），黄河流域的一部分汉人因战乱

---

* 沙仁高娃，厦门大学社会与人类学院博士研究生。主要研究方向为文化人类学、牧区社会发展、文化遗产等。

1

迁徙渡江，至唐末(9世纪末)以及南宋末(13世纪末)又大批过江南下至闽、赣、粤东、粤北等地，被称为客家，以别于当地原来的居民，后遂相沿而完成这一部分汉人的自称。语言保留最多的古音韵，称客家话"。1987年出版的《民族词典》，对"客家"则做了更详细的解释，"客家，汉语广东方言称为'哈卡'(Hakka)，'客而家焉'或'客户'之意。汉族的一个支系。原始于当地土著居民相区别的称谓，后相沿成自称。过去曾有误认为少数民族者。"它继而沿袭罗香林《客家源流考》五波说，谓客家先民及其后裔自北而南经历了五次大迁徙(丘权政，1999：18)。

罗香林(1989)先生在《客家源流考》中，客家先民其先世则多属于黄河流域以南，长江流域以北，淮水流域以西，汉水流域以东等，及所谓中原旧址。

"客家学"(Hakkaology)一词，系三十年代罗香林教授考证客家源流时提出的，但并未有明确的概念，之后黄石华教授的解释是："客家学就是研究客家民系的历史、现状和未来并揭示其发生、发展规律的学科。"黄石华教授认为："客家学是对客家民系进行的历史源流、组织状况、现状和未来的研究，也是对客家社会、经济、文化、民俗以及族群心理等各方面的系统而科学的研究，从而指出该群体发展趋势的研究，要从历史学、社会学、人类学、语言学、民族学等各个学科进行全方位研究，探讨客家人与整个汉族及华夏传统的关系，分析客家人族群性与人类文化的意义，进而以科学论证客家族群对中华民族及世界人类的贡献。"这样的期盼和努力与罗香林先生的初衷是一致的。

1933年，罗香林先生以汉民族客家方言群历史与文化为研究对象的学术著作——《客家研究导论》的出版，标志着客家研究工作的开始。1950年又出版了《客家源流考》，这两本书系统地总结了多年来客家问题研究的成果，还在基本的理论体系方面，对当时及后世的客家研究界产生极大影响。罗教授运用正史材料、地方志和大量客家族谱来"再现"了客家人的起源、迁徙和形成过程。其得出的两点主要结论：一是，客家是汉民族的一个民系（或支系），而不是独立的民族；二是，客家是由于历史上多次移民运动而引发的北方汉人南迁的产物。到20世纪80年代中后期，海内外学术界关于客家问题的研究，基本都是基于罗先生的观点为出发点的。房学嘉的《客家源流探奥》是对客家地区历史时期人文事项的探讨及对客家文化与历史上百越文化的比较研究提出，长期生活在赣闽粤边的客家人，"是南迁的中原人与闽粤赣三角地区的古越族移民混合以后产生的共同体,其主体是生活在这片土地上的古越族人民,而不是少数流落于这一地区的中原人"(房学嘉,1994:36)。这一结论显然与罗教授的结论大相径庭。也有学者认为房学嘉的观点站不住脚,但他试图突破罗香林以来以汉人南迁史探讨客家源流的范式,而从闽粤赣地区土著居民与土著文化的角度探讨客家人的来源与形成的问题,并提出新见解,同时将人类学的田野调查运用到研究中,这样的思路和方法显然是对客家研究的突破性尝试。

之后谢重光(1995)在《客家源流新探》中较系统地探讨了客家源流及其形成过程,提出"客家是一个文化的概念,而不是一个种族的概念"。他提到,客家既然是个文化的概念,那么,在客家形成的过程中,起作用的就不仅是北方汉人南迁这个唯一的因素,而应该包括赣、闽、粤住民的历史与文化因素。在经过一系列调查后得出的结论是,并非所有自北而南的移民都与客家人的形成直接关联,与客家源流真正相关的主要是唐宋时期的北方移民;在客家人的形成过程中,粤、赣地区的住民也是不可或缺的重要因素,客家人正是他们与北方南迁汉人互动的结果,如果没有闽粤赣边住民及其文化的"参与",就不可能形成极具地域特色的客家文化。再者陈支平在《客家源流新考》中对罗香林以来的客家研究方法进行了反思,他不只是用客家人的谱牒,而是试图把闽、粤、赣、台等地不同民系的族谱综合起来,相互参照,从而对客家的来龙去脉作出新的解释,"客家民系与南方各民系的主要源流均来自北方,客家血统与闽、粤、赣等省的其他非客家汉民的血统并无明显差别,客家民系是由南方各民系相互融合而形成的,他们都是中华民族和一千多年来大融合的结果"(王东,2007:7-9)。

除此之外,已故澳大利亚籍学者梁肇庭在《中国历史上的移民与族群性:客家、棚民及其邻居们》中,首次将西方的"族群"概念与客家联系起来,深入讨论了发生在明清时期的移民运动及其族群性问题。他的研究思路不再跟随罗香林那一代学者,而是通过树立北方游牧民族的内嵌与汉民族南下之间的历史性关联,来讨论客家的源流及其发展与"族群性"问题。梁氏认为,至少对于16世纪以来由赣、闽、粤地区迁入岭南、东南沿海等区域的那部分客家人而言,主要是基于经济的原因,而不是由于民族的或政治的原因。他认为:当某一区域进入经济高潮期时,其周边区域的人口就会因其提供的经济机会而迁徙;当这个区域的经济状况下降时,居住在此地的人口会退去周边,或迁徙到其他经济发达地区。但是在经济状况衰退时,这一区域的资源竞争导致移民的族群认同开始加强,因为只有通过认同大家才能团结一致,得到更多的生存资源,客家之所以有不同的文化认同就是因为在这种不同发展周期导致的客家人的不断迁徙及与各地住民的互动造成的结果(王东,2007:10-13)。

王东(2001)在《那方山水那方人:客家源流新说》一书中通过探讨客家的本质特征来界定什么是客家的问题,认为"最能代表客家这个群属本质特征的应该是客家方言。客家方言不仅是客家人区别于非客家人的最直观、最基本的文化特征,而且也是客家这个群属自我认同的最重要的内聚纽带","闽粤赣"作为基本单位,通过"方言群"(group of dialect, or dialectal group)来界定客家,而不是用"族群"或其他概念。

可以看出,20世纪90年代之前关于客家的研究成果主要通过历史文献、地方志和族谱等材料,从各个不同角度对客家的源流、形成和发展,以及客家语言、客家文化形成等方面进行的探究。而从20世纪90年代初开始,大量社会学家、人类学家运用人类学和社会学方法开展客家研究,出现了一批专题性和区域性的研究成果。研究范围包括客家宗族、宗教信仰、社会模式、文化、教育、性别、客家建筑、饮食、服饰、习俗等各个方面。如林嘉书和林浩的《客家土楼与客家文化》、郭丹和张佑周的《客家服饰文化》、汪毅夫的《客家民间信仰》、李永集的《性别与文化:客家妇女研究的新视野》、王东的《社会结构与客家教育》等。值得关注的还有,法国学者劳格文和福建省社会科学院客家研究中心杨彦杰共同主持的"客家传统研究"计划,通过在客家各地区的田野调查,结成了《闽西客家宗族社会研究》、《闽西的城乡庙会与村落文化》等成果,以及房学嘉的《梅州地区的庙会与宗族》、罗勇和劳格文主编的《赣南地区的庙会与宗教》、谭伟伦的《粤东三周的地方社会之宗族、民间信仰与民俗》等一系列研究成果。这些作品,均试图通过实证性的宗教信仰、习俗来研究客家社会及其历史。在他们看来这些习俗和仪式是"客家人传统上用来表述其价值体系,以及寻求保存和改善其生存方式的凭借"。这一时期的研究将文化人类学的理论和方法引入客家研究,与罗香林先生对客家的宏观研究模式不同,而是从具体村落和微观的个案入手,对客家社会和文化进行新的范式研究。同时,通过田野工作,在客家地区收集了大量的口述史资料和地方性知识,这些对今后的客家研究无疑是极其重要的。

与此同时,客家研究在台湾、日本等地也掀起了研究热潮。如陈运栋的

《客家人》、尹章义的《台湾客家史研究的回顾与展望》、陈运栋的《台湾客家研究的考察》等学术成果,对客家历史、迁移、形成以及社会经济、组织、民俗和文化等方面做了全方位研究。

第二节　文化与文化变迁

文化变迁是人类学和民族学关注的重要领域,也是社会科学研究经久不衰的课题。学者们通过实证研究,对当地社会文化现象进行准确的记录,通过各种方式的分析和比较试图从中得出社会文化发展和变迁的普遍规律和特征,从而构建出文化影响和文接触的理论框架,为提取不同文化中的普遍规律提供理论依据,这些必然为我们以后研究文化与变迁提供了坚实基础。

一、文化的概念

关于文化的概念有很多种,据所搜集的资料所显示有160多种。人类学家泰勒在1871年对文化的经典定义为:"文化,就其在民族志中的广义而言,是个复合的整体,它包含知识、信仰、艺术、道德、法律、习俗和个人作为社会成员所必需的其他能力及习惯。"(黄淑娉、龚佩华,2004:6)可以说文化是习得的生活、思维方式,也是一套社会规范。因而,一个社会中的文化是一个有机整体,文化要素之间会相互产生影响,而且也会产生新旧更替,这就使社会文化产生不断地发展变化。对社会文化发展这个永恒的主题进行探索,使文化人类学形成了体系,试图发现和概括它的规律和路径。所以人类学界产生了社会进化论、文化传播论、文化功能论、历史特殊论等学派思想。

二、文化变迁理论

(一)文化进化论

人类学进化学派的文化、社会进化思想的理论来源于18世纪启蒙运动家的进步思想,19世纪自然科学进步、生物进化论、社会进化观等。他们发现现存的土著人可以展示远古人的生活样态,因此用非西方社会,原始民族文化来研究人类社会文化的发展规律。在19世纪末以前文化进化论占主导地位,代表人物有泰勒和摩尔根等。他们从进化论的观点研究社会文化现象,认为人类社会文化的发展规律亦是从低级到高级、从原始到文明的进化轨迹。

代表作有麦克伦南的《原始婚姻·关于婚礼中抢劫仪式的起源的研究》,巴霍芬的《母权论》,摩尔根的《古代社会》,拉伯克的《史前时代》,梅恩的《古代法》,泰勒的《原始文化》等。他们用进化论的观点对宗教、婚姻、法律、氏族抑或社会的全方位探讨他们的发展规律。通过对不同民族文化现象的对比发现,很多民族中有相似的文化现象,以此来证明人类有相同的心理,对相同的刺激有相同的反应,从而产生相似的文化,而各种文化都有其发展规律,它的发展不会倒过来,是从低级到高级,从蒙昧到野蛮到文明的阶段式发展规律。如婚姻是由群婚到一夫一妻制,人类智力发展经过巫术、宗教、科学三个阶段,宗教信仰则从无神—拜物—自然或图腾崇拜—萨满—神崇拜—道德和宗教联合为一的发展规律。摩尔根(1977)认为出现这种现象的原因是:"人类是同源,而在同一个发展阶段中人类有着同样的需求,并可看出在相似的社会发展中人类会产生同样的心理作用。"他们在各个地方上的发展状况虽然不同,但都会经过这三个阶段,而进入同一个阶段发展的民族,所展现出来的文化特征就很相似。

(二)文化传播理论

文化传播论者主张人类文化只有一个或多个文化区域,从这个区域逐渐向世界各地进行传播。文化有一个共同起源的学说,更侧重于文化的横向传播,文化在传播过程中发生变迁。他们通过分析民族迁徙和人群的接触来解释文化的互相传播与借用导致的文化变迁,由此追寻文化的起源。文化之间的相同是因为相互的采借而非发明,不同文化圈的相交产生了相同性。由此,文化之间的相似性越多,其在历史发展过程中接触和交融的就会越多,即,从文化上的相似性来推测他们历史上的联系,文化特质伴随人类迁徙而扩散。代表性研究主要有里弗斯的《美拉尼西亚社会史》,他认为人类进步和发展的原动力是各人群之间的联系和文化交融。史密斯的《人类史》和威廉·詹姆斯·佩里《太阳之子》,认为世界各地的文化都是由埃及传播而来。这一观点最大的缺点显然是未能将文化现象与其创造者作区分,并未认识到人类的创造能力和社会作用。威斯勒的《人与文化》认为一切文化由发源地而逐渐向外退散。罗维的《原始宗教》认为不同文化中有连带关系。

(三) 功能—结构论

功能学派侧重于文化在社会中的功能、结构的研究。文化变迁是因为社会功能的变迁。认为社会中存在的任何一种文化,在本社会中都起着不可或缺的功能。而研究社会文化变迁应更多地重视共时性研究。代表人物有马林诺夫斯基和拉德克利夫—布朗。代表作有马林诺夫斯基的《西太平洋上的航海者》、《文化论》、《蛮族之性生活》、《文化变迁的动力》;拉德克利夫—布朗的《安达曼岛上的居民》等。

(四) 历史特殊论

历史特殊论者反对人类发展的普遍性规律,反对单线进化论。主张人类社会都有各自的特点和发展规律。博厄斯认为,"每个群体都有自己独一无二的历史,这种历史一部分取决于该社会群体特殊的内部发展,一部分取决于它所受到的外部影响"(黄淑娉、龚佩华,2004)。他的理论同时考虑到了人的创造文化的能力和文化的接触与传播。代表作有博厄斯的《海水颜色的研究》、《爱斯基摩人》、《夸库特尔民族志》等。

三、文化变迁的原因与途径

文化变迁是因为民族内部的自发性变化或由于不同族群间的接触与融合所导致的民族社会文化的变迁,这是一个动态过程。无论如何,上述学派都承认社会文化变迁的存在,只是他们所关注侧面不同。同时也可总结出对文化变迁的原因、动力和途径等。

促使文化变迁的原因可概括为内部原因和外部原因两种。内部原因即由社会内部自身的变化所引发的变迁。外部原因即由自然环境或社会文化环境的变化引起的变迁。如迁徙、民族之间的接触、政治制度的改变等。内外因素一般是互相影响和制约着的。

巴尼特(1953)在《创新:文化变迁的基础》中提出,创新是文化变迁的基础,创新是指"任何在形式上不同于固有形式的新思想、新行为和新事物"。创新即包括进化、发明和发现、传播或借用、涵化等。这也是文化变迁的过程或途径。进化是由社会内部自身发展的过程,即从简单到复杂,如旧石器时代到新石器时代的变迁自然引来人类社会文化的变迁。发现是指从前不为人知的现象被发现并应用导致的变迁。发明则是对先前有的材料的基础上进行新的整合或发明,产生新事物的过程。发明可以是由内部自己产生出来,也可以从外界引进。传播是指一个社会的文化特质或事项直接或通过第三方逐渐传入到其他社会的过程。传播是相互的,而且传播的范围或借用的程度取决于不同群体之间接触的密切程度与时间持续度。

最后,涵化既是文化变迁的一个主要内容,也是文化变迁途径中的重要概念。涵化是指不同文化群体通过持续的接触导致一方或各方的文化变迁现象。涵化过程包括文化之间出现文化特质的传递、文化的相互结合以及文化的相互替代、融合与同化、隔离或孤立、反应运动等。

第三节 村落与村落社会文化变迁研究

村落是自古以来人类聚居生活的单位。它不仅是地理概念也是文化概念,在不同的聚落生活中会形成不同的经济、历史、宗教信仰、政治和文化等形式,这便是村落文化。对于村落文化的定义很多,但大致可归纳为"它是村落成员间共享的资源,是在发展过程中学习并可代代相传的物质与精神文明,是大家的伦理观念更是行为规范"。周祝伟等按照美国社会学家保罗·布莱斯蒂德关于文化的定义,对村落家族文化给出了如下界定,"所谓的村落家族文化,就是指村落共同体内以家族制度与村落认同为基础,经世代因袭而形成的一种稳固的普遍流行的文化观念、行为方式和生活习惯"(周祝伟、林顺道、陈东升,2001:201)。可见村落文化承载着数千年来人类智慧的结晶、承载着人类生存选择与周围环境互动和发展的历史变迁与发展脉络。作为一个农业大国,从村落和村落文化着手我们的研究,显然是有重大价值的。村落文化与社会变迁研究成果颇多,下面从研究方法和研究思路将村落文化研究归纳为单村落的民族志研究、多个村落的比较研究和超越村落的研究三种类型做简要概述。

一、单村落的民族志研究[①]

我国早期多用单村落民族志"深描"的方式,即对一个村落的经济、亲属关系、宗教信仰、民俗、政治制度等全面的细致且准确记录。这样的研究方法是想试图呈现"中国农村社会和社会变迁"的大蓝图。代表作有葛学溥的《华南的乡村生活:家族主义的社会学》、林耀华的《义序的宗族研究》《金翼——中国家族制度的社会学研究》、费孝通的《江村经济——中国农民的生活》、杨懋春的《一个中国村庄:山东省台头》、韩丁的《翻身:一个中国村庄的革命纪实》、黄树民的《林村的故事:1949年后的中国农村变革》、王铭铭的《社区的历程:溪村汉人家族的个案研究》、阎云翔的《礼物的流动》、毛丹的《一个村落共同体的变迁:关于尖山下村的单位化观察与阐释》、于建嵘《岳村政治:转型期中国乡村政治结构的变迁》等一系列著作。他们的特点是只限于一个村落的研究,但范围涉及本村的历史、经济、政治、亲属关系、社会关系等来试图呈现农村社会的整体风貌。

如费孝通的《江村经济》就是"深描"一个村庄的社会结构和功能,在分别描述的同时再整合成为一个有机整体,来呈现农村和农民的现实生活和变迁路径。当然像费里德曼所言"我们不能用村落数量堆积出一个中国",也就是说他认为这样的民族志研究并不能呈现中国的实质,也无法总结出变迁的普遍规律。但也有学者在肯定个案民族志的价值,因为每个微观的个案研究是可以展示当地的社会和人文特征。我国是一个多民族国家的大国,中国村落的整体样态和不断变迁是任何一个乡土社会都不可能呈现的,这也是在世界范围内普遍存在的事实。但这样的描述和记录向世人展现了风情各异的中国特色外,也能让大家领会其中变迁的一般性规律(刘朝晖,2005:14)。通过不同村落的研究和分析,用这些研究进行交叉分析和比对,从中可以发现整个中国社会的功能、发展过程及其未来趋势。在这个层面上,村落民族志的价值是值得肯定的。

二、多村落的比较研究

单村落的个案研究只关注村内方方面面,对该村落以外的区域并不加

[①] 这部分内容归纳总结自李善峰:《20世纪的中国村落研究:一个以著作为线索的讨论》,《民俗研究》2004年第3期;车裕斌:《村落经济转型中的文化冲突与社会分化:楠溪江上游毛氏宗族村落个案分析》,北京:中国社会出版社,2010年,第35~45页。

以关注和考量,在认识到了这类研究的局限性后,费老提出"类型比较研究"的方法。《云南三村》是对易村、禄村、玉村过去半个世纪的社会变迁进行追踪调查,这便是他的实验成果。代表性著作还有庄英章的《林圯埔:一个台湾市镇的社会经济发展史》、李景汉的《北京郊外之乡村家庭》、陈达的《南洋华侨与闽粤社会》、郑大华的《民国乡村建设运动》、王铭铭的《村落视野中的文化与权力:闽台三村五论》、项继权的《集体经济背景下的乡村治理》、肖唐标的《村治中的宗族:对 9 个村的调查与研究》、张厚安等的《中国农村村级治理:22 个村的调查与比较》等。这类研究试图回答或检验基于村落社会研究所引发出来的诸多"宏大问题"。如李景汉展示了村落社会里的家庭结构和家户经济;陈达想以此审视南洋华侨对于家乡所产生的影响;乡村建设运动的发起者想以此实验摸索出"改造中国乡村社会"的"良方";而"云南三村"想通过研究"草根工业"和土地制度之间的关系,寻找一个可与"江村"进行"类型"比较的基础。至于王铭铭、项继权、肖唐标、张厚安、徐勇等人的村落研究则更是立足于检验和反思现代性、集体经济以及村落治理等一些"大问题"(刘朝晖,2005:6-7)。

三、超越村落的研究

超越村落的研究是近年来村落研究的一大特点。这个超越一是研究村落的上一级,即乡镇社会与墟市对社会经济、文化、信仰的影响。这类著作有田汝康的《芒市边民的摆》,是在云南"芒市"对"摆"的细致调查,来阐释这个仪式对摆夷人的整个生活、社会结构的形成与文化传统的传承与变迁所起到的重要作用。同时它也是社会稳定和谐的调和剂。正如田汝康所言"摆只是个宗教仪式,但它却容纳了整个摆夷文化的全部影响,甚至还启示我们对现实中的许多经济、社会、政治问题产生一种新的看法"(田汝康,1946:5)。施坚雅(1998)的《中国农村的市场和社会结构》则以 20 世纪 60 年代中国农村集市、乡镇和城市的发展,变迁和现代化的过程分析了现代化市场对农村的社会结构、文化习俗的影响,对我国的经济建设和农村的经济改革有借鉴意义。弗里德曼(2007)通过对华南宗族组织的研究表明,地方社会的互动性,即宗族组织在国家治理过程中所起的作用。武雅士(1997)则论述宗教信仰如何起到社会稳定的作用,《神、鬼和祖先》一文,即反映了人们的宗教信仰和仪式如何表现权利体系,而仪式中又如何体现人们的亲属关系。这些研究无疑让我们换了一个角度和方法书写民族志。我们不再仅仅关注国家权力对地方社会的掌控和影响,同时也逐渐开始关注地方社会对国家权力的影响和他们之间各种方式的互相渗透。

国内相关代表性研究还有:陈佩华、赵文词、安戈三人通过对移民香港的陈村的实地考察,从政治文化的角度研究陈村的道德权威与政治秩序,并在1984年出版《陈村:毛泽东时代一个中国农村社区的近代历史》和《一个中国村庄的道德与权力》,他们试图以个案研究来体现中国的政治变迁过程。此外黄宗智的《华北的小农经济与社会变迁》以及《长江三角洲小农家庭与乡村发展》分别讨论了中国的小农经济给农村带来的变化,国家权力的扩张对新型国家与社会的影响,最终产生一套完全不同的国家—社会关系,以及政治结构的出现。到20世纪80年代末90年代初,由于国家在农村实行村民自治,政治不再只是上层少数人的"建筑"而是"众人之事"(郑欣,2003)。近年来学者们陆续进入村庄,进行实地调查,并获取第一手资料。于建嵘的《岳村政治—转型期中国乡村政治结构的变迁》、吴毅的《村治变迁中的权威与秩序——20世纪川东双村的表达》以及黄树民《林村的故事:1949年后的中国农村变革》,都是通过考察村治过程,观察村落内部的政治和权威的变迁行径,或通过个人描述,来研究转型期中国乡土社会的政治制度和特征。而村落政治的变迁正是由于国家权力的渗透、现代化的普及与地方知识互动的结果。王铭铭的《社区的历程——溪村汉人家族的个案研究》、《村落视野中的文化与权力——闽台三村五论》亦是以村落为单位,在国家和社会框架中讨论了国家如何运用自己的权威对地方社会进行改造,和地方社会向国家权力作出的反应。

四、文化遗产、旅游与村落社会文化变迁

另一个值得我们研究的问题即村落遇上全球化、资源开发等现代问题,村落又会发生什么样的变迁?这亦是超村落研究。马康奈尔(MacCannel,1984)提出旅游发展即给目的地带来了广泛的文化交流,又因为游客的需要而终止了当地社区的文化发展,即造成了所谓的"博物馆化"(museumized)现象;希契科克(Hitchcock,1999)从情境论(工具论)(Situational Perspective)的角度出发,认为旅游促进了新生国家中认同形成的进程。在国内大多数研究认为由于旅游开发,国家一系列政策和其他社会互动导致强化了族群认同而且为族群文化的复制、再造和再生产提供了前所未有的场景和舞台。这方面代表性成果有徐新建《开发中国:"民族旅游"与"旅游

民族"的形成与影响——以"穿青人"、"银水寨"和"藏羌村"为案例的评述》；杨慧《民族旅游与族群认同、传统文化复兴及重建——云南民族旅游开发中的"族群"及其应用泛化的检讨》等。孙九霞基于不同案例的研究总结出旅游对当地的族群认同具有不同程度的影响，也造成不同的认同变化。

还有一些则从村落遗产地旅游开发模式进行探究，要想达到遗产地村落的可持续发展必须要有合理的开发模式。代表性著作主要有：陈腊娇、冯丽华、沈红的《古村落旅游开发模式的比较——金华市诸葛八卦村和郭洞村实证研究》；池婧、崔凤军的《乡村旅游地发展过程中的"公地悲剧"研究——以杭州梅家坞、龙坞茶树、山沟沟景区为例》；白露、张晓红的《古村落旅游开发经营模式比较研究》；应天煜的《中国古村落旅游"公社化"开发模式及其权力关系研究——以皖南西递村与宏村为例》；邹统钎的《遗产地旅游开发与管理》；梁德阔、王邦虎《世界遗产地西递、宏村经营管理体制探讨》等。这些研究则着眼于旅游地开发模式的个案研究和比较研究，分别对遗产地村落旅游要由社区主导开发或政府主导开发抑或外来租赁和企业承包开发模式进行个案的探讨。村落遗产地的经营管理和村落居民的角度进行探讨研究。这些研究从政府管理的必要性、利益分配的合理性等方面都提出了颇多有借鉴意义的研究。

第四节　客家村落社会文化研究的意义

客家村落作为以血缘和宗族为单位的共同体，在长期的共同生产生活过程中，逐渐形成了自己的传统社会文化。健康与长寿、冲突与竞争、认同与团结、变迁与发展是人类永恒的主题，在研究这些主题时必须把它们放在其所处的社会文化背景下考察，理解其在社会中的现实作用和在文化体系中的地位。另一方面，全球化和现代化正在快速且全面地影响中国，在这个社会转型时期村落社会所发生的变迁投射到村民的传统习俗、民间信仰、国家权力、村落政治等社会中的方方面面。中国乡村具有完整的社会体系，从物质生产到精神生活，其中有很多结构性的模式如宗族、地方权力结构、传统习俗、民间信仰、村落政治等，均受到市场经济与消费主义的影响。因此村落不仅是研究社会文化和变迁的基本单位，更是研究经济、政治、宗教、习俗等的依托之本。而中国作为一个农业大国，要实现全民奔小康，农村发展是重中之重。

在这样的背景下申请世界遗产这样的振兴方式不断涌现在各个地区和村落社会,"世遗"的个案研究提供了跨文化跨地区的经验对比。无论社会如何变迁,人类都需要健康的身体、健全的心智,更需要用血缘或信仰凝结起来的社会组织。因此,客家村落塔下村的健康医疗体系研究和姑田镇的宗教信仰研究代表着一个村落千百年来所形成的传统文化对当地人的健康体系和稳定社会关系所起到的积极作用。这是每个社会追求经济、政治、社会等诸多方面持续发展和进步的必要前提。正所谓:"一方水土养一方人",地方社会千百年来形成的地方性知识体现着他们的生存性智慧,是与当地社会相适应的体系。而客家村落的"遗产"和旅游开发带来的社会文化变迁正是转型期中国村落社会的一种类型。毋庸置疑,作为一个转型期的社会,其国家社会关系已产生巨大变迁,因此国家与农民之间到底发生着什么样的变化?它们之间是如何互相影响、冲突和磨合?各自的权力如何在这样的背景下施展?村委会在国家与当地社会的关系中扮演什么角色?这一系列的变化对于社会结构产生什么影响,又导致什么样的后果等都是值得我们进一步探讨的问题。这些问题的研究必然有助于我们对农村现代化、民主平等、村落发展等问题的进一步认识。从上述研究中可以看出,现在的村落研究不是将中国农村放在国家的笼统架构中研究,而是试图通过个案研究来剖析国家、村落、村民之间的复杂而微妙的互动关系,试图用不同的事件来反映转型期中国村落社会的文化、医疗、社会、政治变迁。事情的呈现好比一面镜子,只有在观察别人的时候才能发现问题,以修正自身。

本书以四个客家村落为对象,运用田野调查法,广泛地收集了民间和官方的文字和口述资料,结合历史文献,对客家村落的文化与变迁进行探讨。全书分别对客家村落的"宗教信仰"、"医疗保健体系"、"申请世界遗产对乡村政治的影响"、"申请世遗对乡村经济的影响"等进行了人类学研究和阐释,从而能更深刻地了解社会转型期客家村落文化、医疗、政治、经济传统与变迁。这已然超出了客家研究本身,希望能为探索村落发展研究提供实证和经验。

第二章

宗族社会与民间信仰
——连城县姑田客家村落民间信仰的人类学考察

杨 翎　邓晓华[*]

第一节　前　言

中国福建民间信仰最重要的两个特征：即民间信仰具有强烈的区域性和宗族社会性。本文以区域社会为场景将民间信仰的区域性特征勾勒出来。这些特征最为明晰的一点是构成民间信仰的地缘与血缘因素。某一地缘性祭祀圈的形成可视为乡民社会不愿舍近求远的实用主义价值观使然。但这只是人类学学者初步观察所获之印象，如果更深入的观察就可以发现地缘关系仅仅是构成民间信仰的因素之一，通过血缘而结集的宗族关系对民间信仰的形成以及对它所包含的信仰符号的态度，也体现了重要的作用力。宗族和民间信仰之间的作用关系非单向而是互动的。笔者之一自1984年开始做有关客家的硕士论文以来，长期致力于研究客家社区文化，本文的田野调查先后进行了4次，第一次1997年，2—3月；第二次1998年，8—9月；第三次1999年8月；第四次2000年5月。通过五个个案的田野资料描

---

[*] 杨翎，厦门大学人类学研究所1997级硕士研究生。邓晓华，厦门大学社会与人类学院教授，博士生导师，福建工程学院地方文献整理研究中心主任。主要研究领域包括比较语言学、汉语方言学、人类学、族群关系与族群理论、文化遗产、博物馆学等。

述可以看出宗族不仅是民间信仰的主体,它也是一个动态的存在,宗族的产生、发展、兴盛到衰败的过程与民间信仰符号的取舍、强化、抛弃等行为之间有着耐人寻味的对应关系。与此同时,宗族与宗族之间的关系也会从对待信仰符号的关系上反映出来。

当前社会转型时期乡民社会所发生的变迁也投射到民间信仰上。经济中心的转移、媒体的普及、信息的高速传递促使民间信仰体系内部的主次关系发生了转变。这种转变虽然不是民众主观意志的结果,也未必是他们所期望的,但不同信仰符号的衰落和兴盛还是清楚地显现出来。以作者的观点,这种状况不但不会轻易消失而且将愈演愈烈。

第二节　姑田镇的历史沿革和人文背景

姑田镇,隶属于福建省龙岩市连城县。南宋绍兴三年(1133年),设置连城县,姑田团属之。明清时期为姑田里,民国为姑田镇,1949年后为姑田区,1958年设姑田公社,1984年置姑田镇。

姑田镇辖有华垅、上堡、中堡、下堡、厚洋、大洋地、郭坑、溪口、城兜、长较、上余、下余、东华、白莲等14个行政村和1个街道居民委员会。镇政府驻姑田。据1995年统计,有人口4433户,20988人,其中男10933人,女10055人。姑田人绝大部分是汉族,全镇共有41个姓氏,人口超过1000人的有华、蒋、陈、余、江、罗、巫等7个姓氏。

姑田镇地处连城县东部,玳瑁山腹地。中部沿溪两岸自西向东为狭长的丘陵地带,山内各村都在海拔600米以上,山岭重叠,峰壑纵横、溪流密布,是连城县重点林区之一,为著名的梅花山原始森林南麓。

姑田镇交通便利,205国道东西向横贯镇区,镇村公路四通八达。镇区距连城县城区34公里,距福建省永安市城区73公里,距龙岩市城区154公里。1995年全镇已开通一千门光缆程控电话,可直接拨通一百多个国家和地区,通信设施完善。

姑田的历史文化传统延续福建的古百越民族文化—畲文化—客文化的发展序列。最近,这里发现客家地区最古老的当地人称"仙人字"的古百越民族文字,距今二千年。当地还有许多跟"畲"有关的地名,以及跟畲族相似的婚姻、丧葬习俗。

从人文地理的角度看来姑田应属于福建闽客文化的交界地区。离姑田最近的永安市和连城县分属闽南文化区和客文化区,姑田的方言属客家语系中的闽客混合方言。在宗教信仰上当地没有强烈的属闽南文化特色的神鬼崇拜。

吉尔茨(1973)认为宗教是一种"文化体系",是本土社会用以解释人生与社会的概念框架词汇。民间信仰作为一种"地方性"的文化现象,因地域的不同,其信仰的内容、与之相关的宗教活动也不尽相同。在研究中国的民间信仰、仪式或象征时,唯有把它们放在其所处的社会文化背景下考察,理解其在社会中的现实作用和在文化体系中的地位方能得出符合实际的结论,在区域社会中对某一神的信仰将社区生活的众多层面联系起来,如生产、防卫、娱乐及表现在精神层面的社区认同和凝聚力。另一方面,中国乡村的区域社会是一个完整的社会体系,从物质生产到精神生活,其中有很多结构性的模式如宗族、地方权力结构等塑造着人的一生,也对民间信仰的形成、状态与变迁产生影响。

以下将着重探讨构成民间信仰的地缘因素以及民间信仰与宗族之间的互动关系。通过两者的对照,我们可以看到民间信仰在区域社会中是怎样作为一种手段来处理社区中人群之间的关系和强化共同的社区意识。

姑田镇镇区方圆2公里,有三村一街。其中三村是指上堡、中堡、下堡,一街指镇政府前的中兴街。上堡、中堡、下堡这三堡是姑田最大的三个行政村,三村的人口占全镇的一半以上,三村一带是姑田政治、经济和文化的中心。因此,这三村所构成的区域社会以及其中的民间信仰活动是本文的着眼点。

第三节　对构成民间信仰地缘因素的分析

地缘因素是构成民间信仰最显著的特征。台湾学者余光弘认为"在乡村地区的社区组成地缘常是唯一的因素,或许有些同姓或同籍群体的存在,但此种群体最后常会融入地缘的村落中,共拥一守护神共建一村庙以为象征"(余光弘,1988:3)。地缘因素研究最著名的理论是由日本学者冈田谦提出,后由台湾学者林美容详细论述为"祭祀圈"理论。冈田谦将祭祀圈界定为"共同奉祀一主神的民众所居住之地域"。这一定义虽然过于笼统、简单,给日后的研究者众说纷纭留下了余地,但定义中祭祀圈指涉的共神信仰以及信仰的地域范围两大要素却是明确的。林美容吸取前人的成果对祭祀圈的定义作了精确的表述。并以祭典时收丁钱的范围和神的巡境范围等指标来界定祭祀圈的范围,与此同时,她因观察到祭祀活动中志愿性与义务性的区别和意义提出了与祭祀圈相补的概念—信仰圈。"祭祀圈只是群体性(地域性)之民间信仰的宗教组织的一种,基本上它指涉地方社区内居民因共居一地的关系,有义务举行共同祭祀,祭拜天地鬼神等,因而祭祀圈为地方居民之义务性的宗教组织。另一群体的民间信仰,其组织与形态大异其趣,为其某一区域范围内,以某一神明和其分身为信仰中心的信徒之志愿性的宗教组织,笔者名之曰信仰圈。"(林美容,1989:96)

祭祀圈最初的含义是指涉共神信仰的地域范围,但后续的台湾学者均将其扩展为社会组织,乃至突破了宗教方面的地域单位或地缘组织等等,并将其视为台湾汉人社会的独特现象,将概念过于僵化了。现在看来在研究民间信仰时回到祭祀圈最初指涉的地域范围此概念仍有相当的适用性。因为"就生产方式高度地域化的农村而言,信仰界域与村落范围有着高度的重合性"(余光弘,1988:155),实际上地缘因素仍是构成民间信仰的重要因素之一。

清代到民国间,姑田有"三庵六庙"之说。《姑田镇志》共记载了十三个寺庙,当中有七个位于上堡、中堡、下堡三村的地理范围之内。和其他的寺庙相比,这几座规模大、香客多。其中的公王庙、天后宫、关帝庙被称为"姑田三大庙"。关帝庙在新中国成立后被改做碾米厂,现已面目全非,故以下以公王庙和天后宫的调查为主进行论述。

一、公王庙

公王庙,又称溪边庵,坐落在上堡村口两溪汇合处。建于康熙年间,内祀"东山福主民主公王"。据庙内石碑记载公王来历:"(明)正德年间帝微服游江南,至龙岩崆冢村,日暮途穷,寓于村舍,是夜,蛙蝈乱鸣,扰人不能寐,帝恶之,嘱主人觅一蛙杀而儆之,次晨蛙蝈均毙于田野间,由是,村中沸然,帝亦奇之,拾一蛙以纸条扎其伤口,则蛙蝈皆活蹦蹦然,笑于今其蛙皆白颈也。其时有村中恶少觉来人蹊跷,欲逮而讯之,帝慌速遁而去逃至水尾公王庙有树洞遂藏焉,公王知帝临,施法隐护,恶少见洞中皆蛛网无有踪影,始扬长而去。帝方安然择僻潜逃,山高水深自是万分辛苦,至离崆冢村廿里之遥又见一小山村,村头一茅舍住母女俩,帝已精疲力尽,进屋昏然瘁倒,母女见异乡沦落之人心生恻隐,且观其丰颐阔面诚有福之人也。当下急救之,帝醒后甚为感激,谎称京城商贾遭盗贼之穷追至此,感救之恩日当重报,遂解金龙玉带以谢。母女拒受,帝见其女虽不及妃花容月貌,却具有村姑灵秀,欲娉之。母本有择婿之意,今见其人才欣然允偌,帝遂以玉带为信,次晨戚然而别,帝自遁之,崆冢村公王即暗中保驾一路护送至京城登殿,方显公王本像,请求封号,帝念其功遂封为东山福主民主公王,天下唯崆冢村公王曾受御旨圣封,姑田溪边庵公王庙香火系由崆冢村驳来也,算是钦命正宗神明,据传村女未召入宫为妃,只被封为夫人,立贞节牌坊,独身终身,所住山村赐封为'双凤村',一作'龙凤村'留传至今。"

初建时是座小庙,乾隆五十六年(1791年)由上堡人士赖成卯倡首扩建,并带头捐资150个银圆,此议得到上中堡等广大群众的支持。在众人的努力下,当年的十月二十三日新庙落成。新庙规模宏大,占地近四亩。成为姑田第一大庙。正殿是"东山福主民主公王"及左兵右将神像。到了民国年间后殿安上了韦驮以及罗仙、赖仙、五谷仙和马氏真仙等塑像。正殿镇庙公王坐像有二米多高,又木雕一尊供人打醮①游神时用的"出案公王"塑像,约两尺多高。上堡的陈赖桑三姓、中堡江、华两姓以及上堡的蒋姓的信徒还各自集资各雕了一个小公王塑像,小公王塑像可用手抱,村民杀猪时接去祀奉。

公王庙的民主公王是姑田人尤其是上堡、中堡、华垅人最为敬仰的神祇。1949年以前,公王庙有近二十个神会组织,并置有大量的租。神会的参与者多是上堡和中堡的居民。其中最有影响的是"十大乡(香)"的神会组织。"十大乡(香)"由上、中堡的十个主要姓氏组成。最主要的活动有十大乡在正月里的举行的庙会和正月十五日的游公王。1949年以后,公王庙曾先后被改作劳改队场所、镇造纸厂厂房、姑田外贸站仓库。庙里的神像"文革"期间尽毁。1991年后陆续恢复原貌。

从民间信仰的神会组织和民俗活动上看,公王庙十大乡(香)组织的地域范围包括中堡的华姓、江姓,华垅的江姓,上堡的巫、陈、赖、李、蒋、邓等姓氏。十大乡(香)的居住范围基本上是上堡、中堡一带(华垅和上堡是紧邻的两村)。十大乡(香)于每年的农历正月在公王庙前办庙会,庙会的主要活动

---

① 打醮,为道教作法时的仪式,也是福建民间信仰活动中常用仪式;福建民间信仰具有佛、道、释三合一的综合特点。

是演戏也有一些赌博性质的娱乐活动。办庙会的钱由十大乡(香)负责。以前由十大乡(香)范围内各乡出一定数目的钱称为"斗钱",再将这笔钱集中起来买田租,用收租的钱作为办庙会的经费。十大乡(香)每年轮流办。现在由于没有了田租,办庙会时则由十大乡(香)的各家自愿出钱。

就公王庙来说,一年之中最热闹的时候是正月十五游公王的活动。游公王实际上是一种神明巡境的仪式。从乾隆五十六年(1791年)起,上堡的陈、赖、桑三姓在溪边庵组织了一个"公爹会",这三姓人规定一姓游一年。游公王的路线很长,时间又短,所以这天他们要提前吃早饭,到公王庙集中,将各姓共有的"出案公爹"放进四个人抬的六角大轿里,由两个小孩擎扛旗(两根带叶的小竹子中间横挂一块红布)开道,旗后是一棚锣鼓,随后是一顶光有香炉没有菩萨的"香火轿",由两个人抬;接着就是四个人抬的"公爹轿",后边跟着一位"陪公爹"的绅士。绅士出自三姓中,他是本族中有威望且子孙多的人。游公爹是一件很费体力的活动,据说赖姓当年有一位绅士已八十四岁,但依然健步如飞,当地人将作陪公爹的绅士看成很荣耀很有面子的事。再后又是一棚锣鼓,一路上锣鼓喧天,香烟缭绕。

他们从公王庙出发,经上堡直达华坨,游完华坨回来吃点心,点心吃罢马上就起轿,过牛栏桥,经上东洋、下东洋、中堡街、关帝庙,到中堡华姓"协义祠"门口停憩。在这里"公爹"接受人家供奉,专备有点心供抬轿人吃,村民趁这个机会在这里烧香点烛,几张大桌子排满供品,爆竹声响彻云霄。吃过点心又起游到岭兜江姓祖祠停下,又接受一次供奉,再沿中堡绕回上堡,将"公爹"放回公王庙。游"公爹"时停下的地方称为"杠","杠"是用钱买来的。过去因为游公爹的路线特别长,轿夫快马加鞭连走带跑才能游完所规定的路线,而有杠位的家庭为了多留公爹一会儿,故意把给轿夫喝的酒煮得很烫,轿夫因为耽误了时间而和杠位的人发生争吵。路过的家户都鸣放鞭炮,以示敬意。公王游过的地方被认为来年会有好的运气。游公爹的路线即神明的巡境范围和公王庙十大乡(香)信徒居住的分布范围是互相吻合的,从而看出公王信仰的区域特征。

游公爹的活动,在1949年以前不是年年都进行,收成不好或兵荒马乱的时候也有停顿,1949年以后则完全停止,直到20世纪80年代后才恢复。

二、天后宫

天后宫,坐落于下堡松溪坂,建于清道光年间。究竟是由何人发起已无从可考。大殿祀奉"天上圣母"的神像。据说神像是下堡沈姓的祖辈道光年间在福州当官时托人做的,带回姑田后自愿捐赠给天后宫。庙中大门内设戏台,专供看戏之用。天后宫也有十大香的神会组织,每年收租一千多斗。"文革"中圣母像被毁。1972年,纸厂扩建将天后宫拆除。1986年,下堡村民将姑田纸厂补偿款及村民集资款在原天后宫背后山上又另建一新宫,重塑神像。每年农历的三月二十三日和九月十九日,是天后宫最热闹的时候。前者是天后的生日,后者是天后宫重建后妈祖进庙的日子。这两天中十大乡的会友都会来烧香,同时还要演戏,演戏的经费,旧时是由十大乡(香)神会的田租来付的,现在则是由十大乡组织人到各家去要,各家在自愿的基础上捐钱。钱多时演大戏,少时则演木偶戏。届时还有会餐活动。有些人从家里拿些荤、素菜来到天后宫和亲戚、朋友一起分享。松溪坂一带由于离天后宫较近,如果家中有杀猪还会把圣母牌请回去,杀猪时将猪血溅到牌位上被认为是非常吉利的事。

下堡天后宫十大乡(香)神会组织分布范围是:下堡的沈、蒋、邓、江等姓,城兜的周、黄两姓,还包括与下堡邻近村庄如郭坑、长校、厚洋、新庄一带的一些姓氏。十大乡(香)轮流办天后宫农历三月二十三日和九月十九日的两次庙会。三月二十三日的祭祀活动通常要连演几天的戏,当天的祭祀和晚上的戏由轮值的香头负责,此后每乡自己出钱轮流演一天的戏。有的时候各乡之间为了竞争,两班戏一起上演,戏台对戏台,非常热闹精彩。过去每年的腊月二十八、二十九、三十日三天还有打醮活动,称为"打平安醮"。下堡一带的姓氏除了蒋姓之外,把天后和三位夫人的神像从天后宫里请回家中,奉以祭品,并烧香叩拜,以期神明保佑来年的平安与吉祥。

从天后宫十大乡(香)神明会的分布范围,办庙会时收丁钱的范围以及打醮时参与者的范围可以清楚地看到天后宫的信众是集中在下堡一带的。

在当地(姑田地区)有除夕晚上到寺庙过年的民俗,上堡的人去公王庙,下堡的人则去天后宫,带有很明显的地域性。年三十的晚上,从十一点到十二点被称为"开天门",如果在这时可以烧到头一炷香将是很吉利的事情。所以住在两庙附近的村民都争先恐后地去烧香,直到第二天凌晨。还有一些人拿着供品和饭菜去公王庙或天后宫与亲戚朋友共享并认为是和公王、天后一起过年。去公王庙的多是上堡和中堡一带的村民,而去天后宫的则是下堡及邻近村庄的村民。

新中国成立后,在历次大小运动中,两庙都在劫难逃,破坏严重。落实政策后两庙的重建过程也体现了一种地域性。20世纪80年代后改革开放，民间文化得以恢复。1991年，上堡地区蒋继尹、中堡华钦进、江炳芳，华垅江家庆等十三个离退休老干部联名写信向政府要回公王庙，此前公王庙曾作为劳改场所、厂房、仓库，后该庙破烂不堪，墙壁断裂，全庙几乎倒塌。同时发动原十大乡的群众集资，献工献款，于当年九月修葺一新。

新中国成立后，姑田纸厂、姑田电力总站分别占用了原天后宫的位置。20世纪80年代中期天后宫十大乡的香头商量重新恢复该庙的建筑，于是他们商量由家住天后宫旁的退休干部沈君奇先生牵头负责此事。1985年，向原十大乡的群众发动捐款两万多元，纸厂因占地补款两千元，从前庙的旧料卖了五千余元，这样凑起钱来，并向政府上报，批准后在原址附近重新修起了天后宫。

以上介绍的公王庙和天后宫的信徒带有明显的地域特征：公王庙位于上堡，天后宫位于下堡，两者之间的空间距离约两公里。调查中上堡的居民无论是平时每月农历初一、十五日的烧香活动，还是遇到紧急事情的抽签问卦，都很少去下堡的天后宫。问他们为什么不去，言之距离太远，不方便。下堡的也是这种情况。除了在两庙各自的庙会期间，搭台演戏时，去看热闹外，光顾的是离本村最近的寺庙。

公王庙和天后宫两庙各自重修时捐款者的纪念石碑上捐款者的范围仍属于过去各自十大乡的范围之内。空间上的距离感并没有因为时代的变迁、交通的便利而消失，只是不再像从前那样强烈而是趋于淡化了。

在当地人的宗教理念中，将庙里的各路神仙与现实中的官僚体系相映照，认为神也有高下之分：关帝和妈祖的管辖范围显然不止姑田一镇，而姑田公王庙的公王即便有再大的权力也仅限于本地。与此同时他们又认为"县里城隍，乡下公王"。与阳间的县太爷一样，城隍是阴间里一县的主管，公王则是镇级的阴间主管。在这种神与官的对应关系中，公王是国家权力最低一级，却是最直接可以感受到的权力象征。如果依照这样的理念，妈祖比公王的地位高、权力大，应该信妈祖才是；或者说，公王是乡下最大的"官"，掌握着本地每个人的切身利益，所以应对其尊敬有加。但事实并非如此，理念中的高下之分以及对国家官僚体系的认同，并不能解决舍近求远与农民实用主义价值观之间的不一致。

研究客家民间信仰的学者往往坚持这样一种观点，即"客家人社区祭祀圈囿于血缘范围，闽南人社区祭祀圈超出血缘而充分体现地缘性"（郭志超，

1997;杨彦杰,1997)。这实际有很大的片面性,过分强调了客家民间信仰的血缘组织的作用。

由此可见,单纯的地缘关系是构成民间信仰体系的基本而明晰的因素,但这只是人类学者初步观察所得的印象,在研究民间信仰时,只强调地缘因素显然是不够的。因为民间信仰是人群关系的反映,地缘关系只是人群结集的一种最基本的方式之一,通过血缘而结集的宗族也同样对民间信仰的构成起着重要作用。宗族不仅是民间信仰的主体,它也是一个动态的存在。宗族的产生、发展、兴盛到衰败的过程与民间信仰所包含的信仰符号的取舍、强化、抛弃等行为之间有着耐人寻味的对应关系,与此同时宗族与宗族之间的关系也会从对待信仰符号的态度上反映出来。

对公王的祭拜反映出客家民间信仰同时具有强烈的类同于祖先崇拜的血缘因素色彩,表现在,对公王称"公爹",客家话意为"大家的祖先",公王当作"祖先"祭拜,祭拜活动按姓氏、房来组织,"公爹"祭拜活动前后,"公爹"神像一定要放入组织者的宗祠,先供本族人跟祖先一起祭拜;四个"出案小公王"神像分别专属于赖、桑、陈及江、华、蒋,即历史上对公王庙拥有产权的"三股半",四个"出案小公王"神像后特意刻上所属姓氏,出巡时不得抱错。

第四节 民间信仰与宗族互动关系的分析

姑田的人口中90%以上都是客家人,客家人的民间信仰和宗族之间有密切的关系。客家人的宗族社会中通常是宗族的全体成员作为某一民间信仰的实体而存在。这一特征在姑田也很突出,以下的分析将围绕姑田镇上堡、中堡、下堡三村的宗族及宗族与民间信仰的互动关系而展开。

一、姑田邓姓

与姑田地区其他一些姓氏相比,邓姓是来的比较早的,大约在南宋中叶,从福建沙县而来。到现今已有二十九代。人口近八百,分布在上堡的丰头和下堡的邓屋,是为同宗之内不同的房支。祠堂位于下堡,大门上的牌匾写着"文魁"两字。祠堂内正中供有"显应灵侯之位"。显应灵侯是最早来姑田的邓姓祖先邓光布,传说中在唐朝他和王审知一起入闽,后定居于沙县,来姑田的始祖十七郎公便是他的后代。祠堂在"文革"时遭到破坏,目前还没有修复。一年之中农历正月初四日和七月十四日中元节进行两次祭祖活动,三月三到祖坟上扫墓。祭祖时要求在家的男丁都参加。祭祖的经费来源于族产中的田租。现在则很少有集体性的祭祖仪式,只是各家在可追溯的三到四代之内的祖先的生日或清明节时,各自在家祭拜。

台湾学者黄应贵指出:"透过对当地人的历史性之探讨使我们可以对当地文化有新的乃至新一层的理解。"(黄应贵,1999:18)那么从邓姓宗族历史的考察中,我们对其宗族文化会有怎样的理解呢?邓姓在当地是一个有久远历史的姓氏,邓姓族谱的序言上写着:"邓屋(邓姓的聚居之地)是众所周知到姑田最早的一个姓氏,在此安居乐业了近千年……"调查时在问及谁是最早来姑田这一问题上有着不同的看法,当地的华姓和江姓都说是华姓最早来姑田。事实上邓、华两姓来到姑田都在南宋中叶,前后相差的时间不出几十年。

在姑田邓姓宗族的经济实力并不强,和华、蒋等大族比起来族产较少,族产主要是田租,分布在姑田周围,这些田分给族内的人耕种,收来的租用于每年的祭祖和正月里的游龙。根据《姑田镇志》记载,历史上邓姓之中除了明朝时有几个人参加科举考试后做了官进入国家权力网络外,取得功名的人并不多。这在一定程度也上反映了经济实力的不足。在姑田华、蒋等大族均有专门的学田,用于提供族内子弟读书考试的费用,以期获得功名,光宗耀祖。因此这两姓的读书人远比其他姓氏多,增加了进入国家权力网络的机会。在问及与当地政府的关系上,该姓的报告人说"当然是顺从政府,过去和现在一直如此"。因为没有强大的经济实力,同时进入国家权力网络的机会少,造成了在地方性的权力结构中不占有重要的角色。因此,邓姓在和政府的关系中便处于被动的地位。

相比之下,自称是最早来姑田的华姓人口众多,势力强大。而邓姓之所以在"谁是最早来姑田"这一问题上表现出顽强的姿态和华姓一争高下,是因为在姑田,邓姓是一个族内认同感非常强的姓氏。邓姓之所以没有像其他同样来姑田很早的姓氏或衰落或已无从寻觅,是因为它族内的认同符号起了很强的向心作用。这些符号包括让整个宗族引以为豪的游龙。邓姓是游龙在姑田的创始者,至今仍有"邓姓龙老的好"之说。据《姑田镇志》记载,姑田游龙起源于明朝年间下堡村之邓屋。相传邓屋八世祖邓应公明代初出任潮州府检校,后定居于潮,其弟邓恭公仍居姑田邓屋。后来邓恭公的子孙常到潮州去探望梓叔,邓应公的子孙也常有回姑田祭祖。两地宗亲关系自不待言。明万历年间邓恭公子孙在潮州看到有人舞龙，兴叹不已，便将其画成图样带回姑田仿制，未几"龙"便在姑田邓屋出现。其实这种虚构而精心编造的传说是邓姓族群认同意识的再创作与再生产的结果。

  游龙是姑田一项重要的民俗活动。龙是由纸糊而成，给以彩画。龙头的直径约70厘米，全长近百米，甚至更长。有的龙体内还点蜡烛，晚间游龙时灯火通红，非常壮观。姑田一带过去共有十二条龙，比较有特色是四条龙，当地人有几句顺口溜来形容它们：邓姓的龙"老得好"，中堡的龙"长得好"，华坑的龙"高得好"，周、黄的龙"画得好"。在调查中也可以看出邓姓无论男女老幼一提起游龙自豪感油然而生。

  邓姓的游龙活动每年正月十四日晚上开始，起初是由邓姓自己游，后下堡蒋姓觉得一姓不热闹便也主动想加入，于是改成两姓合游，邓蒋两姓龙头龙尾每年轮流。游龙的经费由各姓内各家各户自筹，现在政府也会给一些补助和做龙用的纸张。他们的游龙在正月十四晚上最先出发，其次才是中堡、华坑的游龙。据说这是因为邓姓的龙最早，所以最先游。游龙从碧岭庙出发到中堡，再到溪口，再回下堡，在碧岭庙前烧龙。游龙时龙头前有一个纸灯，上写"广济侯王神位"，由这盏灯带路，其余的游龙队伍在后面，烧龙时此灯与龙一起烧掉。碧岭庙平时主祀萧何，但游龙前要放置邓姓祖先牌位祭拜，最有意思是蒋姓游龙前要向邓姓祖先牌位祭拜，龙要进邓姓宗祠，而不进蒋姓宗祠。蒋姓因后迁入，被排斥出象征地方权力结构的游龙体系，但蒋凭借其经济实力的崛起，要参与地方权力结构的再分配，就一定要参加进"游龙"体系，而不顾在整个游龙活动中与邓姓合作的不平等对待。

  邓姓虽然因为有姑田最老的龙而自豪，但是由于经济实力有限，每年单独游龙给族内造成一定的经济负担。当蒋姓要求加入时，出于经济的考虑邓姓同意了这个建议。尽管两姓一起举办游龙，但两姓的关系却并非想象中的友好，邓姓因为婚姻问题曾和蒋姓发生过矛盾。笔者在调查时了解到原本轮到蒋姓游龙，但蒋姓却没有游。其中的原因是姑田的游龙远近闻名，当有记者来采访时，邓姓的人对记者说这条龙是属于他们自己的，这引起了蒋姓人的不满，遂以不游龙为答复。得知蒋姓人不游龙后，邓姓人也无力将此项活动承接过来，游龙的事到目前为止也就不了了之。从邓姓人在这件事的态度上可以看出他们矛盾的心理：一方面希望蒋姓的加入来缓解游龙的负担；另一方面又执着地认为游龙的符号是属于邓姓人自己的，不愿与他人分享。

族内另一个认同符号是碧岭庙,此庙在邓姓人心目中的地位非比寻常。碧岭庙又名"萧何庙"初建于南宋末年,在下堡通往厚洋的路旁。此庙结构简朴,三面土墙,面积不大,只有三十多平方米。神牌位上写"广济侯王神位"。相传邓姓祖先汉代的上大夫邓通非常钦佩汉丞相萧何的为人,见他非常重视和爱惜人才,曾经月下追韩信。来姑田后邓姓人便建起了这座庙托物忆祖。将萧何作为广济侯王来祭拜。1949年以前,庙里还有一木雕的神像,即萧何。此庙在十九路军进入姑田时毁坏,后来经修复但仍然简陋。

邓姓人说这是祖宗所留下的庙,也是他们最常去的庙。在游龙时出发、结束以及烧龙的地点都在碧岭庙前,游龙过程中龙头前有两个灯笼,上面写着"广济侯王"以示对碧岭庙里所供奉的神明的尊敬。

游龙活动和对碧岭庙的祭拜可视作邓姓人集体之记忆。

研究集体记忆的学者王明珂认为,记忆是一种集体社会行为,人们从社会中得到记忆,也在社会中拾回、重组这些记忆。每一种社会群体均有对应的集体记忆,该组织因此得以凝聚及延续(王明珂,1997:50-51)。对于过去发生的事来说,记忆常常是选择性的、扭曲的或是错误的,因为每一个社会群体都有一些特别的心理倾向,或是心灵的社会历史结构;集体记忆依赖于某种媒介如实质文物及图像、文献或各种集体活动来保存、强化、或重温。不仅族群是利用"共同过去"来凝聚人群,甚至在更基本的血缘集团如家庭与家族之中,造成人群凝聚的亲戚性都赖集体记忆来维持。

邓姓来到姑田之后创造了游龙和碧岭庙的集体记忆,并维持下来,用这些记忆的符号凝聚其宗族内部的认同,在姓氏庞杂的乡村内以其突出的凝聚力获得他人的尊重。最终的目的是在地方性的权力结构中占有一席之地。

二、姑田赖姓

赖姓是明代洪武年间从福建宁化石壁迁来,至今已有二十七代。人口三百一十五人,都居住于上堡赖屋。祠堂在上堡,建于清嘉庆年间。祠堂中除了赖姓祖先的牌位外还有一尊一丈多高的小菩萨,名为五显大帝。据说这尊菩萨是赖姓一先祖从山东带来的。他曾到山东寿光县做知县,准备告老还乡时,到附近的凤凰山朝拜,其间做了一个梦,梦见一神仙身体周围有五光环绕(五显),穿着铁甲盔衣,手托一金砖。梦中对知县说知其为人诚信,欲跟他一起走,如果走到那里,拿不动这尊菩萨时就在那里安家。知县醒来后,发现身边果然有一尊小菩萨,和梦中的神仙一模一样,于是知县不敢怠慢,便把它带在身上上路。知县做官前是福建宁化石壁人氏,当他在往石壁方向走时,有一天来到连城县内,发现怎么也抬不动这尊菩萨了,便在连城定居下来,后生了两个儿子。传说中的先祖是否是赖姓人来姑田的始祖赖维显已不得而知,但是赖姓人却将五显大帝看成是本族的福祉。这尊菩萨放在祠堂中祭祖时一起祭拜。附近只有赖姓人才拜五显大帝。"文革"时塑像被破坏,后来想重新塑一个,但由于没有实物资料,族内没有人能准确说出它的样子,只好作罢。

福建客家民间信仰有一个最重要的特征,即把祭拜的神明跟祖先的来源传说附会在一体,同时还一起创造附会出跟国家政权有密切关系的宗族或超宗族的传说,神明当作祖先来祭拜。

此外,赖姓和陈姓还有专属于本宗族才"有份"的"五显大帝"庙。

一年之中有春、秋两季祭祖。春季在清明节,秋季在中元节,祭祖时祠堂、老屋(最早来姑田的祖先所居住的房屋)、坟墓都要去祭拜。祭祖的经费是由族内一些有钱的人组成"会",每个人掏一定数额的钱(斗钱)买来田租,这些田大多分布在上堡地区,除了本族内的人外也交给外姓人耕种,田租和其他土地的租金是一样的,一般按照四六开即如果打一千斤谷子其中四百斤是田租。收租一类的事情由族内有威望、取得过功名的人担当,族田的买卖、租金的制定、使用等事情也是族内资辈大、有钱的人管理,平民则不去管。从前赖姓有五百多斗租(一斗大约是十五斤),土改时这些土地都就近分配了,所以现在祭祖是各家自愿出钱。

明清时期赖姓出过五十多名秀才还曾有过一名举人,这些人除了为数不多的进入国家权力网络外,大多是为本族的公益事业服务,如修路、盖房、整修祖坟。族内的事情通常是他们说了算。如果遇到有如和其他姓氏争斗一类的大事则召集他们在祠堂里一起商讨,他们还有将违犯族约的人开除出宗族的权利。

在当地,赖姓的宗族势力不大,在与蒋姓有关风水的争斗中,在与政府的关系上均可以发现这一点。民国年间赖姓在上堡和蒋姓曾经因为争后山有过冲突。两姓居住的地方离这座小山都比较近,两家都认为此山应归自己所有。这座山的风水被认为很好,在此修祖坟会使子孙兴旺,另一方面山上种有树烧柴用的柴火要到那里去抬。据说因为蒋姓来姑田的时间晚,为了在有限的空间争夺资源在过去和许多姓氏发生过矛盾。赖、蒋两姓的争执以后者的胜利而告终。赖姓的人说:"他们人多、势力大,我们争不过他们。"明清时赖姓出过很多秀才,但做官的人却不多,问及和政府的关系上,访谈者的回答是"顺从到底,鸡蛋怎么碰石头?"

赖姓很重视对公王庙的祭祀。清乾隆五十六年(1791年)上堡赖成卯倡首扩建公王庙并带头捐资150个银圆,上堡和中堡广大群众支持他的建议,并且纷纷捐钱捐地。当年十月二十三日雄伟壮观、占地近四亩的新庙落成。公王庙是赖姓最常去的庙,赖姓也是公王庙的十大乡之一,同时又是游公王的姓氏之一。但公王的信仰符号不是只属于某一个宗族,所以赖姓为了分享有关公王信仰资源、加强本族内部的凝聚力,便通过婚姻上的神话创造与华姓依附,在宗族关系上赖姓认为和华姓最好,赖姓人认为娶华姓的女子能够生育很多的男丁,现在的人还这样认为。据说曾经有一位嫁到桑姓家的华姓女子活到九十九岁,去世时身后有六代人共一百二十个男丁给她送葬,葬礼非常的隆重,还有人专门写了一副楹联言此盛况,其中有"一百二十人哭灵前"的描述。赖姓还借助游公王的机会和上堡其他姓氏如陈、桑等姓加强联系。虽然如此,赖姓的宗族凝聚力并不强,赖姓的祠堂中五显大帝的神像,毁坏后没有人去管,祭祖中到的人也不全。赖姓来姑田的时间虽然比较早,却被认为是一个"小姓":游公王时路上的"拦祭"时间短、路程长、抬公王的轿夫一路连走带跑,这一天在行进中即使碰到人或物也一概不管,人们说平时上堡都是大姓欺负小姓,而十五这天小姓可以显威风了。即使赖姓与陈、桑两姓一起游公王,但三者之间也不是铁板一块,从前三姓也是合抬一条龙,但为了争龙头三姓经常发生矛盾,力量不能统一。后来便分开游,一姓游一年.在恢复游公王的活动时,三姓也没有达成一致的意见,于是三姓中势力较强的赖姓自己先游,随后陈、桑两姓也加入,成为三姓轮流的局面。

总的说来,赖姓虽然也有公王庙作为集体记忆来凝聚本族,但和邓姓不同的是公王庙没有如碧岭庙一样的信仰排他性,也就是说公王庙是上堡、中堡村民公共的信仰,虽然赖姓是公王庙十大乡之一,在公王庙的事情上有一定的"说话权",但是权力的强化是要有强大的宗族势力为后盾的。前文中提到公王庙祭祀活动的经费由十大乡共同集资而来,像华、蒋等大姓人口多,出钱也多,所以说话的权力就大。赖姓的经济实力和在地方性权力结构中的地位,显然不足以在公王庙的祭祀上拥有主导权,而只能听华、蒋等姓的操纵。公王庙以前没有后殿的建筑,民国时华姓中有一个地方势力的头目在姑田一带称王称霸。他的姐姐嫁到上堡蒋姓家。因她信佛为了方便,执意要在公王庙后加一殿供奉观音菩萨,虽然赖姓等十大乡的人反对这样做,认为公王庙是祭拜公王的地方,观音是吃素又是女性,放在一起不阴不阳、不荤不素、不成体统。无奈华、蒋两姓人多势大,他们也只有敢怒不敢言。20世纪80年代以来,在有关公王庙重建、维修等事宜上,赖姓也是听从华、蒋等大姓的安排。

赖姓由于没有邓姓那样的属于本族所有的公共信仰符号,加之宗族实力不强,他们虽然自觉地维护对公王的祭拜和仪式性的活动,但还是力不从心。

三、姑田蒋姓

蒋姓是清康熙年间由元甲迁到姑田,元甲也属于姑田镇但离镇中心比较远。来到姑田之后蒋姓人住在上堡一带,随人口的增加,逐渐向下堡迁移。现已有十六代共两千多人。来姑田的始祖名蒋少林又名正春,生有四子,后分为四房。长房和四房住在上堡,二房住在下堡,三房住在藻洋。蒋姓的祠堂在上堡建于乾隆四年(1739年),祠堂内正中供奉着蒋少林的牌位,两旁是其他祖先的牌位还有生者的牌位。左边是一小龛为土地公祠,右边是褒公厅,里面供奉着历代为修祠堂有功的人。

一年中有春、秋两次祭祖,三月十三日还有祭祖坟,每年少林公的生日还要到祠堂祭拜。祭祖时全族的人都要参加,包括未出嫁的女子。如果出嫁后女婿和外孙愿意的话也可以参加祭拜,而且祭祖之后所分得的猪肉比其他人还多些。目前祭祖和祭坟由四房轮流负责。过去这些活动的经费来自族田的田租。蒋姓的族产共有六千多斗,分布在湖口、小陶等地,还有附近的县镇。科举考试时,蒋家的子弟可以去南平和长汀,因为那里有蒋姓的田租,提供他们的食宿。族田的田租比其他田的租金为低,因此还有人送租上门。这些土地大都交给外姓人去耕种,本姓人很少租种。蒋姓中有专门派往收租的人,收租的地点也是固定的,在此还盖有房屋供收租人住下。此外还有一万亩左右的山林。族田多是蒋少林出钱买下来的,山林则是少林后代的子孙陆续买的。当世道混乱、土匪横行时,蒋姓只要在属于族内的田地旁设立一个标志便不会受到侵犯。土改后田地和山林都公有化了。祭祖和修坟这些活动的经费,现今则以各房支内的家庭为单位自己出钱。

蒋姓是来姑田较晚的姓氏,却后来居上很快超过了当地原有的一些宗族发展为势力强大的一族。具体表现在:

（一）社会经济实力的增强

由于蒋姓掌握了最新的造纸技术使得纸业在姑田迅速发展,蒋姓的经济实力得到增强,同时人口增加也很快。姑田镇的气候和土壤条件很适合毛竹的生长,大大小小的山上都长满了毛竹,约有五万多亩。历史上这一带就有造纸生产的传统,但工艺简陋且原料不良,没有形成气候。蒋少林年少时曾到邵武学习造纸技术,回姑田后经多年的辛苦琢磨,多次实验,终于试制成功用毛竹为原料,经过蒸煮竹丝、天然漂白、水碓打浆等工序,生产出漂料纸——手本纸,又称元甲纸。这种纸质地白皙,柔韧有弹性,常销往广东和东南亚一带,还曾是清代奏折上疏的御用纸。镇志上称赞少林公"争于蔡伦",连城县志上也有记载。因为这种纸价格高,销路又好,蒋少林造纸发了财。有钱后蒋少林在上堡买了地,把家从元甲搬到上堡。据说少林生有四个儿子,各个身怀绝技,其中大儿子会观星术；三儿子(次兰)力大过人,武艺高强。四个儿子共生有十三个男丁,此后人口增长非常快。据蒋姓族谱记载(蒋次兰是十六世)十七世十三人(此处指男丁)、十八世六十五人、十九世一百八十六人、二十世四百一十四人、二十一世五百六十一人、二十二世六百八十四人。……最多时在二十四世时达到八百五十八人。

（二）对国家政权的攀附

获得了一定的经济地位之后,蒋姓积极谋求在姑田的政治地位。他们通过参与政府的剿匪等行动,以期望得到国家政权的认可。蒋少林不但聪慧好学,而且胆识过人,据说少林的母亲被匪寇掠走并杀害,他知情后奋不顾身,拦匪于鹅婆岭,亲手杀匪徒数人,生擒匪首官旭贞,夺回被掠取的永安、沙县等地的男女五十余人,发口粮和路费送他们回家。因此孝义之名大振。清顺治年间匪寇攻打连城,他自愿出人力帮助官府赶走土匪,官府颁文称其孝义具有,少林公还捐资砌赖源至永安湖口石路,修文川、牛栏各桥。少林公的四个儿子中三子从武,一子从文,尤以次兰生得魁梧高大勇猛过人。他曾从少林公在鹅婆岭伏击匪寇,次兰杀获最多。清康熙年间,福州耿王搞政变,他听说次兰力大无比、威武勇猛,便派人联系,邀其入幕。次兰不为其说词所打动,不参加耿王的反叛军队,在家率众立社,以防御耿王。此事在连城一带被传为佳话。后又援助泉州剿匪有功,授泉州守备职务。后人称其为忠义之士。另外清顺治年间蒋大崧曾带兵解救剿匪时反被围的汀州府官员吴某。解救成功后汀州府赐蒋家一块牌匾上书"登坛发韧",以表彰他的事迹。蒋姓有习武的传统武功代代相传,在科举考试中曾先后出过三位武举人,宗族中还有专门的学田提供族内读书人的学习和考试经费,据《镇志》记载明清时期蒋姓族内考中秀才的共有一百零二人,远远超过了当时姑田第一大姓华姓(华姓共79人)。族内获得功名的人数增多,无疑提升了蒋姓在地方权力结构中的地位,即使是连城的县太爷处理有关姑田的事情时都要和蒋姓的人商量。

在地方上蒋姓和其他的宗族拉近关系,以扩展其势力。蒋少林和江姓祖先江源远认同年①,两人的关系非同一般。据说蒋姓建祠堂的地是属于江姓的,两姓原本要一起合作来建祠堂将两姓的祖先牌位都放进去同时祭拜。蒋姓因为财源丰厚想把祠堂建的气派显赫,江姓财力上比不过他们便放弃了这项计划。蒋姓自己将祠堂建好后为了纪念两姓的友谊还把江源远的牌位放入祠堂。每年祭祖坟时蒋姓还会到邻近的江姓的祖坟上去烧香,江姓也是如此。两姓后代的关系也非常好,1997年重修少林公的坟墓时江家送来了褒扬少林公的大匾和其他一些祭祀用的东西,还组织了本姓中的贤达人士十八人来参加墓碑的安放。在下堡蒋志贤和邓姓的弘才公认同年,关系要好,后来他们商量下堡邓姓的游龙由两姓和抬,一方面增加热闹的气氛,另一方面也可缓解邓姓的经济负担。但两姓历史上却发生过矛盾:两家曾指腹为婚,如果蒋姓生女则嫁给邓姓,反之亦然。但蒋家不信守约定没有把女儿嫁过来,邓姓人一气之下,发誓如果再娶蒋姓的女子就会断子绝孙,而蒋姓却不以为然,反而说娶邓姓的女子会子孙兴旺。这件事并没有影响蒋姓的婚姻关系。虽然在姑田蒋姓和赖、邓、华等姓都发生过或大或小的矛盾,但宗族内部并没有婚姻禁忌,而且鼓励异姓人认同于蒋姓的祖先,他们可以参加本族的祭祖活动在物质上还有更多的好处,这从一个侧面说明了蒋姓在协调宗族关系的同时,提升自己在权力结构中的地位。

(三)宗族象征的确立

蒋姓在经济实力增强后,用钱购买了大量的田产用于祭祖、修建祠堂,蒋姓的祠堂在当地被公认为是风水最好的。祭祖活动时参与人群比较齐全,1997年修祖坟蒋姓四个房支都出了香案、大旗、乐队、灯笼之物,祭拜的

---

① 认同年,即拜把子,朋友间结拜为兄弟。

队伍有一百多米长,族内成年的男性几乎都参加了祭拜仪式,第二天的"踏坟"活动族内也有二百多妇女参加。这么大的规模和场面在姑田一带是从未有过的。

蒋姓虽然来姑田比较晚,但不甘心被排除在当地已有的信仰资源之外,他们将公王庙的信仰符号纳入宗族内部的认同领域。虽然下堡的蒋姓参加了天后宫的十大乡组织,但在每年年底打醮时,下堡其他姓氏请去的都是天后和三位夫人的神位只有蒋姓请的是公王。蒋姓将出案公王从上堡请到下堡,打完醮后再送回去。当遇到有关公王庙的事情时上堡的蒋姓还会请来下堡的同宗一起商量。问其原委,他们说:"因为老祖宗是敬奉公王的。"宗族中有一个传说,少林公造纸发了财的消息在姑田各地流传开来,有一次他在卖纸后由汀州坐船回来,被海寇知道,企图来抢他的钱,有人将这一消息告诉了少林公,他听说后连夜出逃。在一个路口发现了一位慈眉善目的老公公,经他指点藏了起来。海寇追来之后,被老公公指入另一条路。少林公躲过一劫之后,出来感谢老人的救命之恩,问老公公尊姓大名,答曰"民主公王",说完立即不见。少林公心下便知有神明保佑,回来之后便在溪边底原有公王庙的基础上进行重修和扩建,以蒋姓为首,上、中堡的其他姓氏也积极参与,扩大了庙的规模。少林公的孙子存谟自愿出钱重新打制了六十四根签,据说他打制一根竹签要用整整一个晚上的时间,共用了六十四个晚上,所以竹签的质量非常好,至今还在使用。蒋姓制造出这种神话的目的是要创造新的集体记忆来凝聚族内的认同,在分享信仰符号的同时,又建立起在地方权力结构中的主导地位。为了强化在当地的影响,蒋姓在游公王中用钱买来杠位;在下堡他们不但加入邓姓的游龙,蒋姓自己也组织游龙。上堡的蒋姓在1932年组织了一次游龙,但那一年恰逢姑田一带发了很大的洪水,又赶上国民党的封锁,盐、米都奇贵无比,一光洋只能买三筒米。遇到这样的天灾人祸,人们都指责这是蒋姓的游龙引起的,蒋姓便不再游龙。

王明珂(1997)认为"重组集体记忆以改变社会结构范围是人类适应变迁的一种策略,因此借着保存、寻索、重组与改变各种集体记忆,个人与群体都可以强化或改变族源来凝聚或改变族群认同。影响个人、族群选择的因素主要是社会和社群的生活经验、现实利益(资源竞争与分配)考虑以及对未来利益的预期"。通过对当地原有信仰符号的取用,蒋姓不仅凝聚了族内的认同,而且树立并巩固了它在地方权力结构中的主导地位,为其在当地的社会资源竞争中创造出优势。

由以上分析中可以看出宗族内部认同感的不同,对待信仰符号的态度也不同。邓姓将碧岭庙的信仰符号看作是祖宗留下的财富,作为一种集体记忆来维持其宗族内部的认同。而赖姓的祖辈虽然对公王庙也有过贡献,但公王庙毕竟不是属于赖姓一族,赖姓没有实力将其占为己有,因此赖姓没有像邓姓那样只属于自己的家庙,在公王信仰的权力结构中又处于被支配地位,也就没有如邓姓一样强烈的族内认同感。蒋姓的例子则可以说明用来凝聚族内认同的集体记忆是可以创造的,通过将公王的信仰符号纳入本族的集体记忆中,蒋姓宗族内部的凝聚力得以加强。蒋姓来姑田之后借着经济实力的强大,争夺对信仰符号的主导权,最终的目的是在整个地方权力结构中拥有主动权。由此可见民间信仰与宗族之间是一种互动的关系:如果积极运用它可以加强宗族的认同感和凝聚力;反之若消极处之,就会使认同感和凝聚力减少。宗族获得信仰符号资源的方式有两种:历史传承、重新创造。后者与强大的经济实力相关,历史传承在某些方面还是显出单薄,如果没有足够的经济力量或其他有效资源(如进入国家正式的权力体系)为后盾,对于族内认同感的维持要困难得多。比如邓姓的宗族意识在今天已经淡薄,祭祖已不再是集体性的,而是各家自己的事,碧岭庙中的广济侯王神像民国时毁坏后再也没有修复,现在邓姓人去碧岭庙没有去天后宫的次数多。碧岭庙作为邓姓家庙的集体记忆,正逐渐从年青一代的心灵中消失。

艾米莉·爱亨(1973)根据中国宗族组织内部的不同关系,将中国宗族组织分成三种类型。

第一种类型:单一宗族占统治地位的村庄,宗族内部分类较细,门户观念较强,门户利益高于整个宗族的团结。即一姓村,为宗族发展的第一阶段。

第二种类型:为多宗族的村庄,其中某一宗族的力量较其他各宗族为强,这可能导致大宗族控制小宗族,或者小宗族联合起来与大宗族相抗衡。即主姓村和多姓村,为宗族发展的第二阶段。

第三种类型:势力相当的宗族村庄,各宗族之间既有竞争又有合作,促使同族更加团结,一致对外。即杂姓村,为宗族发展的第三阶段。

相对而言,过渡时期的宗族斗争最为频繁和激烈。进入第三阶段后,宗族之间虽然还有矛盾,但协商处理村务则在一定程度上缓和了宗族冲突。

就姑田而言,如果将上堡、中堡、下堡三村看成一个整体,根据人口的统计,它则是一个由数大姓和数小姓共同组成的多姓村。但只是宗族发展的一个阶段。

四、姑田江姓

江姓最早于元代大德元年（1297 年）从永安迁来，始祖称为小八郎。现今已有近两千两百人，分为三个房支，每个房支都有各自的祠堂，分布在岭兜和周屋门，总祠是老屋称为济阳堂。除老屋外各分支的祠堂在"文革"期间或烧毁或征用几乎无存。过去祠堂里只安放祖先的牌位，宗族中的人过世之后他的祭文要拿到总祠里去读，意为他的魂灵进到宗祠便有了归宿。总祠每年三月初一日和八月初一日进行春秋两祭，另外七月十三日也是祭拜祖先的日子。前两者分别是姑田江姓八世祖、七世祖的生日，后者则是祖先迁来本地的纪念日。祭祖的仪式中没有女性参加，但江姓中无论是娶亲还是嫁女，其花轿都要经过总祠的门口，娶进门的新娘还要进去烧香。江姓祭祖的经费来自族内的公尝即族田，归全族的人所有，其中还包括书尝。族田的田租和一般的田租是一样的。这些田一般只分给本族人去种，即使田离本族人居住的地方较远，也是由本族人来种。现在祭祖由各户自己凑钱，出多出少自愿，也有不出钱的。

江姓的经济实力并不十分强大，江姓来姑田的时间虽然较长，比较起来历史上曾获得功名的人却不多（进士和举人未见记载，秀才一级的共有三十八人）。除了年代久远的几个为官的人以外，到了近代则很少。江姓的族田也只留给本姓人种。可以说江姓在当地不是一个势力强大的宗族。

但江姓和华姓的关系非同一般。

以下再来看看宗族之间的关系是怎样影响民间信仰的。研究民间信仰的学者对民间信仰整合社区、均衡社区内各种势力的功能都给予了不同程度的关注，功能论的评述无疑是研究民间信仰的一个重要坐标，但可以将民间信仰与宗族的发展阶段联系起来，动态的、过程式的描述有助于对民间信仰和宗族的关系做全景式的观察。

两姓同游一条龙，共同举办灯龙会。以下是华姓形容两姓关系的描述：

> 在所有游龙的姓氏中，宗派关系处理的最好莫过于华、江两姓。几百年来他们世居在一起，真如同宗兄弟一样和睦相处。他们语言相同，习俗无异，互相帮助，共同发展，游龙上虽分开，一姓游一年，但关于龙的问题上双方都是非常礼貌的，如"灯龙会"，共祭公爹，逐年游龙上交下接，还有正月十五游龙这天，若江姓出龙，游龙头、龙尾一行人必须持

几把统、香、纸、两对大龙烛,到华姓总祠去烧香放炮,铳要在围墙内放表示敬意,两对龙烛也有特别的含义:一对是表示今晚接龙的,另一对表示拜年。若华姓出龙也要礼尚往来,照例回敬。此例已传至十多代,至今还在延续进行。两姓历代相处,相安无事。为了搞好游龙这项活动,两姓还制定了很多定例(民约),其中规定:"一、每年正月十六日在公王庙共同祭拜公爹。二、无论哪姓出龙一定要在一百轿以上。三、若江姓出龙则华姓做东设宴,若华姓出龙则由江姓做东设宴……龙头、龙尾板属于双方所有,如有损坏双方共同购置。七、出龙时应互相视贺以增进友谊。八、驳龙地点:正月十五日在华姓总祠门口,十六日在江姓门口。九、两姓共同出资雕塑一小公爹。两姓游龙的龙路共同维护,有阻碍游龙的建筑共同制止。"①

以上这些民约1949年前依例执行,1949年后田租已废,昔日的一些定例只好变通执行。

乾隆末年,中堡华、江两姓在公王庙组建灯龙会,又称龙祝杜,每年的正月十六日在这里"行三献"(一种大祭仪式)祭拜公爹。参加祭拜的人都是两姓中有威望的男性,清代时参祭人员必须是秀才以上有功名的人。该会组建时双方会员各六十人,共一百二十人组成。当时两姓族内有钱人集巨资购买了四百多斗田租,此租专供祭拜公爹和游龙设宴之用。祭拜完后在这里设宴,会员们吃完酒席每人还可以分得一斤老称猪肉(相当于市称1.6斤)。灯龙会有时还在元宵节期间演三天戏,以丰富该会的活动内容。

另外在居住和联姻方面两家的关系也很密切。江、华两姓的居住呈"插花分布",杂居混住的现象很普遍。婚姻方面华、江互为嫁娶的现象非常多见,在华姓中出不了三代就有一位江姓的媳妇。

尽管如此江姓和蒋姓的交往也很频繁,如前所述祖辈中两姓认同年,称为"同年公",他们各自的祠堂中还有彼此的牌位。除了华姓,在姑田江姓和蒋姓的婚姻关系最多。

在宗教信仰上江姓没有固定去拜的庙,哪里有会期就去哪。居住靠近上堡的人去公王庙多一些,靠近下堡的人去天后宫多,正月十五日去公王庙,三月二十三日去天后宫。江姓中有一部分人两者的神会都参加,平时的祭拜活动也没有固定的庙,天后宫和公王庙都去,现在去西山拜佛的人也

---

① 见《江姓族谱》。

不少。

江姓在地方权力结构中的地位是通过对当地大族的攀附而实现的。华姓的势力大时它积极和华姓拉近关系，以后蒋姓逐渐崛起，它又和蒋姓加强联系，在华、蒋两姓发生冲突时，去支持看上去比较强大的华姓。其认同的边界处于变动之中没有固定，因此也就没有固定去拜的庙，没有固定的信仰符号。

在姑田处于宗族发展的第二阶段中，华姓是该地区宗族势力最强的，其他姓氏的势力相对弱小，在经济和政治上均无力与同华姓抗衡。随着蒋姓的到来，这种格局因蒋姓势力的逐渐强大而被打破。这一地区宗族的发展进入第三阶段。

五、姑田华姓及华姓和蒋姓的关系

华姓于南宋绍兴年间从江苏无锡迁来姑田，始祖称京一郎。目前已有三十六代近三千八百人。华姓的总祠位于中堡，称为南陵堂。过去里面只供奉祖先的牌位，现在族内信佛的人多了，把观音的牌位也搬到祠堂里放在祖宗牌位的后面。华姓宗族内部已有等级之分：牌位不是随便放到总祠中的，需要交一定数额的钱，但因为是一件光宗耀祖的事，即使出钱大家也愿意。每年的正月初一进行祭祖活动，祭祖时也不是所有的人都参加，一些受过教育有一定威望的绅士才有资格参加，祭拜之后还在祠堂内共进一餐。除此之外八月二十一日祭祖坟。祭祖的经费来自族田的田租。华姓的族田是按房为单位计算的，大房有三千多斗，小房大约有八百多斗。族田的田租是以田的好坏为标准的，分布在山里的田租金比在平地的要低一些。这些族田按分布的不同耕种的人也不同，一般说来，如在曲溪就由曲溪的人去种而未必是只给族内的成员种。除了用于祭祖还有专门的学田，供族内子弟读书、考试之用。土改时实行耕者有其田将田地分给了贫下中农。现在的祭祖则是轮流由一房做主，向每家每户去收钱，称为"苛"，苛是自愿出的，有钱多出，没钱少出，当然也有不出钱的极个别人。

华姓在过去很长时间都是当地唯一的大姓，历史上华姓考取功名和进入仕途的人都不少，明清两代华姓共有一名进士、三名举人、七十九名秀才。从华姓的游龙活动以及龙灯会的举办上也可以看出华姓势力之大。在与政府的关系上华姓占据主动，尤其是民国时期。民国时期华姓的势力很大，连城县县长对华姓也惧怕三分，姑田镇长更是像傀儡一样受华姓的操纵。

蒋姓于清初来到姑田,此后他们因为掌握了先进的造纸技术,经济实力增长很快,并不断谋求国家权力的认可。经济和政治地位的提升,使得蒋姓最终在权力文化网络中可以和华姓平起平坐。这样该地区便由宗族发展的第二阶段进入第三阶段。促成过渡的原因不外有两个:弱小宗族人丁户数增加,或经济实力壮大。在这一转变过程中,还往往伴随着宗族之间的斗争,华、蒋两姓在民国时期的紧张对峙可以证实这种过程的必然性。

蒋姓曾因要为少林公以上的祖先修坟墓和华姓为一处风水之地争起来。当时华姓中有姑田的地霸——华仰桥,此人是一个腰缠万贯的地主武装暴发户,民国时期曾持有武装而割据连城东乡一带。虽然华姓有枪支撑腰,但蒋姓因为族内会武功的人多,也毫不畏惧。在两姓紧张的对峙阶段中,致使镇上的两个圩日都停办。华姓和蒋姓都说如果械斗发生,江姓会帮自己。最后由于政府出面调解才没有发展到宗族械斗。

在此次冲突中,华姓所占的优势是先进的武器,而蒋姓则持传统的武功和对国家权力的依傍也不甘示弱,矛盾最终没有激化的原因,一是由于政府的介入,另一方面是因为两姓存在着通婚,彼此有亲戚关系。虽然没有发生大规模的械斗,但由此能够看出蒋姓势力的增强,已经可以同当地最大的宗族一争高下。斗争的结果是双方妥协,各自让步。通过矛盾的产生和解决,标志着该地区的宗族社会已由第二阶段过渡到第三阶段。

宗族竞争反映在民间信仰上,便是华姓人虽然离下堡不远但很少去天后宫烧香,一是因为公王庙有他们的福祉;二是因为天后宫属于下堡的地界,天后宫的十大乡中有蒋姓,蒋姓去天后宫烧香而华姓则不去。对于游龙的事情上,上堡的蒋姓表现得比较冷淡,他们说游龙是中堡的人搞的和我们无关。

人类学学者郭志超(1997)在比较闽客民俗宗教的不同后,所做出的总结中提到"客家人社区祭祀圈囿于血缘范围,闽南人社区祭祀圈超出血缘而充分体现地缘性"。虽然前文中已详细阐述了姑田民间信仰的地域性,但在华姓这里,信仰的血缘性却表现得非常明显。与蒋姓积极卷入公王的信仰体系不同,华姓对天后宫则采取分立的态度,不参加它们的活动。尽管妈祖信仰是海洋文化的特征,但是在生活于内陆地区的客家人中间也有一定的普遍性。宗族竞争却使中堡一带的华姓为了统一宗族内部的信仰符号,以期获得更强的凝聚力和蒋姓竞争而放弃了对妈祖的信仰,而将族内的物力和财力集中在公王庙祭祀和游龙活动上。

华姓和江姓每年联合举办灯龙会,届时通过对公王信仰符号的操弄,以期获得他族对其拥有在祭祀公王活动上的主导权的认同。两姓以非比寻常的友好关系将游龙活动举办的场面壮大,热闹异常。在有关游龙的定例中两姓共同规定无论哪姓出龙,龙的长度一定要在一百轿以上,如果不足一百轿,另一姓有义务将其补齐。在姑田,游龙是一项重要的民俗活动,但并非只是简单的民俗活动,在游龙中所出的风头,能引起他人对自己财力的羡慕进而转化为他人对其在地方权力结构中所持支配地位的默认。因此华姓和江姓不遗余力地组织灯龙会和游龙活动,其目的是维持和拓展在地方权力结构中的强势,以和蒋姓抗衡。

第五节　姑田民间信仰的变迁

民间信仰作为传统文化的组成部分之一,在以现代化为目标并急剧变动的社会里,它所处的角色和地位有没有发生改变,改变的程度如何?在研究民间信仰时,学者们都很关注在当前经济发展迅速,人民生活水平提高,农村生产结构发生转变的背景下,民间信仰的变迁问题。

姑田的民间信仰在当代社会里呈现衰落和兴盛两种趋势。有一次我在上堡调查宗族问题时,正好赶上公王庙上殿的观音殿的法会,受访者主人的妻子正准备香火要去观音殿,主人很反感地说:"现在信佛教的人很多。以前公王庙的香火十分旺,当时大家都是先到公王庙,现在却反过来了……公王庙也搞得不成体统。"又说:"信佛教的人一年到头要被刮去很多钱。"

1949年以前,姑田的佛教寺庙有崇福庵、西城庵、东山寺等几座。这些寺庙在当时都曾兴旺过一时,经过"文革"等政治运动之后都人走庙空,只剩残垣断壁,有的则是荡然无存。

1978年落实宗教政策后,修复及兴建了许多小庵小庙。以前很不起眼的东出寺摇身一变成为最热闹的佛教寺庙之一。西城庵残破的殿房里现在也供奉着菩萨。西山之上的朱子祠改头换面成为佛教寺庙,被称为"静观寺"。原本清净的读书之地变成香火旺盛、香客络绎的念经理佛之所。这里原是姑田有名的"紫阳书院"旧址,坐落在中堡西山,占地十一亩,距村子约三里路。清代不少学子在这里就读考取了秀才、举人,是整个姑田东片最好的读书处。1958年大炼钢铁时,西山做了七个炭窑,树木被砍去烧炭,紫阳书院也大劫难逃,被中堡大队拆去做养猪场,私人也趁火打劫,西山只幸存一个残破的朱子祠。1982年,佛教开始在姑田得到复兴,姑田佛教徒因无念经理佛场所,他们利用朱子祠这间破房,将"朱子"神位牌端到侧旁,稍做修缮后,安祀观音菩萨。西山自安上观音后,又开始有人走动,经多方筹措,1984年盖起了宏伟壮观的殿宇,取名"静观寺"。不久又塑了三尊大佛及购置了钟鼓等法器,从此西山紫阳书院成为佛教活动场所,游人和香客络绎不绝。笔者一次偶尔路过一家打磨石碑的作坊看到一块正在打磨的修寺捐款人的石碑,还有一块已打磨好的不日之内,要在寺庙开光时拿去用的捐款石碑。佛教在当地之盛可见一斑了。

现在姑田一带吃斋的人很多,大多是妇女。但她们不是天天吃,有的只在每月的初一、十五日吃。举办法会所需要的钱都是由信徒自愿交的,组织者会发给每位信徒一份表格,以人为单位,每个人一块钱,家里无论男女老幼有几人就出几块钱。还有像姑田造纸厂这样的单位也出钱。

公王庙后的观音殿也是今非昔比,本来九月十九日是观音菩萨的生日,这里会有法会,但到时主持法会的僧人要去大的寺庙做主持,所以这里就提前到九月十六日做了。一年中二月十九日、六月十九日、九月十九日是三次比较大的法会,到时候来的人有很多。我调查时赶上了九月的这一次。小小的观音殿挤得满满的,人们跟着三两个和尚诵经、跪拜,样子很虔诚。其中大都是上了年纪的妇女,还有一两个男性,也是上了年纪的人。法会从早上开始,中午在公王庙摆上桌凳吃午饭,饭菜是信徒自己从家里带来的,都是素菜,吃完后下午接着上午的法会继续进行,直到晚上才结束。每年这三次大的法会,上、中、下三堡均有很多人来。以前人们来庙里先敬公王,现在则先敬观音,他们说因为观音比公王大,公王是只管地方的神。观音殿目前虽寄居于公王庙却没有搬出去的打算,他们说一直就是这样,不想变动。

与公王庙"门前冷落车马稀"相对照,天后宫虽不见佛教的兴盛之势,却也能够"独善其乐"。每月的初一、十五日依然有很多前来烧香的人随着商品观念的引入,天后宫的妈祖被贴上了新的标签,认为妈祖是财神,是保佑做生意的人财源广进的神。因此附近做生意的人来进香、许愿的非常多。由于妈祖的故乡——莆田地处闽南金三角一带,经济发展快,收入大幅度提高。经济落后的姑田人将此归结为是闽南人信仰妈祖,妈祖给闽南人以好处的互惠关系,使闽南一带的人发了财。

民间信仰"唯灵是从"的功利性使得不同信仰符号之间即神与神之间,

没有水火不容的冲突,因此当社会环境发生改变时民间信仰中信仰边界的不确定性,导致它易于发生变迁。从功能论的角度来说,民间信仰在传统社会中所承担的各种功能的变化或消失也自然会引起民间信仰本身的变迁。

虽然旧时佛教也曾兴盛一时,但在当时的民间信仰体系中佛教的地位并不及公王信仰。公王庙所在的上堡村,是连城、龙岩、永安、清流的必经之路,牛栏桥更是商贾云集、贸易繁荣之地,据说上堡有三大酒家、四大纸庄、四大客栈以及大大小小十几家店铺。往来的商旅难免不去公王庙休息、进香。因此公王庙的地位在信仰体系中尤为突出,它的信众在一定程度上超出了地缘关系,与之相比妈祖的信众带有更为明显的地域特征。

1949年之后,由于镇政府设在中堡,新修的国道也从中堡、下堡穿过,经济中心也从上堡转移到中堡、下堡一带。随着经济中心的转移姑田民间信仰中神的位置也发生了倾斜:妈祖信仰超出了原有的地域而成为姑田一带行商之人的保护神,佛教一跃成为当地最吸引人的信仰方式,公王信仰已渐衰落,仅限于地域性的信仰。

如今的乡村社会交通的便利和电视、广播、报纸等传媒工具使人们更快地知道世界所发生的变化和空间距离很遥远的社会之中人们的生活方式,所以当地人不仅知道闽南人生活得十分"现代化",也知道妈祖、佛教信仰在此地非常兴盛。抱着对现代化生活方式的向往,当地人在潜意识里便迅速地接受了闽南地区所流行的信仰。并将两者功利的联系起来,抛弃了原有的带地方色彩的公王信仰。妈祖崇拜和佛教信仰都是由超越地缘、血缘的信众所组成,而像佛教丰富的宗教内容也是公王信仰所无法企及的。因此,妈祖崇拜和佛教信仰可以带给人超越地缘和血缘的认同感。在当前地缘和血缘的边界正逐渐淡化以及向现代化转型的农村社会中,这种认同感能够带给人心理上更多的充实和满足感。这也许是姑田公王庙和佛教寺庙兴衰的强烈对比的另一层原因吧。

第六节 结 论

中国福建民间信仰最重要的两个特征,即民间信仰具有强烈的区域性和宗族社会性。

姑田民间信仰神明祭拜极类同于祖先崇拜,其神明来源往往跟祖先来源附会在一起。神明来源跟国家政权认同结合在一起。例如,公王的传说,邓姓、赖姓所祀本族神明来源的传说等等。这也是整个福建客家民间信仰体系的最重要特征之一。例如,连城四堡邹、马姓宗族的"公共"祖先"邹公"来源于白狗,邹、马宗族创造出"邹公"、白狗和宋朝知府为一体的祖先来源传说。后来由于"汉化"的影响,当地传说有意淡化或隐去白狗的色彩,而重新创造出"邹公"跟中共领导人的父亲同宗的故事。当地乡民结合当地政府的功利性需要,政府行为跟民间信仰需要相结合,以提升宗族地位,加强宗族竞争力和凝聚力。特别强调成员间同属一公共祖先的事实。类似的传说还有姑田附近的朋口"蝌蝴公王"的来源,当地文人有多个解读版本,其共同描述则为蛤蟆精或乌龟精、"婆太"(客家话指曾祖母,意为祖先),跟唐朝李世民、宋朝"开闽王"王审之联为一体,后来当地文人有意淡化或隐去传说中蛤蟆精或乌龟精的色彩。

从以上姑田社区内宗族组织与民间信仰的关系上,既可以看到社区内具体的人群关系,也可以从中探讨超出具体社区之外反映国家与社会的关系。国家与社会是一体的,重要的是从社区的具体事项中去把握国家、社会与个人的相互关系,了解特定社会空间内人的生存状态。村庙有这么多直接与社会控制有关的官方或跟官方有关系的碑文和传说,反映了国家政权对非官方神庙及其领导人的社会控制功能的默认。乡民社会民间信仰传说创造出跟官府有关的故事来证明神明的"正统性",以抬高村庙的威望和在地域社会的影响力,而地方官府也采取利用的态度,以维持地方社会的稳定。

传统乡民社会调制社区矛盾,除宗族长老统治准则,即礼制道德规范和乡间条约的约束外,超自然力量即民间信仰力量不可缺少,宗教活动和社区秩序不可分离。各种"会首"组织方式类似宗族组织方式。

姑田民间信仰既具有强烈的地缘性,又具有鲜明的血缘性,两者为互补关系。例如,姑田"公爹会"、"三股半"和"十大乡"组织属于地缘性组织,但"游龙"组织均按姓氏、房支划分,界线分明。这同时也是整个福建客家民间信仰体系的最重要特征之一。例如:姑田附近的朋口的河源十三坊的轮祀"公太"(客话指曾祖父,意为祖先),即当地境主"蝌蝴公王",均按十三个村落的不同姓氏或房支(大姓按房支,小姓按姓氏或联宗组织)来组织祭拜活动。

存在于区域社会之中的民间信仰的地缘和血缘,构成了最富特征性的两大因素。由于两者都是区域社会中人群最基本的结集方式,因此不断为人类学者所瞩目。地缘关系的存在使社区生活中的人们有了固定祭拜的神明与寺庙,并在此基础上形成了宗教性质的民间组织,上演一整套与神明有关的仪式活动,这些成为人们日常生活中必不可少的一部分。但是仅关注地缘性是不够的,在传统乡民社会中,血缘关系也是构成民间信仰体系的重要因素,而且和前者相比,它对信众有更多义务性的要求。这种义务性同时可以使血缘关系更加凝固。因此在民间信仰和宗族之间有一种互动关系的存在。在宗族的不同发展阶段中,这种互动关系的表现也不一样。所以不论宗族还是民间信仰都应该用一种动态、多维的视角去看待才可能更接近于事实的本身。

在当前社会转型时期的乡民社会中,地缘和血缘的界限正趋于模糊,由两者所构成的民间信仰体系也发生了相应的变化。

村庙在多姓村落中的地位相当于单姓村中的祠堂。民间信仰组织和宗族组织可为两种交替并存的乡民社会组织形式。对村庙本身历史发展和人群关系的分析,有助于加深对村落内部和外部联系的了解。民间信仰作为集体象征符号系统在宗族发展的不同阶段,其在社区权力关系整合中的作用不同。

信仰圈不是静态的而是动态的,它是社区矛盾斗争过程的产物或反映。结合宗族的发展阶段来看宗族和民间信仰的关系,就会看到一种动态的过程而不是孤立、片面地去探讨民间信仰的整合、一体化、团结、纽带的作用。民间信仰作为一种权力的象征符号,在宗族发展的第二阶段大族利用它以期获得小族对其地位的认同,并向其靠拢。当小族的力量不足时,只有听之任之。在第二阶段向第三阶段过渡时,这种符号成为竞争者之间争夺权力、地位的有效资源。在发展到第三阶段时,它又作为使宗族之间力量均衡、达到团结合作的手段。宗族间的团结合作是通过力量的均衡达到的。正如特纳(2006)的象征理论所指,象征的操弄,运用安排可以带来社会转变,透过象征串组成的仪式,个人或集体可改变社会地位。

民间信仰的变迁具有强烈的世俗性和功利性。姑田民间信仰的变迁深受社会变迁指标影响,通过观察和分析姑田民间信仰的整个变迁过程,发现有两项最重要的社会变迁指标,即权力的因素和经济力量的变化。往往由于政治、经济力量的不平等以及对国家社会权力的认同的不同引发民间信仰的重要变化,呈现出功利性的扩张。

第三章

客家村落的卫生保健体系研究
——以福建南靖县塔下村为例

赵 芮[*]

第一节 医学体系与病因论

健康与病患构成了人类生存和进化过程中永恒的问题。人类各群体在不断适应和改造环境时,为了战胜病患的威胁,逐渐形成了一套包括所有促进健康的信仰、行为、科学知识和该群体成员所贡献的技能的综合体系,这个体系被称之为医学体系(福斯特、安德森,1992)。经验主义理论和文化体系理论认为,医学体系是社会文化的适应策略,是整个文化体系的必要组成部分,与文化的其他组成部分如哲学、宗教、道德、政治、经济等紧密相连,具有内在的一致性。

每种文化中,主要机制是相互关联的,在相互的关系中履行彼此特殊的功能。每种机制对维持其所赖以产生的文化的正常功能是必要的,它们彼此作用,共同存在。医学机制是一种观念性的概念体系,一种知识的建构,是群体人员认知体系的一部分,必然产生于一定的文化和社会。作为文化

---

[*] 赵芮,清华大学社会学博士,哈佛大学访问学者,就职于厦门大学考古学博士后科研流动站、社会与人类学院,特任副研究员。主要研究方向为卫生保健体系、医学与社会文化、文化遗产等。

建构的疾病理论，必然受到其所在文化的制约，在复杂的社会中，对病患的原因、意义和管理的观点会因族群、阶级和文化背景而不同。

在早期传统民族志的研究过程中，许多人类学者收集有关亲属关系、生产活动、宗教和道德等资料的同时，已经开始触及医疗与疾病现象的文化解释和社会意义，发现在许多社会中，将疾病的信仰与宗教、巫术分开几乎是不可能的，它们总是紧密相关。里弗斯（1924）是最早研究民族医学的人类学家，他在《医学、巫术与宗教》中指出"医疗习俗不是相互分离的、无意义的习俗的混合物，而是它所嵌入其中的更大的社会文化体系的整合部分"，他将人类的世界观分为三种——巫术的、宗教的和自然的，每种世界观会衍生出一套与之对应的疾病观念和治疗方法，揭示了原始医疗实践、信仰及世界观与文化整体的联系。阿克内克特（1971）在1940年代整合了当时英国的功能主义以及美国的历史特殊论和文化相对论，尤其是本尼迪克特的文化模式，发表了一系列关于初民医学的比较研究著作，提出原始医学不是一种，而是有很多种，它们共同构成了巫术医学。结构主义巨擘列维·斯特劳斯（2006）在研究南美的巫术治疗如何成功地解除一名妇女生产的痛楚时，提出巫术的效用，在于接受者本身的身体、情绪与其社会文化知识都联系在一起，进而说明信仰的治疗力量。埃文斯（2014）对非洲阿赞德人的研究亦发现，当地人受到神秘的"互渗论"支配，认为疾病是由怀有恶意的人实施巫术引起的，如果违反了禁忌，将会受到鬼魂侵扰或神灵惩罚，巫术作为一种与自然法则并存的文化体系影响人们的健康信念和行为。

福斯特和安德森（1978）在西方医学与非西方医学体系的划分基础上，将非西方的病痛观归纳分为拟人论（personalistic）和自然论（naturalistic）两种。"拟人论"病患观与上述的宗教和巫术研究有密切联系，这种病患观把病患的原因归结为超自然物（如神灵）、非人类（如鬼、祖先灵魂或恶魔等）以及特定他者（如用巫术害人的巫师），病人实际上是受害者。"自然论"病患观强调人体的平衡以及人与自然界的和谐，认为病痛是由身体内外的自然力量，如寒、热、阴、阳等的失衡而引起的。古希腊体液学说认为身体由地、水、风、火四种元素构成，四种元素的不同组合构成了机体的各个部分，并与之相对应的特质，即冷、湿、干、热，生命由四种体液——血液、黏液、黑胆汁和黄胆汁组成，体液在体内平衡时，身体处于健康状态，反之则导致疾病。这种理论至今仍流传在阿拉伯、南美洲等地区。印度吠陀医学，与体液学说相似，认为人体由三种体液组成，黏液、胆汁与气，体液失衡时，人会生病。

中医的阴阳五行学说,以脏腑、经络、气血、津液等为其物质基础,强调机体与环境相统一的"天人相应"观,符合自然规律,阴阳调和,五行平衡,身体康健,反之则会导致机体出现疾病甚至死亡。

此外,席焕久(1994)提出自然病因系统、非自然病因系统和情感致病理论三种。陈华(1998)在系统全面的梳理后,将病因分为拟人论、自然论和综合论三种,与之相应的医学体系分别被称为拟人论医学体系、自然论医学体系和综合论医学体系。总之,传统的医学病因观与超自然力量、朴素自然观密切相关。

从19世纪社会科学大师涂尔干发表《自杀论》以来,人类社会,尤其是新兴工业社会的压力、痛苦、疾病和生活福祉与社会结构的密切关系,就已被学者明确指出(刘绍华,2006)。疾病是对罪恶、违反禁忌及其他越轨行为或偏离行为的惩罚,患病是一种受社会控制的偏离行为,病态则是偏离行为的表现。社会秩序等同于道德秩序,健康取决于道德品质(张有春,2011),医学体系成为社会的一种控制形式(福柯,2011)。帕森斯(1951)从结构功能主义视角出发分析健康与疾病,认为健康可以解释为已社会化的个人完成特定角色和任务的能力处于最适当的状态,疾病则是健康的欠缺状态,是一种社会失范,对个人希望完成任务和角色的能力的干扰,是一种"病人角色",高发病率是一个社会系统技能失调的表现。弗雷德森(1970)的标签理论提出,疾病可能是独立于人们的知识之外存在的一种生物学状态,而病患则是根据人们的知觉所创造的,与人们对疾病的认识相一致的社会状态。"病患"观念强调在特定场域中人们对各种不舒服感的认知和体验,对于越轨的判断是相对的,结果取决于不同群体对健康紊乱的定义。麦肯尼克与萨曼奇在划分患病行为的阶段时,把对症状的认知与体验作为患病行为发生的起点(沃林斯基,1979)。特纳(2006)在20世纪60年代对非洲恩登布人占卜仪式的研究表明,病人不是孤立地承受病痛,疾病是系统中冲突的先兆与爆发点,仪式的目的是解释社会分裂的根源,恢复社会关系的平衡。

在科学革命和工业技术的进步时代,西方改变了对人体构造的认识,并且在外科学上不断取得发展,打破了教会对疾病的解释和治疗模式,科学家们通过改变变量来测试研究中出现的因果关系,促进了生物医学(又被称为西方医学)的快速成长。生物医学把疾病视为纯粹的生物现象,认为疾病是人体生理机能与器官出现的异常状态,需要修复或消除有害的病因,包括病毒、细菌、缺乏营养等,强调疫苗接种、抗生素和清洁卫生的重要性。随着殖民扩张、海外贸易和文化交流等活动,生物医学逐渐传播至世界各地。在20世纪50年代以后,由于在治疗疾病方面疗效显著,生物医学的医药、诊断设备的规模生产以及现代医药公司的各种营销,西方医学成为当今不同社会文化中的主导医学体系。

医学体系并非一个封闭的实体,几千年的文化传播与渗透导致了各种医学体系的并存、交融甚至替换等综合现象,多数国家的医学体系都呈现医学多元化的社会现实。医学多元主义(medical pluralism),是指同一社会或文化中,多种医疗解释系统或资源体系并行,例如在我国,生物医学与中医、蒙医、藏医等传统医学并存。目前,世界各个国家几乎都有其自成一格的多元医疗模式。医学体系反映了所处文化的认知特点与价值取向,引导社会个体采取最合理、最容易接受的方式维持自己的健康。

卫生保健体系(health care system)是在疾病理论体系基础上建立起来的,以提供保健服务为目的的综合性社会制度。关于卫生保健体系的研究,多是从宏观角度出发,对整个国家大范围的宏观环境进行研究,从微观角度对一个单独的社区进行小范围的实地调查研究非常少。凯博文[①](1980)曾经对我国台湾台北地区卫生保健体系进行过深入的微观分析研究,在他的著作《Patients and healers in the context of culture》中提出一套卫生保健体系模型,指出卫生保健体系是一个文化系统,它可以分为专业的(professional)、民间的(folk)和大众的(popular)三个部分,这三个部分可能是相互重叠的。其中,专业部分主要是指中西医医生、医院、诊所以及对应的中西药;民间部分主要是指世俗的草药采集者、土郎中和神秘的道士、风水师、算命师等等;大众的部分是指基于家庭和社会网络的层面,包括健康信念、就医选择和决定、社会角色和社会关系等,个体在日常生活中优先考虑的保健与自我治疗方式,这三部分最终构成一个文化系统。

为了解我国客家农村地区在社会转型时期的卫生保健情况,本文运用凯博文的上述理论,于2009年选取福建省漳州市南靖县有名的"长寿村"塔下村进行田野调查研究。同时,根据世界卫生组织对健康的定义"健康是指身体、心理和社会适应三个方面全部良好的一种状态,不仅指没有生病",影响健康的因素非常复杂,其中医疗保险和社会环境因素是极为重要的因素,因此本文对为村民健康起到社会支持作用的新农村医疗合作保险、社会基

---

① 凯博文为美国学者 Arthur Kleinman 的中文名字,也翻译成阿瑟·克莱曼。

础设施和社会组织,如交通、教育、环境、养老协会等一并进行了考察分析。希望从整体论的视角对卫生保健体系进行剖析,可以更加深入地理解在特定文化情境里,国家的卫生服务政策在农村基层的实施情况,社会成员对健康与疾病的认识、信念、病痛体验及其寻求健康的行为,从中寻找普同性与多样性,为新时期卫生保健研究提供客家农村民族志个案的补充。

第二节　塔下自然、人文与经济环境

塔下四面环山,茶林遍布,青山绿水相映,一条蜿蜒小河呈S形从村中流过,村中唯一两座圆楼正好处在两仪处,因与八卦图案相似,经常又被称为"太极水乡"。塔下村是全国村级土楼最多的村落,在方圆仅一平方多公里的村民聚集地,共分布着47座方形、圆形、围裙形、曲尺形等造型的土楼和三十多幢小巧别致的青砖小楼,错落有致地散布在狭长的山谷中,十余座石拱、平板水泥桥横跨小河,形成了一处蔚为壮观的土楼群落。塔下村是中国历史文化名村,曾有不少慕名来考察的专家、学者称塔下村为"世外桃源"、"闽南周庄"和"福建凤凰",在2007年被评为首批"中国十大景观村落"。

一、自然与人文环境

(一)地理位置和人口

塔下村坐落在福建省漳州市南靖县书洋镇博平岭南段山腹,北纬117°06′78″,东经24°37′06″,海拔565米,距县城56公里,总面积8平方公里,东与南欧村相邻,西与永定县相接,南与平和县毗邻。塔下村下设塔下和大坝两个自然村。这里年平均气温18度左右,无霜期有300~320天,降雨量为1800~2000毫米。

塔下村素有长寿村之美名。据张氏族谱记载,十二世胜卿公,约生于清朝康熙二十年(1682年),卒于乾隆三十四年(1778年),享寿96岁。按民间习俗,人活到九十六,便是一百岁。因为闰月闰年加算在一起,便足百岁。张胜卿公是两百三十多年前张氏衍派难得的寿星,亦是当时世上难逢的百岁老人,为此皇上特意恩赐他黄袍一套,以示敬老。1940—1949年,全村总人口900人,其中80岁以上有7人。自1949年以来,塔下村人口增加不到一倍,而80岁以上老人却增加了四倍(张尧耕,2006)。

根据农业人口户口簿,2009年,塔下全村有1683人,389户,常住人口1000人左右。村子60岁以上的老人330多位,70岁以上的老人100多位,80岁以上的老人40多位,其中三分之一为男性,三分之二为女性,90岁以上的有9位,均为女性,100岁以上有2位,也是女性。在2006年时,村里的百岁老人曾达到7位。现在留在村里的基本上都是老人、孕妇和小孩,年轻人多到外地打工,主要流入城市有厦门、晋江、梅州、广州、深圳等地。

塔下村位于南靖县、永定县与平和县的交界处,九龙江船场溪上游支流的一个狭长溪谷里,塔下两座自南而北的蜿蜒大山,如巨臂揽住一道生机勃勃的峡谷,山中树木碧绿,竹林茂密,一条弯弯曲曲的山溪从峡谷中穿过。

在1987年,塔下村共有森林面积8683亩,其中林地面积6864亩,非林地总面积1819亩,包括农地959亩,水域102亩,其他758亩。2003年,村里森林地面积9167亩,其中林地面积7112亩,非林地面积2055亩,其中用材林共有126亩,均为阔叶林木,杉树居多,还有一部分毛竹(福建省南靖县书洋镇森林资源统计表,1987,2003)。

据村民讲,村里以前山上松树居多,密密麻麻,很高很粗,有的要三四个人才能抱过来,树叶太茂密,以至于有种阴森森的感觉,村民晚上都不敢一个人在外面走。但是到20世纪80年代,村里修通了到镇上的公路,很多树材被砍伐,运出去卖了。村里掀起盖新房风,新建筑基本上都是用山上的木材所建。此外,20世纪80年代至90年代末,村里的茶叶非常畅销,甚至远销海外,如新加坡、马来西亚、菲律宾,所以村民更是广种茶园。制作茶叶必须经过摇青、晒青、杀青、压制、打散等程序,在这过程中需要用火的木材也多从山上砍伐。这些社会经济因素不可避免地导致林木资源的流失。

目前山上主要为茶园,离土楼近的山坡上,村民会适当地种一些蔬菜和红薯。村民们讲:"我们以前很少用化肥,土楼外面就是厕所,虽然很臭,但是可以掏人粪上地,没污染。现在不行了,家家户户在楼里设置卫生间,干净是干净,不过污水都直接排到河里了,也没有可以浇地的粪了……"村里的文书说:"政府已经下通知了,要'三线下地'——电话线、电缆线和排污管道都要埋在地下。到时候,不干净的水就直接顺着管道流出去,不会污染到河里的水了。"比起过去,村里的树少了,蓄水量小了,河水的水位也低了,但是就其整体情况来看,塔下村还是保留着原生态的自然环境。

(二)人文环境

塔下村居民属客家民系,纯张氏单姓村。张氏于明朝宣德元年(1426年)肇基于塔下,迄今二十五代,已近600年的历史。《张氏族谱》序有云:"溯自黄帝轩辕氏之孙子挥公真四子张文光,至一百二十代闽粤开基始祖化孙公,一百三十一代塔下开基祖张小一郎公,妣华氏始创塔下。由华氏及其次子昭公从永定金沙蕉坑里初迁至长教,移至靖邑边地马头背,又移至平和小溪,再于明宣统元年七月十四日肇基塔下。"据载:

> 华一娘带着次子返回到马头背居住。后来有一位风水先生路过此地,但天色已晚,便借宿在华一娘家。华一娘为这位先生杀了家里仅有的一只鸡,但吃饭的时候,风水先生却一块鸡肉也没有看到,心想这位妇人真是小气。第二天一早便要下山,这时华一娘把一盒便当带给他。风水师中午路过塔下时,看到此地是块风水宝地,便坐下吃饭休息,打开饭盒一看,满满一盒都是鸡肉!这位风水先生顿时非常感动,立马返回马头背,告诉她以后不要住在马头背了,没有什么发展,搬到塔下去,会人丁兴旺,所以华一娘便带着次子迁至塔下。用客家话讲,当时是踏下山来,所以取名为"踏下",但是"踏下"不好听,也无文雅之意,便取"踏"的谐音,称之为"塔下"了。

《张氏族谱》又云:"闽粤客族,追溯原委,多由华北、华中而来,张姓郡望向称清河;清河汉郡名,辖今山东、河北两者间清河、武城、临清等数县。"明清时期,塔下村隶属南靖县居仁里梅垅总塔下村,民国初期属南靖县三团区。民国十五年(1926年)农历七月二十四日,军阀张毅在塔下打、砸、抢、烧,制造了震惊全县的"七二四"惨案,几乎使全村毁于一旦,民国三十年(1941年)以后,划归梅江乡塔下保。1949年后,属第五区曲江乡。1958年,曲江和书洋乡合并,成立书洋人民公社,塔下村编为塔下大队,1984年,改为塔下村委会(含塔下、大坝两个自然村)。1989年,书洋公社改为书洋乡,后又改为镇,塔下村隶属书洋镇。

塔下村素以自然优美的居住环境,蕴含深厚人文气象,英才辈出,闻名海内外。当时闽西南一带山高林密,盗匪猛兽时有出没,民系之间和村落之间的争斗也时有发生,于是,张姓族人沿着沟谷两旁,建造了一座座形态各异的土楼民居。清末后,由于地理环境所限,塔下人在沿溪两岸的空地上,又建起了一座座单院式土木、砖木结构的吊脚楼,形成大楼带小楼、高低错落布局的奇妙景观。楼前屋后铺就的卵石小径迂回曲折,被几百年先人们的足迹磨得圆润,闪出光泽。塔下村这条奔流不息的溪流,旧时从村头到村尾只有三座木桥,若遇山洪暴发,木桥被冲毁,只相隔30多米宽的两岸村人便中断过往,后来在热爱家乡的侨胞资助下,建造了11座风格各异的石拱桥、钢筋水泥桥,有的桥上还建有小亭,古朴悠闲。小桥流水、土楼人家,把塔下村装点得分外妖娆。清乾隆年间,塔下张氏子孙逐渐向外迁徙,主要迁居地有泰国、新加坡、缅甸、荷属印尼。后多数迁往台湾。现塔下村张氏旅居台湾、香港、澳门及东南亚国家有数万余人。

二、经济环境

塔下村的生计曾经以务农为主。据1990年统计,耕地965亩(其中水田859亩,旱地106亩),果林222亩,茶园1000亩(不含承包给农民自己开蔬种植的茶园)。其中一季稻70多亩,其余属二季稻。按人户平均,此地可谓是人多地少,粮食不能自给。该村副业以种植业为主,其中茶叶种植收入占副业总收入的60%以上。栽种的水果主要有柑橘、酸梅、李子、梨子、柿子等等。一些村民种植甘蔗和香蕉,但数量极为有限。种植的蔬菜主要有油菜和芥菜。多在晚稻收割后的九月种菜,来年三月收菜后,开始耕地春播。此外,还种植桑园瓜(佛手瓜)、皇帝豆、地瓜和木薯等。当地人曾经用木薯为原料,压榨过滤制成淀粉,每年等待外地小贩过来收购,一般每斤卖五毛钱或者六毛钱,但是这几年,由于不挣钱,很多村民放弃这一营生。

在1949年以前,村中山林茂密,盛产毛竹,毛竹是造纸的好原料,该村的手工业主要以造纸为主。造纸作坊达七十家左右,每家作坊可容纳三四户人家。作坊内或伐竹或运输或加工纸浆,都有详细的分工。当时造纸是该地人户的主要收入来源。另外,塔下村还有三四百年种植烟草的历史。农民自种自晒,除了自用以外,还作为馈赠礼品,常年有外来客商收购晒烟,也有村民自办烟丝厂,自制成烟丝,拿到山外集市售卖(张尧耕,2006)。

在经济发展的整个过程中,有两方面比较突出,一个是茶场,一个是曲江农贸市场,这两个项目都是由塔下华侨捐资做成的。当时村民的另一个副业是茶叶种植,采摘的茶叶经焙制加工后运往福州、厦门等地。由于地处偏远,村民每年直接将茶叶卖给专门到村里收购的人。过去,塔下村生产的茶不分等级,称为统茶,一般每斤6～10元左右。茶种有水仙、铁观音和毛蟹等。村中出产的乌龙茶多运至安溪。在1945年,华侨张荣汀给家人来信称"吾村地处山区,有土取有财,能种植何患穷也。若能组织大众开展种茶,汀当作为资助之后盾",并提出一整套"以工代赈,向土取财"开发山区经济园林的独特见地。1947年,华侨张荣汀捐资动员村民开垦茶山,筹建塔下茶场,至1949年,共垦植茶园29亩。1949年,扩建南欧分场。1954年秋,将塔下、南欧两个茶场合并,正式创办"南靖县侨办塔下广达茶场",场址设在塔下村。至1958年,垦植茶园面积增至180亩,1959年产茶2223公斤。1962—1964年共垦植茶园407亩。建场至1964年,共产茶3085吨,产值209883元。1985年后,广达茶场1500亩茶园,按170份联产承包给300多户村民经营,加上农户家庭垦植茶园,1990年,全村茶园面积已经发展到2000多亩,年产茶叶100多吨。现在全村茶园面积2700多亩,年产茶叶50多万斤。广达茶场从创办至1999年,茶园面积已发展到二千余亩,年产量三十余万斤。果园千余亩,年产柑橘等果百万斤,仅茶果两项收入百余万元。按当地,年人均收入近千元(张尧耕,2006)。

1919年,塔下村旅荷属泗水的富侨张煜开暨其侄超宏捐资、投资五万余银圆,成立曲江农贸市场,坐落在竹塔村。张姓氏族第一〇八代张九龄是广东曲江县人,唐玄宗时任宰相,封曲江男,天下称曲江公。他肝胆照人,高风亮节,张氏为纪念"曲江公",而建此市场,取名曲江市场。曲江市场开张后,设有各种商店、餐馆、酒家、首饰店、药行等,经常营业至午夜。因开市时间里有"四个九",故定逢四、九为圩期。可谓百业兴旺,市场繁荣,它对流通农村的商品交流,促进农业生产的发展,发挥了应有的作用(张尧耕,2006)。

2000年以后,村民主要以做茶叶为主要收入来源。另有其他的经济作物收入,种些果林,如柿子、柑橘、梅子、李子、桃子和枇杷等。以前水稻是双季种植的,现在是单季,种水稻比不上种茶,收入比较低,目前全村只有一位老人家仍在种水稻。

随着福建土楼群申请成功成为世界文化遗产,旅游业开始进入塔下村,为村民带来不错的收入。村民凭借秀美又蕴含特色传统文化的土楼风光,办起了饭店、旅舍等,村子明显热闹了起来。沿河两岸开办土楼旅馆的最多,这些人家目前主要靠旅游业为主要经济来源,种茶卖茶成为辅助营生。

第三节 卫生保健体系

卫生保健体系由所有组织、人员和行动组成,其主要目的是促进、恢复或维持健康,它包括影响健康的决定性因素以及直接改善健康的行为。世界各地的卫生保健体系种类繁多,其组织结构与各国的经济、文化和社会发展息息相关。在有些国家,卫生保健体系是在市场参与者之间分配的,在另一些国家,政府、市场、慈善机构、宗教组织或其他协调机构共同努力,提供有计划的保健服务。

美国学者凯博文(1980)通过对台湾卫生保健体系(health care system)的研究提出,"卫生保健体系是一个文化系统,是社会文化的建构,是社会现实的表现形式。Rivers 和 Sigerist 两位在探索文化和医药之间的关系的前驱者,提倡用整体的观念来看待这二者的关系,并试图把可用的发现组织进统一的理论框架中。但是他们没有一个人成功地把经验证据统一在一起,大部分的证据要么是不够充足,要么不够精确。但是卫生保健体系作为一个文化系统的观念却是这些跨文化医药发现者一直持有的"。从中我们可以看出,凯博文认为卫生保健体系实际上是一个文化系统,正如同格尔茨(2008)对文化的解释,既是"这张地图",又是为了寻找"这张地图"。费孝通(1996)先生在谈及人类学研究方法论时提到,研究者必须要有一种新的观点和境界,就是研究者不但要把研究对象看成身外之物,而且还要能利用自己是人这一特点,设身处地了解这个被研究的对象,既视之身外之物又能设身处地,既进得去又出得来。医学知识的产生和教育受到其所处的文化模式的影响,疾病的诊疗受社会环境制约,具有社会性。从这个角度说,各民族的医疗方法可以补充和扩展现代西方医学。客家地区的人们是如何对身体进行管理的,他们对健康和疾病的认识、对病痛的体验、对就医方式的选择,可获取哪些卫生服务等,我们可以透过这些现象,分析其文化的深层结构。

根据凯博文的卫生保健体系理论,卫生保健体系可以分为专业的(professional)、民间的(folk)和大众的(popular)三个部分,这三个部分可能相互重叠。其中,专业的部分是指中西医、中西药、中西医医院、诊所等国家承认的正规治疗途径;民间的部分主要指中草药采集者、土郎中和道士、风水师、萨满、算命师等,前者是世俗的,后者是神秘的;大众的部分主要是指以个人、家庭和社区为基础的健康信仰、就医的选择决定、社会角色和关系,等等。

在任何年代,不管是大医院还是小诊所,医生和患者之间的互动模式一直是卫生保健体系中的重要内容,这种模式或许是灵活的,或许是冲突的。凯博文的解释模式理论提到,"患者整理对自己及亲密人物有重要意义的病患经验作为他个人的故事。病患故事由患者叙述病患,其他人包括家人和医生复述故事。它是对特殊时间和长期经受的苦痛的总结。在慢性病患过程中,这些模式主题成形,甚至还创造经验。病人自己的叙述不仅能够反映病患经验,而且会助长关于症状和苦痛的经验。要充分了解病人和家属的经验,临床医生首先必须综合由患者与家属的怨诉和解释模式中浮现出来的病患故事,然后按症状象征、显现的文化特征、个人和社会的情况解释不同的病患意义模式"。可见,解释模式是指在病患治疗过程中,所有参与者对病患和治疗的理解,且每个参与者都有自己的解释模式,这些解释模式又直接影响不同参与者对病患与医疗的认知和行动。参与者交流、沟通的解释模式,对于组织和选择病患治疗的行动方案以及治疗效果是至关重要的。

塔下村官方专业的初级卫生服务组织主要是村里的两个诊所和由塔下华侨捐建的曲江华侨医院,为塔下村民提供基础的健康保健服务。本节首先对村里的两个诊所以及曲江医院的发展历程两部分展开描述分析,包括两位医生的个人经历、医治疾病、诊断治疗方式、医患关系及其对中西医在农村发展的看法,以及曲江医院的繁荣与衰落等方面。

一、专业方式

塔下村主要有两个诊所,一个位于祠堂"德远堂"附近,原村支部旧址处,由一位老中医开办;另一个是位于村内小河边的雪英桥附近,由一位年轻的西医开办。

(一)老中医及其诊所

老中医的诊所靠近德远堂,系塔下村的村支部大院旧址。这个村支部,二层方形土楼,走进去中间是天井,正对面类似于其他土楼中的祖厅,左右各两个房间,右边的开着一扇窗,比较老旧,旁边开着门,屋里暗暗的。第一次拜访时,看见一位瘦瘦的穿着白衬衫,戴着大方框眼镜的老先生坐在一张高高长长的桌子前,方桌上面有一个大算盘,有个听诊器,还有一个写病历的小本子,他就是村里的老中医。当时,在他旁边有一位打吊针的妇女,50岁左右。还有一位,驮着很弯的背,神情有些木讷呆滞,拳着腿坐在老中医斜对面长长的竹藤椅上。他们正在聊着天,见到我们来,老中医慢条斯理地和我们讲起了话。我们问这位阿姨得了什么病,他说是冠心病。没过一会儿,又来了一位中年女人,要求测血压,拿着化验单,轻度贫血,妇科月经不调,老中医测完血压后,给她开了些药。

诊所的里间是老中医的药房,就是在庭院看见的开小窗户的房间。房间虽然小,却靠墙摆了两张大柜子和一张小柜子,大柜子上面整齐地摆满了各种西药,大概有三层,下面是一个个中药匣子。另外一个小柜子,里面老中医主要放的是注射器、大瓶药水和一些消毒器具。前面是一张高高的长桌子,上面有磨中药的碗和小锤子,也是旧旧的,一看就是好多年的老工具。

他给这个女人开的药全部是西药,把不同的药从药盒里倒出来,分别倒在几张小方形纸上,搭配在一起包起来,告诉患者服药时每次一包,一天三包,开了三天的药,共九包。之后这位患者又请他顺便开了些中药。他说:"现在农村都在看西药,(因为)快、便捷,中药麻烦,效果慢。"他最近几年也不进中药材了,病人要求的话,便开个中药单子,病人自己拿着药单处方到邻村曲江村诊所拿中药,"基本上这附近的几个村子都是这样,中药都是到曲江诊所那里开,他们家的比较全"。被问到中药匣子里还有没有中药,为什么不自己开中药铺,老中医说:"没有(中药)了,中药不好打理,这边山区比较潮,容易变质,一个人,有时忙不过来。"

老中医,名松根,在村中被大家尊称为"松根先",依然是沿袭古代对医生的尊称。松根先,1946年出生,14岁拜师学医,六年后出师,接受的是传统中医传授知识的方式。这六年多,他不用交学费,免费住在师傅家中,但要自带粮食。师傅叫张彩林,是村里之前的老中医,也是本地人。刚开始跟从师傅跑来跑去,看病号、治疗、打杂等什么都做,后来慢慢学习辨证论治,背汤头歌,学习理论知识和药理、药性等基本知识,科目繁多。学成之后,先到曲江医院工作。在1969年左右很少有学校招生,只有进修班,且多是中医进修班。因此松根先报名,考了进修证以后,被分配到南靖县龙山医院工作。同时,他在用中医诊治病人的时候,开始自学西医。大概在他27岁的时候,从医6年后,参照西医,之后便正式用西药。由于教材资源有限,买书主要是从卫生学校买,卫校有中专、大专,虽然教授知识一样,但是教授的内容文字表述深浅不一,大专的内容会更加深入一些。后来,在20世纪70年代回到塔下村。根据国家当时的政策,要把医疗事业发展到农村去,松根先跟从生产队在村里边工作边给村民看病,相当于村里的赤脚医生。[①] 这段时间,他还有位助手,叫张青梅,可以做接生员。1987年合作医疗站关闭整顿后,他开始承包私人诊所。当时算上药物成本,置办两个柜子,总共800多元。在1987年以前,县卫生局规定,镇卫生院代收管理费,1987年以后,实行"上岗制度",即"换证制度"。松根先提到,之所以把诊所选在原村委会,是因为看病的医院多是选择当地的中心点,方便就医。松根先收有四个徒弟,都是亲戚朋友介绍的,但他们也要考证,现在有三个回永定了,还有一个是在曲江,承包原曲江医院,开办起私人诊所。

图 3-1 老中医诊所内部

1.就诊人群及疾病种类

通常,塔下村村民感到身体难受不舒服,或自己说不准的身体疼痛,会来这边找老中医看病。来看病的主要是村里的中老年人或者小孩。附近的

---

① 赤脚医生,是中国农村中不脱产的基层卫生人员。1965年6月26日,毛泽东主席发出了"把医疗卫生工作的重点放到农村去"的指示。随后,全国各地农村涌现出了大批赤脚医生,并普遍建立了农村医疗卫生防治网。这些赤脚医生一般都经过一定时期的培训,具有一定的医疗卫生知识和技能。他们一面参加集体生产劳动,一面为社员治病。赤脚医生对改变中国农村缺医少药的状况和农村落后的卫生面貌,对开展预防工作和促进农业生产等起到积极作用。

曲江、上坂寮、下坂寮、南欧、平和、文峰和永定等地村民也会选择到此来看病。另外,还有一些是已经在医院做过检查的,拿着检查单,到这边请松根先帮他们开药或者输液。

就诊疾病主要有感冒发烧、上呼吸道感染、胃肠炎、腹泻、哮喘、气管炎、肺炎等常见的多发病;还有一些疾病,如肝硬化、肾炎、尿道炎以及高血压、心脑血管病、脑卒中等慢性病。

据老中医回忆,"文化大革命"时期,医药事业很萧条,很难办起来,药物资源非常稀缺,很多药需要自己从山上采,回来自己洗筛、晾晒、加工,非常麻烦,但是得病的人却很少。1959—1975年间,看病的人比较少,1975年以后就诊人数明显增加。看诊疾病主要是头痛、腰腿痛、胃病和其他相关疾病,到了2000年以后,村里人患有脑血管疾病和心血管疾病不断增多。

2. 老中医的解释模式及疾病诊治

凯博文(1994)认为患者与医生的病痛解释是不同的,病人有自己的一套陈述病情的方式,称为"解释模式",即病人含糊的、容易改变的、非特异性的,夹杂个人态度、观点和实际的体验,受到个性与文化的影响,尤其是在很大程度上受到病人及其所在社区的文化教育程度,占主导的社会意识状态或者宗教信仰观念,以及社会经济状况等等因素的影响;而专业的医务人员也有自己对病情的解释模式,西医偏向有科学逻辑的,较固定和严谨的模式。所以在就诊过程中,病人的解释模式与医务人员的解释模式相互作用,有时便会发生冲突,这是造成病人及其家属与医生发生摩擦和不遵遗嘱的一个原因。

医患冲突的问题,在塔下村老中医的诊所里,并不多见。老中医虽然擅长中西医,但他还是以中医为看家本事,用中医的理论经验和望、闻、问、切的方式给病人诊断病情。

(1) 诊断方式及解释模式

来这里看病的,一般都是患者自己口述,哪里痛或者怎么不舒服,与平时有什么不一样的地方,还有相当一部分人来了什么都不说,只讲明哪里痛。老中医每次都会很认真地听,不紧不慢的把脉(无论男女老少),有的会再用听诊器听下诊,之后针对不同症状,结合患者的感觉进行解释,到底是不是病,什么原因等等。松根先平日里看起来很内向,寡言寡语,但极为耐心,总是能够认真地听病人对病情的陈述,向患者解释的时候往往也很细致,一副不紧不慢,十分沉着冷静的样子,颇得村民信任。

这个过程很关键,医生给予患者足够的时间,认真聆听病人口述病情或疼痛感,进行细心的诊断,向病人仔细解释说明患病情况及原因,让病人清楚真正的病因在哪里,这样的互动过程是医患间信任和合作关系的基础。诊治过程中的关键之处是要分析辨别患者到底有病没病,有病,是不是真正的病,没病又是什么原因。一次,松根先在聊起诊断的话题时说道:

> 有些病是病,有些不是。比如胃痛、牙痛、头痛等有些最常见的病,并不一定是病,出了什么真正的问题,或许是由于睡眠不好,过度劳动,家务繁重或家庭不和等原因,造成肌肉酸痛或者全身的某一处神经系统上的小神经元失调,导致人有不适的反应,其实身体上是没有真正的病的,这种痛也不是真正的痛,一般多用于心理治疗,即给病者解释清楚,开导病人,这并不是病,要注意些什么即可。只有出现酸痛、红肿等真正的症状了,才算是病,有病变、痛点,才要对症下药,正所谓中医里的辨证论治,要具体情况具体分析。之后主要分清楚到底是什么原因引起的症状,如头痛,到底是由伤风感冒,肠胃或者经血引起的头痛,还是其他原因,要经过鉴别的。

基于解释模式理论,凯博文还提出了对长期慢性病人治疗的方法论。他指出,此方法论的要素可以通过"移情的聆听"、"转译"和"诠释"的途径获取。因为病患的医疗只有在对异常的生理尽可能地做到最大的技术控制时才有可能实现,所以它对生物医学治疗疾病起到补充和平衡作用,而不是代替。医生、患者和家人等参与治疗,保持经常交谈、沟通可以成为减缓病情或成功治疗的源泉(凯博文,1994)。这一点,老中医描述症状的语言和诊断、治疗的方式,会更容易被患者接受。来这里的村民,在听完老中医的询问和解释后,很少有不遵医嘱的现象或者出现医患关系紧张的状况,医患关系比较融洽。

(2)多发病

除了一般的感冒、发烧、腹泻、胃炎、气管炎、支气管炎等常见病,老中医归纳了从20世纪60年代特定时期出现的特殊病种,以及近年经常出现的疾病。

流行性脑膜炎:1965年左右,流行性脑膜炎、乙型脑膜炎很严重。得病群体多为儿童,其中流行性脑膜炎患者多为4~8岁儿童,乙型脑膜炎患者多为5~15岁。此种流行性脑膜炎属于季节性疾病,春季1—3月份多出现流行性脑膜炎,5—8月份多出现乙型脑膜炎。因为1—3月潮湿寒冷,会经常出现自发性高烧、呕吐、晕迷等流行性感冒,控制不住病毒感染,便引起严重的脑膜炎。一般自发性流感占 30% 左右,感染的流感占 60%～70% 左右。5—8 月份气温升高,雨季到来,雨水较多,便会有所好转。这种疾病主要是通过蚊子来传染的。当时蚊子很多,家家户户都有厕所,就在土楼外面一两米左右,所以多是原虫性传染,一般抵抗力比较差的小孩容易染上。症状一般为定时高烧,发热发冷,全身哆嗦等。塔下村从 2006 年开始,楼外厕所全都拆掉,每楼每家都必须单建卫生间,同时建了 3 个公共卫生厕所。现在村里的卫生状况好转很多,疾病的发病率随之下降。

肝部疾病:肝硬化,20 年前比较少,浮水基本上没有。"现在发现很多,多集中在 40 岁到 60 岁,男女都有,村里还有 3～4 位患有肝癌的村民。"

呼吸道疾病:现在呼吸道感染、肺炎、支气管炎等慢性病比较多。"在发病期间及后期发现的,男性多些,如张勤生,刚去世的老人,前 10 多年就吐血,空洞性肺炎,经过挂瓶、吃西药,处理好了,后到龙岩反复犯了几次,尤其是前两年,后来肺脓肿。平时不吃药,没办法后来只能吊瓶。"

尿道炎:村里女性患者很多,尤其是急性尿道炎,每年有 40～50 例。老中医对此十分困惑:"按理说男性更容易得,男性尿道 3 厘米,女性 4～5 厘米,病原体真是难讲。2000 年前很少见,现在很多。"

肾结石:50 多岁男性居多,有的人做手术,但后来还是会复发。

脑血管病:村子里也有好几个脑血管病人,前几年因此病去世的有 3 个,年龄都在 35～55 岁之间,男性居多,与抽烟、喝酒可能有关系。

季节气候多发病:春季 1—3 月易发流感;4—7 月,胃肠炎,夏季炎热,细菌滋生,饮食不注意;8—10 月,慢性病急性发作,如呼吸道感染、肺感染、肺炎、支气管炎、哮喘、肺心病等突然间感染的;到 10—12 月,基本上减少,雨量减少,气温下降,细菌反之减少,肝炎减少。

(3)治疗

特殊疾病处理:对于流行性脑膜炎,国家从 1965 年到 1980 年,一直在做卫生预防、干预工作,在基层由镇卫生院执行工作,有时派医生到村里,有时交给卫生所。在卫生所时,对于一般性脑膜炎进行抗菌治疗,严重的则直接转到县医院。2005 年以前全部在所里做,通过广播"某年级到某年级的学生到所里"安排注射日程,并发放"防疫证"(1995 年左右),2006 年开始由父母带着小孩到镇卫生院去打疫苗。到 20 世纪 90 年代,流行性脑膜炎逐渐减少,现在基本上没有了。

输液处理:季节性流感、传染性流感以及消化系统疾病,如急性胃肠炎,多是采取挂瓶输液处理;尿道炎,根据霉菌或葡萄球菌等类型,也可以输液抗菌消炎。

用药处理:对于感冒、牙龈肿痛、咳嗽等常见的小病,可以只用西药治疗,达到快速地消除炎症的目的。村民更容易接受西药,疗效快、方便,价格便宜。近年来,药价上涨,中药原来每剂3~5元,现在10~20元,西药价格原来每盒3~5元,现在10~20元,侧面体现出现代化对医药的冲击。

不过,松根先坚持急性病可以用西药,慢性病在后期用中药,仍然以中西医结合的方式为村民看病,这是老中医的治疗特色。他认为"病程前中期用西药,可以快速缓解症状,但有副作用,所以中后期就要用中药,副作用小,调理身体"。另外,考虑到地区、气候、年龄以及生活习惯的差异,老中医提到药效也不一样,药量也会影响治疗过程,比如"对待老人,同样的病,一般用量少、副作用小的药。同样的药,在书洋(镇)或者厦门用3粒,在这里可能只需要用两粒就行"。松根先多年来采用中西医结合的方法,治好了很多疾病,在塔下一带颇有名气,其他村子的村民也慕名前来就诊。

3.医患关系

弗里德曼(2000)在《中国东南的宗族组织》中提到"几乎在中国的每一个地方,几个紧密相连的村落构成农村社会的基本单位",东南宗族普遍呈现单姓村的聚居形式。客家村落塔下村属于张氏单姓村,村民之间较为熟悉,老中医的看病方式和治疗效果更加容易得到村民的认可、尊重。很多村民生病时首先选择到松根先诊所就医,"因为这个老中医看病很准,一般经他把脉说出来的病,到医院检查,基本上就是那个病。有的人拿着医院开的诊断单,回来找老中医开中药,或者西药治疗"。还有的村民说他把脉后说这个人还有多少活头,就大概还有那么多天,很准。青出于蓝胜于蓝,"松根先看的要比他师父看的更好些"。从大部分村民的说法中也可以看出,他在本村的口碑很好,行医技术很高明,开的药见效也比较快。加上松根先性格温和,病人在输液的时候经常愿意与老中医聊家常,说说心事。

医患关系较为融洽的另一个原因,在于松根先看病便宜,收费合理,有时,病人带的钱不够或家庭情况特殊,松根先会免去(部分)医药费。

一位中年模样的女人,本村人,急性尿道炎,松根先给她打了一针,之后开了几副药。总共是14块钱,女人说她只带10块,老中医笑着回答:"也行啊。"女人走了之后,老中医很自然地说:"没办法啊,村里头都这样。"

上坂寮一个精神病患者来看病,身上只带十块钱,药钱为十五块,老中医便没要他钱。他说:"给十块钱就不如不要了,他家里经济条件很不好,妻子残废,是大集体时乙型脑膜炎患者,至今留有后遗症脑血管病,经常晕倒。家中儿子儿媳都出外打工,不仅不寄钱,还把两个小孙女留在家中,让他们夫妇照顾。来过好几次,都是没钱,但又不能不治病,哎,就算了。"

一个年轻女人,带着两三岁的小女孩来检查,有轻微咳嗽,丈夫陪着他们。松根先先把脉,再听诊,诊断感冒,随后写药方、开药。她小孩也是感冒,打了一针,共39元。

一个小男孩,14岁,感冒引起的上呼吸道感染,松根先同样先听诊,量体温,把脉,打了一针,开了6包药,共二十几块钱。小男孩左手腕上带着一根红线,说是三月二十五日,观音菩萨节戴的,保平安健康的。塔下村每个节日都可以戴红线,端午节、中秋节均可,意为图吉利,保平安。

一个男人,60岁左右,曲江人,高血压引起的末梢神经炎症,属于慢性疾病,已有病史10多年。老中医按他的手、脚、胳膊、腿,有坑,微肿。然后检查他的血压,"还算稳定,(病情)严重的会导致麻痹、肌肉酸痛,浑身不舒服,甚至会导致心衰",之后配了几种西药,还开了几剂中药,共计45元。老中医与此人是兄弟,从小一起长大,很熟悉他身体各方面的状况,知道如何更好地帮助他治疗、维持健康。

一个男人给他的母亲开药,(母亲)高血压,引起头部晕迷,"此病以前很少,2005年开始多起来"。因为与其母亲认识,70多岁,所以开了药以后松根先还要跟这个男人强调"要注意高血压,平时很少脑血管出现问题,注意脑淤血。因为脑栓会留下瘫痪等后遗症"。共47元。

一个男孩,14岁,肚子痛,先把脉,然后按压小孩的肚子,后来给开了点药,5块钱。

一位阿婆,88岁,家里只有她自己,儿子都在外面打工。她说浑身酸痛,老中医说是岁数大了,骨质疏松导致的。但是老人家非要要求打一针,打完针她立马就说不疼了,并且她说不敢坐车,因为走路有众神保护,车上有鬼,会呕吐,会摔倒。

村民看病的药钱便宜,平均下来基本上维持在10~20块钱,只有输液,或者慢性病,需要多开药的,医药费才会高一些。这样一个月下来,诊所平均收入一千多元,好的时候两千元左右。

4. 老中医对现代医学及中药的看法

老中医对村里最近几年出现的肺癌和心脑血管摸不清原因,经常会讲"得肺癌的人很多,已经有7~8个人了,还有3~4个人得肝癌,不知道为什么,有几个不吃烟,不喝酒,连茶有的都不喝,还会得这两种病,很奇怪",老中医对现代生物医学技术有所质疑,"搞不懂这些医院的器械到底能不能检查出来"。

在老中医的诊所里,我们也看到,柜子上面摆的都是西药,下面全是中药匣子,但里面却没有中药。2006年,他开始只进西药,不经营中药,但开方治病还开中药,病人都到曲江农贸市场里的一家中药铺拿药。2006年,他开始放弃中药的原因,一是因为中药价钱贵,不大赚钱,又费时间;二是因为这边山区,很潮湿,不好保管,容易变质,尤其是雨季,容易发霉,只有冬季比较干燥,好保存一点,所以"影响疗效,就会影响生意,以后就没人来看了"。但老中医打算第二年开始再进中药,因为他认为中西药结合治疗效果更好,虽然不好管理,但到时可以请专人保管,自己忙不过来,请个人帮忙检查中药,管理中药;另外,村子中有不少上了年纪的中老年人,患有慢性病,他们身体抵抗力稍差,"在止住病情时,应调节身体,西药要比中药的副作用大,可能会有后遗症,不会痊愈,所以就更应用中药治本"。而年轻人在体力、精力各方面的抵抗力相对强些,西药快,又方便,中药慢,成本又高,所以对于年轻人来讲,西药更合适。

(二)年轻西医诊所

村里除了老中医开的诊所外,还有一家年轻西医开的,就在雪英桥附近。这位年轻的西医与老中医优势互补,虽然存在不可避免的经济利益上的小冲突,但确实为村民的就医提供更多的治疗选择。

年轻西医,2009年41岁,家有2个女儿,都在读初二。张医生17岁初中毕业后,到漳州卫生学校,自费学医,后又跟着舅舅(镇卫生院副院长)学习儿科。"1988年3月承包这个诊所,当时每年交管理费,一开始3元,5元,到后来10元,20元,直到2006年每年240元。实行换证制度后,镇里经常搞培训,办进修班。进修班主要由县卫生局或省卫生局举办,平均3年进行一次乡村医生培训。"

医生换证主要包括药工证、执业医师证、乡村医生证、卫生所执业许可证和卫生所许可证等,类似于每3至5年一次的考核,其中乡村卫生许可证每次换证需交费150到200元。镇卫生院每年组织几次会议,培训乡村医生。自从2007年起,国家规定每年对每位乡村卫生所的乡村医生补助60元,2008年调整至100元。

图3-2 年轻西医诊所

1.就诊人群及疾病种类

张医生主要治疗儿科疾病,由于多年的从医经验,在小孩周岁以内可以检查出肺部问题,为此经常会有本村及邻近几个村子如上板寮、下坂寮、田螺坑的妇女带着孩子前来就诊。

除了儿科疾病之外,他与老中医另一个互补的地方在于,他能够经常做一些外伤的治疗。有一次诊所里来了一个男孩,17岁,因为打篮球,不小心脚碰到尖石头上,没有及时上药,伤口感染。张医生给他打了一针,重新包扎了一下,同时开了西药。前后不到五分钟的过程,非常快速,但是也非常认真。

2.多发病及诊治

(1)诊断

张医生虽然学过学中医,但认为中医比较深奥难懂,所以改学习西医,运用西医知识来看病,他的诊断也多为现代医学的解释模式,听完患者的描述,或者看完病状,直接就诊断是什么病。张医生在诊断治疗过程中,一般病人不用多讲什么,说明白怎么回事,他就会诊断,直接告诉患者什么病,什么原因。

医生的解释和诊断过程,直接影响患者与医生之间的信任。张医生这种解释模式是一种受过专门训练的西医式的诊断模式,与老中医非常不同。这两位医生对患者病情诊断和治疗的不同的解释模式,为治愈不同村民的病患,起到了有效的互补作用。

(2) 多发病

张医生根据多年从医的经验,补充了村里疾病的情况。

传染病:疟疾、百日咳、白喉、破伤风,20世纪80年代很多,现在基本除去。痢疾之前也有,现在偶尔会有,但是药多了,基本上也消除了。

肺结核:以前患肺结核,一般在家里治疗。2003年开始,国家连续五六年筛查,卫生局到县防疫站,再到卫生院防疫组、村卫生所,由乡村医生进行督查,一手抓,现在基本上很少。

肺炎:1990—1995年小孩子肺炎很多,那个时期的防疫比较差,每年都有几个,现在比较少。

胃炎:近年发病率升高,男性居多,占85%左右,女性偏少。与多数人抽烟(至少一半人以上)、喝酒、上山采茶做农活饮食不规律等有关,尤其是凉菜冷饭,对胃很不好。女性多是患神经性胃炎,原来闽南女子抽烟,成风气,现在较少。

关节炎、风湿:这类疾病妇女患者尤其多,"女性比男性干得多,杂活多,起早摸黑。生完小孩一般十天就出来干活,还要到溪里洗菜,洗衣服等等。可能跟这些有关系"。

高血压:目前高血压多起来,可导致脑血栓的概率也升高,糖尿病患者在塔下可占1%,差不多有15位左右。

气候季节性多发病:春季流行性感冒,夏季胃肠炎比较多,秋冬季节村里人得气管炎的较多。

(3) 治疗

西药治疗:张医生治病时,采用先听诊、量体温的方式,对于大部分疾病,尤其是炎症性疾病,主要开西药或输液治疗,如果不见效便建议患者转去医院看病。张医生尤其擅长儿科,对外村和本村小孩都比较熟悉,一般输液配合开药,发展成肺炎之前就能扼制住病情,村民反映"他做医生二十多年来,一般都能治好"。

中药治疗:对于一些慢性病、难治愈的杂病,如风湿、心脏病、脑血管疾病或妇科疾病,或者术后留有的后遗症,张医生建议用中药治疗,"(中药)可以治本"。张医生也只是开药方,而且开得很少,过去一般逢四(农历初四日)逢九(农历初九日),到曲江墟市专门的诊所买药。

草药和土药方:对于有些胃部疾病,张医生会问一下患者的感觉,然后根据情况用草药治疗。比如胃痛,他一般建议甘草(和胃)、李子与梅子等放在一起煮,可养胃,也可做药引子。对于一些季节性复发疾病,偶尔会用土药方,但效果相比其他方法并不是很好。

张医生比较年轻,发生紧急情况时,他会经常出夜诊,在村里为村民的就医提供了很大的便利。

3. 对中医中药的解释

张医生诊所里的医药柜子,与老中医诊所的一样,均为中西结合,但中药匣子里也没有药。对于中西药的不同,张医生经常提到价格问题。他说:"以前一剂中药三五块钱,现在有的要二三十块钱,一般的病,西药十几块钱就解决了,所以西药更实用经济。以前中西药都很便宜,但整体讲,一般的病用中药还是要比西药贵,现在中药至少翻两倍,当归以前七八块钱一公斤,现在涨到一百多块钱一公斤,党参以前七八块钱一公斤,现在是二十五块钱一公斤。不过,西药也至少涨价两倍。"

对于中医未来在农村的发展,张医生有着与老中医不同的看法。他认为,"日后中医在乡村会消失,因为没几个人有时间去学,就失传了。中医学起来很难,很费时间,而且里面的内容,如辨证论治,很深奥,不好学,只有在大城市各医院里会有设置机构,能供养,乡村几乎没适合的条件。现在大部分多重视西药,而且西药更方便、快捷,同样的效果又省钱,所以很容易被接纳"。

传统医学是中国传统文化的精髓,随着经济环境的不断改变,如何在农村地区进一步发展,处理实际的挑战和转变问题,这值得深入探讨。

(三)曲江医院(私人诊所)

曲江华侨医院是一座由塔下村华侨张庆重先生捐资创办的,归属县卫生局管理。1958年动工,1960年5月落成,坐落在曲江村西,依山面水,环境幽静,占地二千多平方米,前座为两层门诊楼,后座八间病房,设备完整。曲江医院从基建、开办到新增添设备和救护车,张庆重捐款赠物折人民币共二十多万元,受到乡亲们的交口称赞。落成开办后,村民患病可到侨院门诊或住院治疗,不能处理的重病号用救护车(据老医生回忆,当时全县只有两辆)转送县市医院,对经济有困难的患者,侨院实行半费或免费治疗。

曲江医院在计划经济时代发展较好,尤其是在 20 世纪 70 年代。刚建院时,总共有医生、护士、药剂员、勤杂工共 12 人。此时并无分科,基本的听诊器、血压计、化验室都有,同时还有张庆重捐赠的救护车一辆。20 世纪 70 年代有下乡的人过来,才分为内科、外科、五官科、妇科、药房和化验室。看病的人比较多,曲江附近的村子,如塔下、平和、文峰、南欧、梅林和永定的洪坑、高头、古竹村村民都来这边看病,看的病多为感冒、发烧、胃肠炎、腹痛、哮喘、气管炎、阑尾炎、疝气和妇科病等等。此外,医院还为妇女接生。当时开的药以中药为主,西药最多占 40%。曲江医院在农村的设立,着实改变了当地缺医少药、看病难的面貌,为山区村民的疾病救治提供了有力的医疗保障。

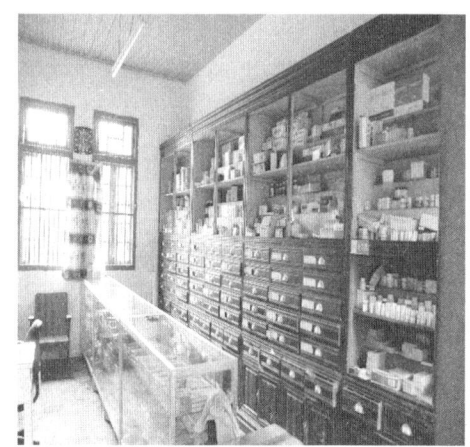

图 3-3　曲江医院(现为私人诊所)

改革开放以后,曲江医院逐渐衰败下来。主要有如下两个方面的原因:

一是内部问题。改革开放以后,医院也被推向市场,政府对医院的投入日渐减少。华侨每年给予的赞助从 15000 元降到 1 万元再到 5000 元,不够发员工工资。据老医生讲,因为拨款和入账太少,以至于新派来的院长竟被院里的医生告知说"来了也没有他的工资,都已经分好了"。没有钱给医生发工资,这里又属于偏远山区,留不住人才,好医生都走了,再加上没有足够的资金,医院的设备也已经落后,整个内部机制处于瘫痪的状态,曲江医院没有人才和设备上的优势,医院的功能逐步弱化,和一般的诊所差不多,所以病人也都不愿意来这边看病了。

二是外部原因。20世纪80年代后期,曲江、塔下等农村开始修建公路,农民去县城看病很方便。公路修好,村里的茶叶可以运出去,甚至可以出口,经济收入明显增多,村民有条件去好医院看病。村里私人可以承包诊所,小病在本村就可以看,大病直接到县城看,不必要再到此时的曲江医院就诊。到20世纪90年代,曲江医院里只剩下3名医生,其中两名在厦门开诊所,剩下一名在县城里做出纳。实际上,虽然编制名额存在,但这个医院已经名存实亡了。2009年8月,曲江医院与镇卫生院合并到一起。因为在厦门开诊所的一名医生不回来,就把另外两名医生安排到镇卫生院工作。至此,曲江医院的历史彻底结束了。

虽然最后这家医院倒闭了,成为私人诊所,但是在20世纪90年代以前,曲江医院确实是方便了塔下村民求医治病,使得村民病有所医,提高了多种疾病的救治率及患者的生命质量。

二、民间方式

以上是村民针对正常的自然的疾病而选择的就医方式。随着科学技术的发展,医学技术的进步,加之改革开放以后,经济快速发展,很多村民经常外出务工,电视媒体经常报道医疗和养生内容,村民能够更多地知道与疾病、健康和法律相关的知识,所以村民大部分情况还是会选择正规的途径看病治疗。但是对于遇到的非正常疾病,久治不愈的顽症或者"邪病",村民还是会寻求一些民间群体的力量,如道士、风水师、神婆等。这些民间群体主要在传统民俗和生命仪式上,如村民祭祖、选址盖房、办满月酒、葬礼等重大事件活动中扮演着重要角色。此外,他们在解决老百姓健康疾病方面发挥着潜在的作用。在塔下村,村民主要选择通过道士做法事、土郎中和药签等民间方式摆脱疾病和疼痛。

(一)道士

在南靖、永定一带,有很多道士,而且道士基本上是家传的,有的自称已经传了25代。在塔下村,村民主要是请附近的两个道士,一位是赖师傅,家传5代;另一位是张师傅,家传也是5代。请道士"治疗"的病症主要有:

1.疑难杂病

(1)小孩子的问题

很多村民在小孩子刚出生时,为了孩子的健康,会找算命师先算一下。如果算出命中带有什么不吉利的东西,用道士的说法是"三十六关煞",便请道士做法事,画张符,防止不好的事情发生。比如有的小孩带"百日关",即一百天之内不能出大门口;"千日关",即千日之内不能出远门,否则会碰到不好的东西,如果出门了就要用哪吒符避邪;"雷公关",即小孩怕大声,听见什么东西突然声音很大,便会哭,以后就吃不下东西;"和尚关",即不能抱小孩去庙里,怕人多;"阎王关",即指小孩时不时生病,体弱。还有些小孩,比如不好带,总睡不好,高烧不退,打针时可以退烧,不打就又发烧;经常摔倒,吃药不见效,不好养等等情况,就要送糖果、鸡鸭给神灵,画符烧一下。另外,号称命中带刀枪利器的小孩,被认为克父母、祖父母等人,需要过继给别人,或者认松鼠、石头、太阳公公或观音等结契,这样小孩才能顺利养活长大。赖道士说:"这种现在还在做。过继的时候要投筊决定,一正一反,表示神明同意,两反其次,两正最差。然后要立契,一张自己留着,贴在墙上,直到十六岁,不动此契,刷墙时可以不用动,或者可以烧掉。一年中至少要拜一次,尤其是除夕或者大的节日。一般的都要拜三四次,比如正月十五日、端午节或者中秋节时。"

还有在小孩子满月的时候,举行一种开斋仪式,也要请道士到家里做法事。意思是小孩子可以吃东西了,希望"小孩吃什么不怕什么",保佑孩子平安健康,茁壮成长。

(2)女人的病

对于难产、不孕不育这样的难题,有的村民还是选择请道士画符做法,"以前很多,要妇女吃掉,现在很少开了,但是还有人找,塔下卖鸭肉男的老婆,吃了开的符,就顺利怀孕生子了"。

2.邪病

邪病,突然出现很不正常的病症。赖道士讲了几个,如"以前下坂李屋的一个人,上山去,回来时头发没有了,脑门青,后来人不见了。于是我爷爷用鸡头、牛角做法事,去山上走一天,敲锣打鼓找人。找到他时,他嘴里在吃虫子,后来好了,现在70多岁","13岁后生被打吐血,到永定医院治疗,他父母来看儿子的命,看还能活多久,希望送一送符好得快,结果不用送,(人)就走了","还有一个挑牛粪的,突然摔倒,从此不好,也是要辟邪"。村里对赖师傅的爷爷还是很看重的,大家都说他的功夫好,法力强。

3.精神病

村民印象中以前很多精神不正常的人,梦游,多家医院都治不好,"突然间呆呆的,不顺心,冲撞等",这种情况家人就会请道士看,"好事儿不会找道士,有时候他们可以办到"。"有一个永定人,考大学被人挤了名额,病倒后,成为神经病,走路颠颠的,看不好也没钱,爷爷开了药方和符,做法事,后来好了。"塔下村里有三位精神病患者的家人请赖道士做过法事。

清香(饭店)老板的儿子,小时候过继给灶神。高中毕业后,分到林业站工作,但后来下岗,谈恋爱也不成功,后又做过摩托修理等活儿,均不顺利,受到刺激,得了这个病。

大坝有一个,因为高考考中,但也是被人挤了下来,回到家后就得了精神病。现在由他的姐姐照顾他,但他病情发作,会被他的姐姐又打又骂。

大坝上面半山腰上单独的一户,里面也住着一位精神病患者。他原来是塔下小学的临时教师,但由于本身精神就有点问题,学校没有给他转正,后来就不正常了。村里人都说:"他原本好好的老婆,不嫌弃他,家里的好多事情都是老婆做的,他也不为所动,最后老婆有病,从楼梯上滚了下来,死掉了。"

过去的年代,很多精神疾病被认为是因为"中邪",说不清道不明,医院的医疗水平不能治愈,村民遇到此类问题时,根据对病因的认知和既有的经验,选择这种民间找道士作法驱邪的方式,试图用超自然的方式使得患者脱离非正常力量的干扰,恢复正常。道士的这些行为,直到今天,仍真实地存在于客家农村社会,并且仍然有一定市场,被相当一部分村民认可。这一群体是文化体系中,尤其小传统文化中依然保留的重要部分,他们在民间社会中对一些疑难杂症的治疗和在传统民俗、生命仪式等方面所扮演的角色不容忽视。

(二)土郎中

土郎中多是居住在本乡本土,靠家传或拜师掌握了一定中医知识、并熟知当地中草药的行医者。他们多半以农为生,依靠自己的医术,通过乡邻之间的口传获得名声,人们一般选择那些有特技或有特效祖传秘方的郎中。这些传统医生所使用的治疗措施,包括当地草药和传统中国医术,如中药方剂、针灸、拔火罐等。近几年,随着农村经济方式的转变,土郎中在乡间已基本消失(杨蓉,2007)。

在塔下,有位土郎中的"生意"倒是随着旅游的发展而又复活起来。在德远堂右侧下边的第一家,经常卖烧仙草、西瓜、茶叶、各种塔下的特产、草药、小玩具以及介绍塔下的书籍等等,这家的男主人就是一位土郎中,40多岁,自称家里可以治疗颈椎病、腰椎间盘突出,还有脚里有东西进去拔不出来等等毛病,是他爷爷的外婆传下来的。他家里有一个小笔记本,里面记满了治各种疾病的治疗方法,比如说骨头旁边生脓包,即医学上称的骨膜炎,要把里面的脏东西抽出来,用解毒药贴上,抽出黑东西后,再贴就会好;带状疱疹,"转身石",在身上尤其是腰上长一圈,叫做"生石头",也要用几种草药治;还有治疗妇科月经不调、风湿神经痛、肝病等,每种治疗药方包括几种草药名及其相应的克数。

张师傅说这套方法祖上传给了他父亲,又传给他。他有个儿子,只认得些草药,具体不会怎么治病。塔下村开发旅游经济,很多游客来到这边,都必须要参观德远堂,正好他家就在德远堂下边,外面还有摆的几张桌子凳子,所以经常就会有游客坐下来休息。闲聊时,他们会向游客介绍他们的这个祖传秘方。曾经就有人找他要过治疗腰椎痛的方子,有效果后,还给他打电话购买。他的妻子也说以前有很多人都找他们看的,尤其是他父亲那时候。他的儿子曾经也跟笔者聊到,说他小时候,有很多人来找他爷爷治病,而且他爷爷经常带着他们上山,看各种草药,可惜那时候小,很多都不大记得,现在只了解一些。

不过,村民不怎么认可这位土郎中。河边诊所的年轻医生说:"他那些我看见过,一些中草药放到一起,没什么的,他就是比别人放的量更大,别人放5克,他都放到15克的。"虽然不被认同,土郎中一家人都很以自家的这门手艺为荣,土郎中说早就开始有了开发新市场的想法,"已经把祖传秘方的横幅做好了,到时候挂起来,这样知道的游客就更多了"。

(三)药签

除了在塔下本村,村民还有到邻村下坂村求药签的习俗。在下坂村尾的地方,有几座明朝建的建筑,镇显宫、天后宫和保安堂,分别供奉圣王公、妈祖和祖师爷。这里的圣王公,据村民讲说,原来是个放牛的牧童,懂得一些医术,曾经把他研究的一些药方散发给村民,救治过很多人。村民为了纪念他,在他升天后,便为他建造这座建筑,并把他的药方,刻成药签,留给后人。

当村民身体不舒服时,就会到这里求签。尤其是家庭经济困难的人,不舍得掏钱看病的,便会来此处求药签。求签前,首先要烧三根香,边烧香,边向圣王公讲谁得了什么病,怎么得的,怎么发展的,现在是什么状态,讲完之后,抛硬币打珓,一次两个,一正一反,打三次。如果三次都是一正一反,表示圣王公已经同意,就可以抽药签。如果连续几次都是反的,就表示要么不够虔诚,要么就是病情太严重,神灵也没办法了。遇到这种情况,前来求签的人可能回去另找其他办法治病,或者放弃。求到签的,到下坂村原来的赤脚医生那里拿药。以前简单的药物几分钱,贵的几毛钱。治疗有效后,要还愿,过去不给钱,最近一些年还愿的村民会拿二十到一百元不等,当作香火钱、油灯钱。到现在,下坂刘姓本村人还很信这种方法,塔下村很多上了岁数的中老年妇女也仍然十分相信。

药签总共有120支,有简有繁。如三棵益母草炖骨头汤,这益母草,有干、湿、半干半湿之分,如干益母草主要功效是补血的;半干半湿是破瘀血、散血的;湿的益母草则是清凉降火的。还有高丽参、穿山甲等很重的中草药药签。村民说,一般越简单的越有效,很快就解决,而大病难病是比较难治的。

在此,村民多希望是抽到简单的,这样他们就认为是不严重的病,如果一再打珓都不成功,则认为病情很严重,是不好治疗的大病,会产生一定的心理压力。

三、大众方式

根据凯博文(1980)关于卫生保健体系的模型,除了专业部分、民间部分,还包括日常大众部分,这部分主要是基于个人的、家庭的、社会网络的或社区的信仰和行为,老百姓口耳相传的日常保健和治疗方式。

在日常生活中,草药、冷热食物搭配和偏方治疗是常见的预防保健方式。在塔下村,村民尤其喜欢将食物分为冷、热类别,根据四时节气,依据既有的习惯,通过草药与凉、热性食物搭配烹饪进行自我保健。特殊情况下,有的家庭还会使用祖传秘方或特殊的药方治疗某些特殊疾病。

(一)中草药

塔下村地处偏远,在公路修通以前,要走两天一夜的山路才能到县城,出去办事情非常不方便,基本上处于与外界完全隔绝的状态。生活环境相对比较恶劣,药物紧张。老百姓经常讲"靠山吃山,靠水吃水",塔下是山区,有许多草药,因此村民身体一旦出现问题,首选的自我治疗方式就是到山上采草药,回家熬汤。在几百年的生活实践中,村民已经积累了很丰富的草药知识,如有消炎、止痛、缓解腰椎疼痛的,还有治疗肝炎等等。主要的中草药有如表3-1所示。

表3-1 中草药目录

药名	药效	药名	药效	药名	药效
鱼腥草	消炎	益母草	调经	牛奶根	退肝火
钩藤根	去风湿	咸鱼草	感冒	橄榄草	补肾
鸡蛋根	退肝火	算盘子	降黄疸	黄瓜菜	解毒
虎尾轮	消毒	竹节药	肝炎	臭气草	去风湿
金银花	退肝火	红背草	消化	鸭公球藤	哮喘
乌脚鸡	退肝火	大金英	腰背痛	风药	腹泻
猪食草	腹泻	灯笼草	腹泻	炭火草	退肝火

每种中草药都有不同的功效和做法,如:

鱼腥草:用来消炎,治疗腹泻、肺脓肿时吃。

钩藤根:有两个钩的最好,下面的根越粗,生长的时间越长,炖骨头,用两节就够。每天早中晚喝三次汤,也可以放点酒,治疗风湿尤其有效果。

黄鸡蛋根:配上1~2斤的小白兔,炖汤,可去肝火(早上起来口里苦苦的,就说明有肝火)。

虎尾轮:消毒解热,活血通筋。但是孕妇和一周岁以下的婴儿不能吃。

金银花:用于身体上火的时候,与瘦肉一起熬汤喝,去火。

益母草:多为女人吃,调理月经、妇科疾病。

咸鱼草、算盘子、黄花草、钩藤根:这几种草药村民用得很多,其中任意三种熬一下,放点红糖,可以治疗感冒和腹泻,味道也很好喝。

竹节药:在菜地旁边生长,枝干有手指那么粗,竹节一样,是去火药。刀豆、满天星、算盘子、钩藤、黄小母鸡根、雷公藤,这几种中草药放一起,刀豆少放,竹节药放最多,水放很多,一起熬,熬一个多小时,药味很浓时,加入去除内脏的小白兔,等肉炖得很烂时,放一点盐即可,可治火气旺和肝炎。

红背草:叶子上面是绿色,下面是红色的,一手掌长左右。用三到五年的老母鸡的肝脏炖红背草,主要治疗小孩子吃东西不消化,积食的问题,喝两次就会见效。

白牛奶根:配小白兔,去肝火。

石橄榄草:炖排骨,或鸡鸭,去肝火,补肾。

黄瓜菜根:清凉解毒,烧开水直接喝就可。

臭气草:熬汤很难闻,但是祛风湿有效。

铁算盘根:治疗感冒发烧,熬汤喝。

鸭公球藤:清凉止咳,治哮喘。

乌脚鸡:退肝火的。

大金英:放进酒里浸泡,治疗腰酸背痛、手脚痛。

风药:水开后,和鸡一起煮,煮好后,放点红糖,给坐月子的产妇喝,祛风。

猪食草:炖汤,治疗拉肚子。

灯笼草:与猪小肚一起煮,退火。

铜钱草:刚出生的婴儿嘴里黏黏的,白白的,用此草药熬汤给小孩喝。

玻璃坛根:炖大骨头,或瘦肉,去风湿、肌肉酸痛、关节痛。

炭火草:可以放饭里或者煮开水喝,降肝火。

黄帝草:与骨头汤同煮,补肾。

艾草:煮汤,加瘦肉,孕妇怀胎时喝。

李子、梅子:泡水喝,去腹泻。

黄梨、甘草、枫树皮:用开水一起煮,酸酸甜甜,开胃的。

金线莲:喜潮湿,阴性。水开后,与瘦肉,猪心或者猪肝一起煮,也可以炖罐,主要起到退火、消炎的作用。

(二)偏方

塔下村有治毒蛇咬伤的、黄疸的、中暑等多种偏方。比如,治疗黄疸时,把算盘子、咸鱼草,另外配点鱼腥草、背带草(这个草很长,用它的根),放一起熬,熬好配些红糖,加上八宝惊风散、小儿氨,可以治疗黄疸。

治疗腹胀:可以用老茶油,顺时针推拿额头、手脚掌心、肚脐,退热即可。

从这些草药和偏方中,就可以看出来,村民在以前交通不便,经济落后,没有外援的恶劣生存条件下,自力更生,自找解救办法,也正是这种草根性使得地方性的文化更有生命力。

四、小　结

村民的健康信仰以及如何看待疾病、病患,仍然受到传统文化系统的影响。本节是村民自己根据对不同病患的理解认知,对就医方式进行的不同选择和决定。总体看,对于正常的疾病,村民一般会先进行家庭自我诊疗,然后选择村里的两个诊所,严重的疾病再到大医院。道路修通以后,到镇上只需要半个小时,到县城一个多小时,看病方便了很多。

不过随着经济的快速发展,我们也发现一些问题,即现代化进程对农村地区医疗的影响。首先,现代文明病已经逐渐的渗入到农村地区了。村里人和两位医生都提到现在村里的高血压、脑血栓、心血管病越来越多,却不知道怎么回事。村里曾经有一位老人说过一句话"公路通,样样空","森林木材、山上的药材都被运出去了,年轻人也都出去了,现在留在村里的都是老人小孩"。或许公路的修通,带走了村里好的资源,同时把外面不好的生活习惯、观念和现代文明病带了进来。其次,正如两位医生所说,现在主要以西药治疗为主,村民也认可西药比较快,中药熬药麻烦、见效慢,所以普遍都接纳了西药,中药市场在慢慢地萎缩。但是依然有特定的人群希望用传统医药医治疾病,尤其是冠心病、脑卒中、糖尿病等慢性病,因此,中药如何在农村地区发展值得深入探讨。

整体上,从塔下村的卫生保健体系中,我们可以清晰地看到,在这样一个相对封闭传统的客家村落,专业的、民间的、大众日常的就医方式共同存在,这三者实际上不仅不冲突矛盾,而且相互补充,十分和谐地融合在一起,形成了三位一体的健康保护网,为村民解决身体上的、心理上的各种疾病或病患。在中国实用主义的观念下,不管是正规途径的,大众流传下来的,抑或是民间的方法,村民会根据自身的需要和经验,寻求相应的治疗方式。塔下村的健康保健体系,比起单一的以现代生物医学为主的就医方式,给村民的健康或病患治愈、恢复,提供了更多样的选择。

第四节　社会支持和基础设施

塔下村有一个非常重要的特点,该村的交通、教育、医疗、各种福利组织等社会基础设施多是由华侨出资建成的。社会发展程度越高,生活质量越高,社会基础设施的构成、范围与内容就越广泛多样。世界各国发展经验证明,减轻贫困的最有效途径有二:一是促使穷人将其最丰富的资产,即劳动力用于生产性活动;二是向穷人提供基本社会服务,特别是初等教育、初级卫生保健、营养和计划生育。前者实质是提供机会,后者实质是提高穷人利用机会的能力(世界银行,1990)。在这样一个山区乡村中,完整的社会基础设施,包括交通路桥、学校、医院、电力、大坝、社会医疗福利、养老协会等为村民提供了巨大的社会支持,给他们的生活带来了非常多的便利。随着经济的发展,社会、心理因素在健康与疾病中的重要性越发显著,社会基础设施建设对于人们健康起到的作用也就越具有关键性。

一、交通和教育

(一)交通方面

南靖县塔下、曲江、书洋等地,地处山区,交通不便。人们外出,总得翻山越岭,从塔下到县里要两天一夜,翻山越岭,一旦有发生紧急疾病,很难得到及时的救治。塔下华侨出国之前,身尝其苦,对捐资砌石路、筑凉亭,造福行人,很是踊跃。

1912 年,旅泰先侨张秋光捐建塔下至曲江长达四华里的石路,并在途中坪溪处筑有凉亭,名"清风亭"。1956 年,旅新侨胞张顺畴汇回人民币一万三千多元,在塔下牛鼻空新建一亭曰"嘉昌亭",并重修村内两旁石路直至踏石岭脚,新修桥头至湖洋坑石路一条长约四华里。旅泰侨胞张荣选、张吉昌、张万纵、张寿其祖孙四代人,从清朝光绪年间至 1980 年在塔下村下桥头包建包修一座较大木桥,前后历时八十余载,建修二十余座次,群众称它为"四代桥"。1920 年,张万纵曾捐资修筑大坝湖洋坑石路。1949 年,塔下村内石跳头石路被洪水冲毁,他捐谷十石重砌。1950 年后,塔下村先侨张荣汀嘱托其在家亲属,创建"大坝标宸公学教育基金委员会"拨款修筑从大坝到湖洋坑石路一条,长约三华里。1969年,侨胞张承尧回国到达南靖时,慷慨捐献四万元人民币做公益事业,郑本道县长将该款拨付书曲公路作为筑路费用。1980年,张德朗乐捐三万元人民币在家乡兴建"德远桥"、"积兴桥"、"标宸桥"。同年,张世贤及江庆昌昆仲在塔下村内捐建一座石拱桥,命名为"雪英桥"。1986年,张庆重捐助人民币三万元,在塔下村内修筑一条长约二公里,有三座钢筋水泥桥的公路(张尧耕,2006)。

随着华侨对交通事业的支持,塔下村到镇上,到周边邻近地区,交通均十分便利,也为村民到乡镇医院看病提供了极大的支持。

(二)教育方面

塔下村张姓家族历来重视教育,鼓励耕读上进。《张氏德远堂族谱》记载,塔下张氏从九世开始就创书租儒租,以后各房都有儒租田产。清雍正年间,族中九代裔孙张廷玉首创塔下儒租书租田产合计25石9斗种,作为族中晚辈入学读书费用,并立族规,凡族中子弟参加科举考中秀才、举人、进士,则给儒租谷数石或十余石作为奖励。之后,塔下张姓各房都相继设有儒租田产。第十三代张钦春创立"文昌会",筹集粮款作为奖学金,给家族中读书优秀者以奖励。清嘉庆、道光年间,塔下村第十五代张金拔在中举人、进士之前后组织"曲江文会",每几年集族中学子进行几次作文交流活动。

塔下张氏族中还规定,凡科举中举人、进士或秀才者,给予资助在祖庙"德远堂"前立石龙旗杆,以耀祖扬宗。塔下村的石龙旗杆有14支竖于清乾隆至光绪年间,分别为获得举人、进士学衔的张氏族人所树。

至清朝光绪初期,塔下村先后创办了培英小学、聚英小学、群英小学(后改为新民小学),一千余人的山村上学学生就多达300多人。1928年侨办培英、聚英两小学合并,改设区立大坝小学。新民小学于1936年停办后,改设公立塔下小学,校址在塔下水尾宫。1957年,塔下华侨又出资建设曲江中学。1958年,旅新侨胞张顺畴在捐建曲江中学校舍之后,再次献金人民币五万五千元,在家乡建一座占地面积三千八百平方米的塔下小学校舍。该校舍在塔下、大坝两村之间,两村三百多个儿童都在这所学校读书,结束了多年来两地分散办学的局面。

自从塔下开基以来,村里出了几十名进士、举人,以及多名大学生和研究生,培养了优秀的工程师、教授和爱国华侨。20世纪70年代后,塔下人为造福桑梓的海外赤子、百岁寿星在宗族祠堂"德远堂"前竖立石笔杆纪念,表彰努力向上、报效家族和福寿绵长的族人。

一旦人们的生活水平达到或超过起码的需求,有条件决定生活资料的使用方式,文化因素对健康的作用就越来越重要了。已有多个国家的研究证明,无论研究对象是微观个体还是整体人群,教育与健康水平之间存在一种正相关关系,教育对健康具有稳健的正向作用(程令国等,2006)。在塔下村,教育资源的完善,传统乡间的民规教化,以及良好的社会环境为村民的健康提供了有力保障。

二、新医疗政策和社会福利、基金会

(一)新医疗政策

在医疗方面,除了华侨张庆重捐资兴建的曲江华侨医院,近年来,国家实行农村新医疗政策,即新农村合作医疗保险,以大病统筹,兼顾小病理赔为主的农民医疗互助共济制度。新政策扩大了医疗保障覆盖面,保障农民获得基本卫生服务、避免农民因病致贫和因病返贫,减轻农民的医疗负担。

新农村合作医疗保险是2006年开始实行的,农民以户为参合单位,个人缴费每人每年15元,上级财政补助每人每年30元,县财政补助每人每年10元,合计每人每年55元。报销比例为在镇卫生院看病报销70%,县级医院看病40%,市级医院及之外报销30%①(见表3-2)。

表3-2 2006年新农合医疗保险补助情况

定点医疗机构级别	起付线(元)	补助比例(%)	年度累计可补助住院医药金额(元)
镇级	100	70	14000
县级	300	50	10000
县外及县以上	800	35	7000

2007年和2008年,农民以户为参合单位,个人缴费每人每年20元,上

---

① 资料均由书洋镇政府提供。

级财政补助每人每年60元,县财政补助每人每年20元,合计每人每年100元。报销比例为在镇卫生院看病报销80%,县级医院看病报销50%,市级医院及之外报销40%(见表3-3)。

表3-3 2007—2008年新农合医疗保险补助情况

定点医疗机构级别	起付线(元)	补助比例(%)	年度累计可补助住院医药金额(元)
镇级	100	80	40000
县级	300	60	40000
县外及县以上	800	40	40000

2006年至2008年间,国家发给农民农业补贴每人15元,财政局把补贴拨到村里,村民同意直接把钱加入医保中。

2009年,农民以户为参合单位,个人缴费每人每年30元,上级财政补助每人每年60元,县财政补助每人每年20元,每人每年缴费保险110元。报销比例为镇卫生院看病报销80%,县级医院看病报销60%,市级医院及之外报销50%(见表3-4)。

表3-4 2009年新农合医疗保险补助情况

定点医疗机构级别	起付线(元)	补助比例(%)	年度累计可补助住院医药金额(元)
镇级	100	80	40000
县级	300	60	40000
县外及县以上	800	50	40000

2009年,农业补贴每人每年17.4元,补贴直接发到了村民手里,有些村民认为家里就老两口,身体也很好,不用交医保。但大部分村民选择参加医保,在他们看来这是项非常好的政策,"交了,心里有个保障,万一有事情,还可以报销一部分"。

但是也出现一些问题：

第一，村民觉得政策实施的不够到位，有些检查费、药费都不能报，而且报销的手续比较麻烦。

第二，农村居民到医院看病，需要先行垫付所有的医药费，然后拿着收据单到固定的保险点报销。一般疾病还好，如果大病需要几万，甚至几十万的，村民交不起那么多钱，索性就放弃医治，不去看病了。如大坝有一位老人，得了脑血栓，走路要拄着拐杖，治病要4万多块钱，家里没钱，子女把他从医院抬回来。低保家庭、经济困难的家庭，还是存在看不起病的状况。

另外，就是报销的范围比较窄，住院费、检查费都不能报，只能报销一部分药费。大坝张姓男子，1998年前脚里扎进钉子，2008年发作，整个右腿都不能动。后去漳州市175医院治疗，总共住院24天，共花销21000元，因为市级医院的药费只能报50%，补药不能报，最后只报了5000多元。

总体来讲，新农村医疗保险让村民心理上更加有支撑，有保障感，缓解了过去农民不敢看病，害怕生病的焦虑担忧心理，大部分农民还是很拥护的，觉得是项保证民生的好政策，"虽然报销少，但也很高兴，能报总比没有强"。

(二)社会福利和基金会

1.老人协会

老人协会由一位会长，三位副会长，一位出纳，一位会计和一位文书组成。老人协会的运作由村委会管辖，但其资金主要依靠由海外华侨捐资组织的老人协会基金会。老人协会经常通过打电话、写信等方式联系海外华侨。2009年，协会有不到一万五千元的基金，部分存在银行，部分借给别人，赚利息；另外，老年协会需要入会才能享受到各项福利，由于会费每年只是象征性地收取三块钱，村里六十岁以上的老人多愿意参加。银行利息、贷款利息和入会会费成为老人协会每年举办活动的经费来源。澳门的张氏后代寄回五千元，作为活动费，可直接使用。为此，负责人打算给老人直接发补贴。

老年协会每年在重阳节(老人节)这一天举办一次活动，邀请满60周岁的入会老人参加开办座谈会、祝寿酒会，送纪念品(肥皂、毛巾、糖果等)。发纪念品的标准以年龄段划分，60～70岁发放一类，80～90岁一类，100岁以上一类。对于80岁以上的高龄老人，老人协会为他们特意举办祝寿酒会。

在2007年中秋节时,村中所有八十岁以上的老年人被邀请到德远堂前,年轻人为他们做好丰盛的饭菜,其中包括几道特别的菜肴,名叫"水陆空"。"水",就是河里的文公螺;"陆",是山上的笋;"空",是指虎头蜂,又叫杀人蜂。蜂被村民认为很有价值,全身都是宝,可以泡酒,去风湿,"女人吃了会美容,男人吃了强身健肾",希望老人家身体健康,活到一百二十岁。①

2. 基金会

1986年7月,由当地退休教师张尧耕等人,发起组建塔下德远堂教育基金会,得到张奕聚、张翰书、张建禄、张翰湍、张建勤、张国标、张鸿炎等55位海外侨胞、港、澳、台胞的热心支持和赞助,迄今已筹得固定基金25万元人民币,下设秋光奖学金、荣汀奖学金。新加坡张奕聚先生认捐大学生专项奖学金即"荣汀奖学金",每年定期汇款回国内颁发(内含一万元教师春节慰问金及学生助学金),至2006年合计人民币106万元,2007年起每年捐赠10万元港币。

张建禄尊老助残基金归县福利基金会管理,捐资43000元为基金,只要是德远堂子孙系的80岁以上老人,每人每年均可得到100元补助费。

三、小 结

衡量一个社区居民身体健康与否的重要指标就是其社会基础设施是否完善,社会基础设施的构成是随社会发展而不断变化的,其构成范围越广,越能保证居民正常生活的物质需求,才意味着生活质量越高。在传统农业社会中,社会基础设施微乎其微,社会福利与公共服务无从谈起;在现代社会中,社会基础设施越来越多,社会福利与公共服务日趋发达,生活质量不断提高(刘继同,2008)。社会基础设施的性质是社会性、公共性的,主要功能是为促进社会发展、提高社会福利与改善生活质量。更为重要的是,社会基础设施的社会性与公共性的性质决定其服务对象是全体公民,所有人都可免费享受,进而缓解社会问题,改善生活质量,提高个人福利与健康水平,营造和谐美好生活环境(刘继同,2008)。由此可见,社会基础设施服务对社会生活的正常运转和群体健康的促进具有非常重要的作用。在现代社会生活中,社会基础设施体系越完善,社会发展质量越高,人们的生活状况与健

---

① 数字12在当地是非常吉利的,就像一年十二个月,圆圆满满,他们希望老人能健康长寿,活到一百二十岁。

康质量越佳。

塔下村这么偏远的村落能有如此完整的社会基础设施体系,而且比周边几个邻村的建设还要早,与华侨的支持密切相关。海外华侨积极捐资投资,帮助祖籍地发展经济,修桥筑路,发展教育,兴建医院,修建水电站,设立社会福利基金会,扶老救残,加上国家实行有力的新农村医疗保险政策,为构建整个村落的社会基础设施做出了重要贡献。良好的社会基础环境给村民的生活提供了有力的社会保障,孩子可以得到教育,村民出行、看病十分便利,医疗和养老的社会支持稳定,这些都有利于促进村民的身心健康发展。

第五节 结 论

我们从医学人类学的视角对塔下村的医疗卫生体系状况进行了田野调查,着重探讨了健康行为、卫生保健体系和社会基础环境等方面对健康的影响。

通过对塔下村的调查研究发现,一个如此小型的相对封闭的客家村落,却拥有非常完善且多元化的卫生保健体系。专业的诊所、中西医医生、老百姓几十代传下来的草药知识和极具当地小传统文化色彩的道士、风水师、土郎中、宗教信仰,共同存在,形成一个互相交叉的健康保护网,为村民提供初级卫生保健服务。当村民身体生病的时候,他至少有三种以上的就医方式的选择。这与大城市更多地依托于现代医院单一的就医方式形成鲜明的对比。

塔下村的两位医生,均科班出身,有一定的理论基础知识和丰富的从医经验,采用中西医结合的方式对村民的日常疾病进行诊治,在村里有着良好的口碑,备受尊重。由于同姓同宗族的缘故,医生与村民熟悉,医生对疾病病因、治疗的解释模式,患者详细的病痛叙述,双方互动和谐,有助于达到良好的治疗效果。随着经济的发展,现代生活中慢性病的高发,以及近年不断出现类似非典和手足口病等传染病,使得农村地区乡村医生的重要性更加突显。国家应该着重加强提升乡村卫生室的服务能力建设,定期举行培训,组织医生到大医院进行临床实践学习,补充新的医药知识,提高医生的看病治病能力。日常的预防保健观念知识可以通过村落的初级保健医生宣传，给予村民初级的健康教育，最终达到让农民人人公平享有安全、有效、方便、价廉的基本医疗卫生服务的目的。乡村诊所是老百姓就医最方便的初级保健机构，由乡村医生来建立村民个人的健康档案，将有利于国家对整体居民健康数据的统计。此外，乡村医生的工作比较辛苦，人少事多，没有节假日，不分昼夜，随叫随到，内科、外科、妇儿及传染病，他们都需要了解掌握，被称为整个社区的全科医生，但收入不高，乡村医生现在仍属于低收入阶层。新的医改方案，除了加强管理和提高乡村医生水平，还应该注重解决乡村医生的待遇和社保问题，避免因社会结构性因素导致的不良健康后果。

民族医学与生物医学二者互相补充，应该加强发挥中医药在客家地区卫生服务中的作用。中医药是我国传统文化的重要组成部分，早在两三千年前，在《周易》、《黄帝内经》、《老子》里已经形成一整套很完整的医学保健理论，它以培养生机、预防疾病、促进健康长寿为主要目的，涉及食养、药养、针灸、按摩、气功、正骨、拔火罐等多种经验技术与实践。民族医学的药品、草药方也相当丰富，老百姓按照既有的社会惯习，在日常生活中通过使用药用植物调节身体与环境之间的阴阳五行平衡，预防感染疾病，达到日常保健的目的。

塔下村的卫生保健体系，它不仅仅是一种单纯的就医与诊治的医疗行为，在整个系统中，我们看到客家村民对健康与疾病的认知、解释和信念，对就医方式的选择，日常保健行为等，充分体现了卫生保健体系是在社会和文化上构建的，是社会现实的形式，彰显了医疗保健的地方性。

塔下村的重要特点在于，它的社会基础环境要比其他邻近村落更早地建立起来，且更加完善。长期以来，由于社会基础结构设施体系是无形的、潜在的、静态的和物质性的力量，很多地方社会基础结构设施的建设没有引起人们足够重视。而塔下村，在华侨的资助下，完整地建设其各项基础设施。塔下华侨很早就有赚钱回报家乡的传统，一方面是由于文化教育的原因，要敬祖孝宗；另一方面就是因为这里以前太穷了，出去的也都是穷人，所以挣钱了，都愿意回来为族人做些事情。早在 20 世纪 40 年代，华侨就帮助族人建茶场、大坝，建桥修路，创办中小学、医院，设置各项社会福利组织和基金等等，加之，近年来国家实行有力的新农村合作医疗保险政策，为整个村落提供了良好的社会基础保障，村民享受到了便利的医疗教育资源。社会基础设施建设间接反映了村民的生活状况、生活质量和主观幸福感程度，反映个人与社会总体健康状况。基础设施构筑的生产和生活条件是社会进行经济活动的基础物质环境之一,是支撑经济活动得以实现和延续的必要条件,所以扩大基础设施投资建设,完善基础设施服务,可以优化人们的生活环境,进而促进人们身体的健康发展。换言之,具备最基本的基础设施是确定社会福利程度的基本标准。基础设施建设不仅可以改善人们的生存和发展条件,创造更多就业机会,还能改善贫困人口收入和人们的生命质量。

在塔下村的健康保健系统,健康行为、卫生保健体系和社会基础设施这三者紧密结合,互相交叉的健康模式形成一套文化体系,它是塔下村成为健康社区的主要原因。在这套文化体系中,三者紧密地结合,互相嵌套在一起,形成稳定的文化系统,不断促进村民的身体、心理和社会适应等多方面健康发展。

第 四 章

传统文化开发与再地方化
——以永定县初溪土楼群"申遗"为例

沙仁高娃[*]

1998年,永定县委、县政府将土楼申报"世遗"工作列为三大重点工程之一。2006年8月,确定将下洋初溪土楼群、湖坑洪坑土楼群、高头高北土楼群这"三群"和衍香楼、振福楼"两楼"作为永定土楼申报"世遗"的范围。2008年7月7日,福建土楼列入世界遗产名录,获全票通过。历时10年的永定客家土楼申报"世遗"工作终于画上圆满句号,永定举县欢腾!永定客家土楼,以豪迈的步伐走出国门,走进世界。

本研究以"三群两楼"中的初溪土楼群为个案,通过世遗—冲突—村落(村民)变迁的脉络表述,初溪在10年的"申遗"过程中,无论社会结构与经济结构等方面都受到明显影响,正处于传统农耕文化向旅游开发的转型阶段,这个阶段代表了转型期的中国乡土社会的一种类型。同时反映出"遗产运动"对地方社会的冲击以及由此引起的村落社会文化变迁。

本章共有六个部分。第一节为绪论部分,主要介绍了选题背景及意义、研究思路、方法和资料来源。第二节介绍和描述了田野点概况,主要包括地

---

[*] 沙仁高娃,厦门大学社会与人类学院博士研究生。主要研究方向为文化人类学、牧区社会发展、文化遗产等。

理环境、人文景观、经济特征和历史记忆等方面。第三节通过政府提供的申遗文本材料，简要介绍初溪的世界遗产申报历程及笔者对初溪旅游发展的现状描述。在旅游发展现状描述中笔者有意阐述一些村民对世界遗产、对旅游开发的看法与意见，为展开论述村民、地方政府与旅游公司三者之间的互动埋下伏笔。第四节讨论由于联合国教科文组织的话语权威以及国家所行使的权力太大，导致文化遗产的"他者化"伴随遗产地社会的"失语"现象。即这类现象导致初溪民众做出的反抗，通过叙述"认领事件"、"60人进村打砸事件"、"挣楼事件"等来表达利益群体（地方政府、旅游公司、当地居民三方）之间紧张关系以及矛盾激化程度。这些被政府方视为"刁民"的初溪村民正在用他们自己的方式回应着政府和遗产管理方，希望得到他们应得的利益。第五节主要集中阐释村落内部政治关系，就初溪申报世界遗产以来所遭受的村落社会政治变迁，包括村民选举、村主任书记两派现象、村两委与村民和政府间的互动，试图分析初溪经过10年的申遗规划至今却未能得到显著发展的原因。结论部分呼吁代表着国家利益的地方政府与旅游公司应重视地方民众这一"草根力量"的利益诉求，只有这样才能促进遗产地的保护和可持续发展。

第一节 绪 论

一、选题背景及意义

（一）选题背景及意义

初溪村位于海拔400～500米的山坡上，群山环抱。山体上植被茂密，两条小溪在村内汇合。只有一条路可以进出村落，从这条"艰险"的小路进入初溪，36座土楼便井然有序地呈现在眼前，这就是永定县世界遗产"三群两楼"中的一群——初溪土楼群。这里的山、水、人家都给人以神秘而又世外桃源的感觉。就连有关村落的起源与族人的发展都充满着神秘的气息。村落奠基至今已有500多年的历史，全村均为徐姓客家人。这里盛产毛竹，所以村民自古都以手工造纸发家致富，同时这里较完整地保留了客家传统文化与风俗信仰等。被评为世界文化遗产地之后，这一切便是初溪瞬间传遍世界,吸引世人焦点的客观原因。

  选择初溪村作为我的田野点也并非偶然。笔者曾经参加过余光弘教授带领的田野调查实习工作。对南靖县书洋镇的璞山村进行了为期50天的调查。主要对村落的社会结构、生活方式、民间信仰、婚葬习俗、旅游等各个方面做了较全面的民族志记录。笔者这次主要记录当地婚俗。在璞山调查期间最吸引笔者的有两个方面,一是村中有着被评为世界文化遗产的"和贵楼"与"怀远楼"。"世界文化遗产"这个名片似乎已经影响着这个村落的方方面面,无论从社会生活还是文化习俗,在快速改变的同时附上了明显的商业性质。村民似乎无一不谈"世遗"给他们带来的变化,当然有利也有弊。而对于走马观花的游客而言看到的几乎都是"世遗"为村民带来的利益。但在这里与村民相处50余天,且作为学者的我们,似乎多多少少可以感受"世遗"带来的双重效应。二是这里属于典型的闽客交界地,闽南人与客家人在这里通过长久的来往与融合,形成了"你中有我,我中有你"的和谐状态,其生活习俗、文化传统、风俗信仰等各个方面也均为融合状态,似乎无法辨认出哪些是纯正的闽南习俗或客家风俗。因此,到客家地区了解其文化是笔者的希望,同时笔者一直对旅游人类学较有兴趣,在璞山的50天,村民有关"世遗"及其带来的影响的谈论,激起了笔者对世遗—旅游—村落(村民)变化这一链条的研究兴趣。

  有了前期的田野调查经验和启发,在导师的帮助下来到了永定县的几个世遗点进行踩点。当与接洽我们的有关负责人谈起初溪时,他们无奈地说道:"初溪确实是个好地方,无论从其环境还是土楼的历史来看,都是一个名副其实的世界遗产,但至今都没有太大的发展。主要原因在于村民没有见识、素质不高、太野蛮。他们根本不与旅游公司合作,还总闹事,所以我们也没有办法。"这样的表述也激发了笔者要进一步去了解初溪的欲望,在他们口中被描述为"刁民"、"见识短浅"、"素质不高"、"闹事者"的村民,到底与当地政府和旅游公司发生了什么? 真如他们所说,这里的人有那么"落后"、那么"刁"吗? 初溪的旅游业为何发展的不顺利? 带着若干疑问,我进入初溪村。当笔者进村后,村民也毫无掩饰地告诉笔者这10年的"申遗"历程给他们带来的变化,以及他们与当地政府、旅游公司之间发生的纠葛。

  (二)选题意义

  本文希望能提供两方面的贡献。第一,本文试图通过人类学的个案研究对世界文化遗产与地方社会的关系提供理论依据。第二,就现实意义而言,文化遗产给当地带来利益的同时,也造成地方的社会经济结构,政治结构和权力结构的变化。就初溪村的个案研究来看,这些变迁和所产生的矛盾已经影响了居民的稳定生活,也阻碍了当地旅游发展的速度。因此本研究试图呼吁在遗产保护与旅游开发时应注意各个利益相关者的利益均衡。否则不仅会造成遗产保护的恶性循环,也会扭曲了政府造福群众的美好初衷。

二、研究方法

在研究方法上,本研究主要运用了人类学研究的参与观察法。在集中调查70多天的时间里,笔者首先访谈了景区管理者与相关人事,了解初溪的基本发展状况,也拿到了关于初溪的世遗申报历程、对各个世遗点的保护与管理情况、初溪村未来规划文本以及村民的"闹事"历程等。同时也到过其他世遗点进行对比考察和了解,为真正进入田野做好准备。接着进入田野后,笔者先从村落人口概况、历史起源、经济生活、风俗信仰等方面做了细致的田野志记录、文献资料的搜集和图像采集。此外就"文化遗产"、旅游发展以及给村民带来的影响方面做了大量访谈与个案调查,也收集到相关批复文件、通知材料和问卷调查;村民提供的与政府签订的协议、合同以及抗议书、信访的信件、申诉书等。通过在田野点70多天的调查和收集到的口头与文字图像材料,笔者基本了解初溪村的社会、经济、历史等方面,也大概理清了村民与地方政府、旅游公司之间所产生各种矛盾的来龙去脉。在走出田野后,笔者又利用一个星期的时间来到下洋镇向景区管理者和政府相关人员追踪调查了在田野点了解到的一系列事件,也听取了他们的回应。在这一过程中我不仅证实了一系列事件的真实性。在撰写论文期间,笔者也不断与报道人通过电话和网络进行沟通,咨询和跟踪了解当地情况。

本研究的资料来源有:地方志、族谱、地方文人著作等;下洋镇政府和永定县政府提供的有关申遗文件、政府性文件、通知和调查材料等;笔者在调查期间所搜集的文字、口述、图像等田野材料;地方网站及电话回访等;学术界学者们的相关研究著作及论文。

第二节 社区概况

一、下洋镇印象

下洋镇位于福建省永定县境东南部、金丰溪下游。东与大溪乡毗邻,东南与湖山乡、平和县芦溪乡相连,西南与广东省大埔县茶阳镇、西河镇相靠,北与岐岭乡接壤,素有"闽西南大门"之称,面积178.9平方公里,镇政府设于下洋村,距县城36公里。2000年,有20个村委会,306个村民小组,9097户36068人。省道福三线贯穿该镇,与广东梅县、潮州、汕头"金三角"相连,村村通公路。下洋镇下辖的20个村,分别是下洋、西山、陈正、富川、东山、北斗、觉川、思贤、东联、沿江、廖陂、三联、霞村、中川、下坪、大瑞、丹竹、上川、月流、初溪等。下洋为纯客家地区。

图4-1 下洋镇、初溪村的具体地理位置

相传,下洋在明末清初先在古洋建圩,后迁下圩,最后才搬到现在的下洋圩。因其地在古洋之下,洋面较宽,故称下洋(于佳琦,2009:13)。

下洋镇地处金丰溪流域,水力资源丰富,水力蕴藏量在3万千瓦以上。

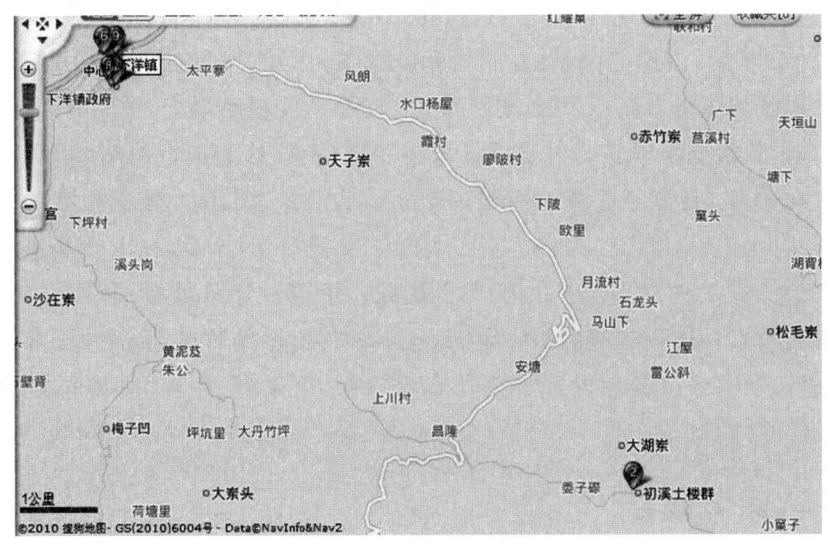

图 4-2　下洋镇下辖的村落

2000年,有沿江、百丈、陈正、昌隆、下溪、西北等水电企业,装机容量1.9万千瓦,占全县小水电装机容量的37%,居全县乡(镇)之首。地热资源有温泉,眼点多,分布广,已开发利用的有下墟、太平、东汤、汤子阁等处。下墟温泉温度高达70℃,流量7升/秒,pH值在7~8之间。矿藏有钾长石、辉绿岩、霏细岩、钨、铜等。

下洋镇是福建著名侨乡。有海外侨胞和港、澳、台同胞7.6万多人,侨眷、侨属5600多户,归侨1050人,每年的侨汇占全县的60%以上。爱国侨领胡文虎,被慈禧太后赐封为"荣禄大夫"的胡子春,全国政协港澳委员胡仙,原新加坡财政部长胡赐道,原台湾当局"内政部长"、历任中国国民党副主席吴伯雄等人,祖籍均是下洋镇。侨港澳台胞在改革开放后为下洋镇的公益事业捐资近亿元。

福建省级文物保护单位虎豹别墅,是民国三十五年(1946年)胡文虎出资兴建的"洋楼"。1994年,胡仙捐资200万元进行维修,现为"胡文虎纪念馆",前国务院总理李鹏题写馆名。太平村的友谊别墅,是西班牙式的建筑。中川村的胡氏宗祠,建筑技巧和规模属闽西罕见。祠内的大型壁画,均出自著名画家宋省予及其弟子之手,各种花草虫鱼和飞禽走兽栩栩如生。祠外门坪还有文武华表20多枝,有很高的艺术价值。该祠已被列为县级文物保护单位。初溪村的土圆楼群,被国内外专家学者称为"世界建筑的奇葩"。

87

著名景点有中川汤子阁天后宫(妈祖庙)、西觉寺。

1988年后,该镇把调整农村产业结构作为经济发展的突破口,因地制宜,发挥区域优势,综合开发,发展特色产业,不仅提高农业经济效益,还涌现出一批致富能手。思贤村张绍汤规模种植蔬菜,成为远近闻名的"蔬菜大王"。2000年,全镇西瓜种植面积近千亩,总产量1703吨,居全县第一。工业主要有水电、冶炼、食品加工、竹木加工等企业。当年,有乡镇企业860家,其中外资企业34家,总产值5.41亿元。思贤村佳美果品厂研制的梅草茶,荣获国家科技进步奖,被列为"永定一珍";工艺品竹席、瓷席、石席和土特产思边辣椒酱名扬海内外。美食有珍珠粉、牛系列、牛肉丸、中川村的手工面等。[1]

二、走进初溪

(一)地理环境与村落图景

初溪土楼群位于永定县南部的下洋镇初溪村,距县城47公里。处于海拔400~500米大山深处的山坡上,群山环抱,地形复杂,坡度较大。土楼群整体坐南朝北,背靠海拔1200多米的高山,东西面长约500米,南北面长约300米。一条小溪自东而西从土楼群前横穿而过,溪中遍布大大小小的鹅卵石,水流湍急,水面距土楼群前向土楼的地面落差达20多米。两条山涧(俗称山坑)水分别自东而西、自南而北进入村内,汇合后从村中贯穿而过,然后注入小溪。谷底的小溪,流水潺潺,清澈见底,景色迷人(永定客家土楼志,2009:68-69),土楼群周边山体植被较好。

该村南面山势陡峭,与土楼群隔溪相望。北面山势相对较为平缓,土楼群便坐落在这里。在北面山坡上,距小溪越近,所建的土楼的规模越大,年代也越久,以后建造的土楼依山就势逐渐向山势较高的南面扩展。土楼群后向(南面)及两边为层层梯田,有上千亩之多,一直延伸到山顶,十分壮观。山顶上的小村落还有若干座徐姓人家的大圆楼,林木掩映,从远处眺望,这个小村落在云雾之中隐隐约约,更显得神秘而充满魅力。土楼群的前半部分靠近小溪,分布有五圆一方土楼(永定客家土楼志,2009:68-69)。

村内有3条以青石砌成,呈阶梯状的主干道,其中两条东西走向,另一

---

[1] http://www.fjjryd.cn/news_view.asp? newsid=83。

条自南而北依山势延伸到小溪,通往对面(北山)脚下的过境村道。楼与楼之间均以青石板小道连接贯通。徐氏宗祠位于村中心,其墙体以生土夯筑而成;村子西侧有一座装饰华丽的永丰庵。村东、西两边的村口狭小,地势险要,可谓"一夫当关,万夫莫开"。

站在位于北面山上的观景台眺望,整个初溪土楼群尽收眼底、一目了然,其磅礴的气势令人为之震撼。此时此刻,人们还可以更深切地感受到土楼、小桥、流水、青石板路与梯田、青山、蓝天、白云融为一体的客家古村落的独特韵味。

 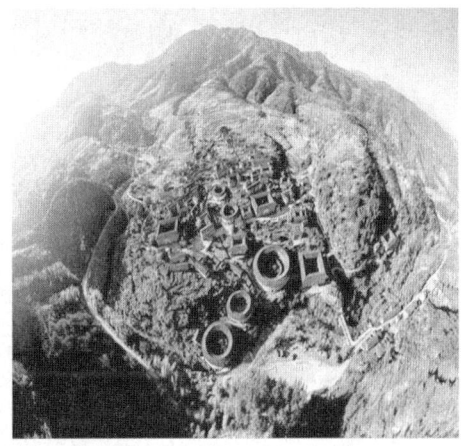

图 4-3 初溪土楼群全景图

初溪土楼的主要类型有长方形楼、正方形楼、圆楼、椭圆形楼、六角形楼等。列入申报的土楼有集庆楼、余庆楼、绳庆楼、华庆楼、庚庆楼、锡庆楼、福庆楼、共庆楼、藩庆楼、善庆楼等10座土楼,均保存完好。初溪村的建筑布局至今仍保留着古代的传统格局。

1999年4月,初溪土楼群被公布为永定县级文物保护单位。其中,集庆楼于2006年5月被公布为全国重点文物保护单位。

表 4-1　初溪土楼群申报土楼一览表

序号	名称	年代	类型	主要特征
1	集庆楼	公元1403—1424年（明永乐年间）	圆形	占地2826平方米，直径66米，楼高四层，兼有通廊式与单元式的特点。
2	余庆楼	公元1729年（清雍正七年）	圆形	占地1256平方米，直径41米，楼高三层，通廊式，有4个楼梯。
3	绳庆楼	公元1799年（清嘉庆四年）	方形	占地1482平方米，内外两个方形组成，外楼高四层，内楼高二层，通廊式。
4	华庆楼	公元1829年（清道光九年）	长方形	占地约480平方米，楼高二层，通廊式。
5	庚庆楼	公元1849年（清道光二十九年）	圆形	占地约660平方米，直径33米，楼高三层，通廊式。
6	锡庆楼	公元1849年（清道光二十九年）	长方形	占地约400平方米，楼高三层，通廊式。
7	福庆楼	公元1849年（清道光二十九年）	椭圆形	占地约660平方米，楼高三层，通廊式。
8	共庆楼	公元1949年	六角形	占地约3500平方米，楼高四层，通廊式。
9	藩庆楼	公元1949年	长方形	占地约8000平方米，楼高四层，通廊式。
10	善庆楼	公元1978年	圆形	占地约1200平方米，直径31米，楼高三层，通廊式。

集庆楼　坐落在初溪村北面溪边，海拔500多米，高出溪面约30米，地势险要。圆形土楼，两环，建于明永乐年间（1403—1424年），占地2826平方

米。该楼中轴线自北而南依次为门坪、楼门、门厅、天井、内环及内外环通道、天井、祖堂、后院。楼为土木结构,直径66米,高4层。清乾隆九年(1744年)维修该楼时,为了解决全楼数百人只靠一道楼梯上下造成诸多不便的问题和便于管理,对原来的结构稍做改变,底层不变,仍为内通廊式,二层以上改为单元式,共设72道楼梯,也是楼梯数最多的土楼。楼门为石质门框,阴刻楹联:"集益都从谦处爱,庆余只在善中求。"横批为"物华天宝"。厚实的门扇封铁板,上方设防火水槽,可有效防止火攻。外环第四层外墙的9个瞭望台,木结构,向外挑出,既可瞭望又可架设土铳;大门上方的瞭望台可直接观察村口的动静,还可封锁正面的通道,凭险踞守该楼。这是由于初溪村地处大山深处,当时经常有土匪野兽出没,所以建楼者特别注重增强防卫功能。

余庆楼 坐落于初溪村东北部,临溪而建。圆形土楼,建于清雍正七年(1729年),占地1256平方米。直径41.6米,主楼高3层,设4部楼梯,内通廊式。祖堂设于内院中心,为单层砖木结构方形建筑。

绳庆楼 坐落于初溪村西北部,临溪而建。方形土楼,建于清嘉庆四年(1799年),占地1482平方米。由内外两个方形楼组合而成,外楼宽39米,深27米,高4层,设1个大门;内楼高2层,内通廊式,设4部楼梯,祖堂设于内院中间。

华庆楼 坐落于初溪村中部,西为藩庆楼、东与福庆楼为邻。长方形土楼,建于清道光九年(1829年),占地约480平方米。高2层,宽19.5米、5开间,深20.5米。内通廊式。全楼设4部楼梯,1个大门。

庚庆楼 坐落于初溪村北部,介于集庆楼与余庆楼间。圆形土楼,建于清道光二十九年(1849年),占地约660平方米。直径33米,高3层。全楼隔墙只有3道为生土夯筑墙,其余为土坯砖墙。设两部楼梯,两个大门。祖堂设于内院中间。

锡庆楼 坐落于初溪村中部,集庆楼的东南侧。长方形土楼,建于清道光二十九年(1849年),占地约400平方米。高3层,宽27米,深24米,内通廊式。设两部楼梯,两个大门。后厅为祖堂。

福庆楼 坐落于初溪村东南部。椭圆形土楼,建于清道光二十九年(1849年),占地660平方米。单环,高3层。设3部楼梯,1个大门。祖堂位于内院中间,方形,单层,前低后高。

共庆楼 坐落于初溪村东部。六角形土楼,建于1949年,占地约3500

平方米。面阔40米,进深31米,高4层,前低后高。1个大门。内通廊式。祖堂设于内院中间,为单层砖木结构建筑。

藩庆楼 坐落于初溪村中部,集庆楼南侧。长方形土楼,建于1949年,占地约8000平方米。高4层,前高后低,祖堂设于内院中间,单层,方形,前低后高。全楼设4部楼梯,1个大门。

善庆楼 坐落在福庆楼东南面,圆形土楼,建于1978年,占地1200平方米。单环,直径31米,高3层,内通廊式,设一门出入。

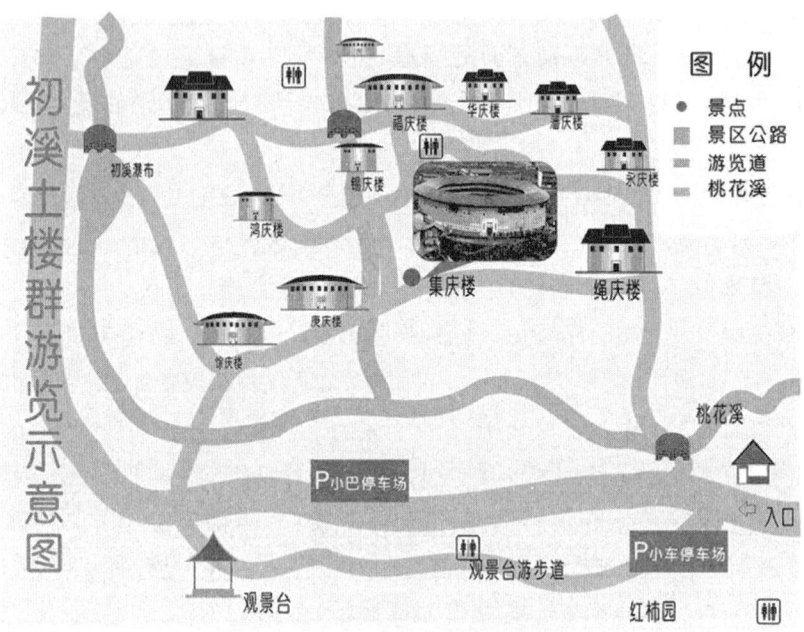

图4-4 初溪土楼群游览示意图

(二)人口概况

初溪辖5个自然村,其中初溪村为行政村且人口最多,均为徐氏族人。2008年有253户、在户人口1686,常住人口仅四五百人,基本为老人和小孩,年轻人均外出打工。其他四个自然村分别是山仔下,徐氏村落,在户人口约400人,常住人口不到100人。上村(也称暗佳)为陈氏村落,在户人口约400人,常住人口不足200人。池牛岗和小窠子均为曾姓村落,在户人口大约100人,常住人口只有十几人。

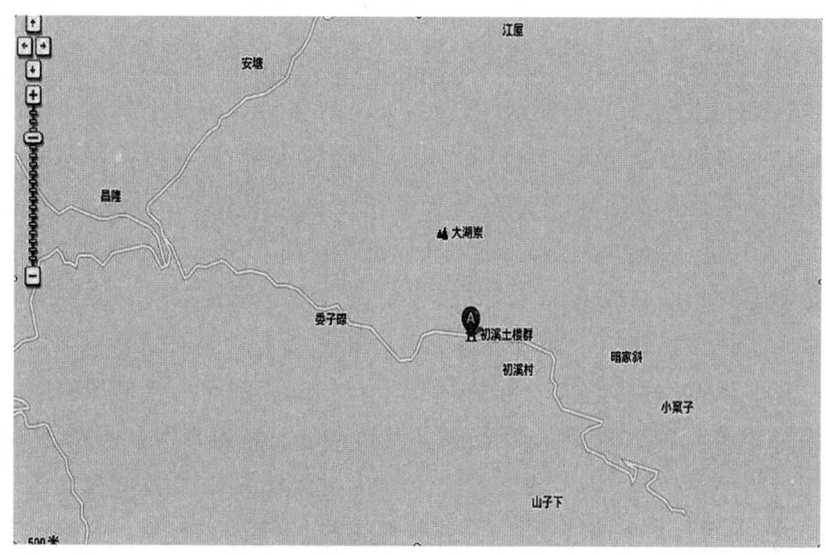

图 4-5　初溪与几个自然村落的分布图

(三) 经济特征演变

该村盛产毛竹,昔日,村民除农耕外,还大量生产土纸,所以初溪人均以手工造纸发家致富。造出的纸均为没有经过漂泊地黄色纸,且比较粗糙,主要用于做卫生纸和纸币等。纸张造好后村民须徒步挑到广东大埔卖,返回时还需挑石灰,盐巴或其他用品。路程往返约 60 公里。天未亮便出发,天黑而归,可见当时村民生活之艰辛。但当时的初溪人在下洋镇来说是比较富裕的村落,村民用"不怕仓里无谷,就怕湖里无竹"来描述造纸业对初溪村民的重要程度。村民还描述了每当下洋的赶集之日,只有初溪人才买得起集市上最大的鱼。造纸业鼎盛时期,全村共有 40 多间手工造纸作坊。4~5 户人家共建一个造纸作坊,一天可做出 2~3 刀。一挑纸可卖 16 个银圆[①]。也是因为村中造纸业的收入较好,所以昔日初溪的村民一般都不愿意外出谋生。初溪村为革命老区,由于其功劳,上级政府派一些村民去做解放区的管理者或其他工作,但村民宁可在家造纸也不肯出去。这也间接导致目前初溪的落后和贫困。改革开放后,随着机器造纸的发展,手工造纸逐渐减少。20 世纪 70 年代开始,初溪村村民便不再造纸,而另谋生存方式。此外,

---

① 40 张为一刀,20 刀为一个,4 个为一挑。

昔日的初溪村民也以打铁为生,同样在20世纪70年代后停止了这项产业。

20世纪80年代村民开始种烟,但由于烤烟技术和产量等原因,20世纪90年代大部分村民又放弃种烟,而转向外出打工。目前村中只有几户人家仍在种烟。一般在农历十二月份种,三月份收成。昔日,砍山上的树木出售也是村民的生活来源之一。2008年之前村民都种植双季或三季稻,早稻为农历3—6月份,中稻为农历5—8月份,晚稻为农历6—10月份。由于劳动力不足和需求量的减少,2008年开始村民都改种单季稻,即中稻,此外再种些蔬菜水果供自己食用。其他生活来源靠外出打工的儿女寄钱回家。由于年轻人都外出打工,目前村中的竹林和较远的田地都无人管理或荒废。村中老人都帮子女带小孩,年轻人大多在下洋、永定、龙岩、厦门、福州、广东等地打工或自己做生意,如服装,电器,家具生意等。村民认为赚钱还是需要外出,初溪的地理环境和交通导致目前还无法发展其他产业。此外随着申报世遗的成功和旅游业的开发,村民也渐渐投入旅游业当中,毋庸置疑,在不久旅游业的收入将成为他们另外一个重要经济来源。

(四)历史记忆

1.初溪之由来[①]

据《路史》记载,"伯誉左禹治水有功,封其子若木于徐,其子孙因以国名为姓。传至130世的能文公,因经商留寓福建福州,并在此地开基创业。其子一支天瑞公由福州迁居到永定湖雷弼鄱湖洋坑坪上。传至第八世的常萼公之子由弼鄱坪上先迁下洋欧里再迁到初溪"。

相传,常萼公之子孙一日上山打猎来到原始森林,放犬入山,只见三只鹿走进竹丛,猎犬进去找不到踪迹,人们守候整天也不见出来,疑为神仙所化的风水宝地。又见溪水绕竹丛潺潺流去,四面环山,中间一块盆地,恰似九鳅落湖,山清水秀,气候宜人,利于开发,逐在此地开基创业,并将村名定为三鹿和溪,将其命名为"麤溪"。后人因"麤"字笔繁,书写不便,逐渐改为初溪[②]。

初溪上承八世尊念一郎为一世祖,其孙仲富公到初溪开基。开基祖来到初溪时这里是一片竹丛,在竹丛周围有胡、吴、江、枫等姓氏的村落。他们

---

① 初溪徐氏族谱与村民口传史相结合。
② 永定县徐氏族谱。

都有自己的田地和山林,自然也不肯将田地和山林卖给外来者,而只将溪水卖给了徐氏开基者让其以打鱼为生。来年庄稼时期当其他姓氏的人要放水灌溉田时,徐氏先人便与他们用水做交易。就这样徐氏先人在此拥有田地和山林,而且人丁兴旺,而其他姓氏逐渐衰落或移居其他地方。

2.集庆楼与坐南朝北之解说

徐氏在此开基立业,由二世祖念二郎公建和庆楼(现福庆楼对面的店铺处,已倒塌)由于人丁繁衍兴旺,由三世祖仲富公建集庆楼。在当时来说集庆楼的工程之非常浩大。因为就集庆楼的位置昔日为溪水流淌的地方,所以必须先将溪砌为平地,再建土楼。集庆楼由18个兄弟花费21年的时间建造成功。因为是18兄弟同心协力建造而成,所以取名"集庆楼"。此后村中所有的楼取名时均有一个"庆"字。

为何整体土楼群都坐南朝北且集庆楼为圆形呢?虽然村子坐南朝北,但没有正对北山的峰尖,因为南侧的主峰仙峯山为火极,海拔为1400多米,村子背靠主峰,而北面的山峰为水极,水火不相容,所以门对着北面水极峰旁的凹地,合乎风水要求。而且楼门逆向对着小溪,可以纳才生丁,所以初溪土楼的楼门几乎都是朝向一个方向,可见当时选南面这个地方建村落是有风水讲究的。将集庆楼建为圆形是因为集庆楼坐落的位置正对着东面的大山凹,就当地人的说法有山凹即有大风,而圆代表灯笼,风吹灯笼就会旋转,不会失衡,所以也对住在里面的人没有影响。以现代的科学解释,圆楼更加抗风,这也是村中的土楼从东向西连续有三个圆楼(余庆楼、庚庆楼、集庆楼)的原因。

3.各房兴衰之传说

爱山房 初溪徐氏传到第五代为两房兄弟,即继山公和爱(岸)山①公,爱山公为长房,相传当时爱(岸)山房在初溪的风水很好,所以非常兴旺且富裕。村中做任何事情都有优先权,举行任何祭祀活动都是爱山房的人先祭拜,如果继山的先祭,会受到惩罚。相传,当时爱山房抱养一个女孩,但不久小女孩便夭折,爱山房将其葬在西南方位。据说那个位置为风水宝地,正好为来生养水之处。埋下女孩后爱山房更加兴旺。但贪婪的心,使他们希望自己能够更加兴旺,便将埋小女孩之处挖开,此时从墓中飞出六只乌鸦,剩下一只眼睛瞎的乌鸦无法飞走。从此爱山房开始衰落,而且村中的爱山房,

---

① 族谱中记载为"爱山",但很多村民告诉笔者应该是"岸山"。

代代都有一个瞎子,而继山公一房开始走上兴旺之路。目前村中爱山房后代只剩不到40人,男丁不过17人,女不过18人。据村民所述,广东梅县的丰顺有爱山房族人,目前大概也繁衍两千多人口。

继山房 小房的继山公,生五子,其中一子未传后代,其余四子为肖东,拱北,振南,耀西(从长到幼排列)。集庆楼成了四大房族的发祥地且人丁较兴旺。四大房族中,经济实力较强的肖东房族和耀西房族产生了自己房族独立建造土楼的想法。肖东房族选定在集庆楼的右下方近溪地带兴建一座圆形土楼,即余庆楼。耀西房族则选定集庆楼左下方兴建一座四方土楼,即绳庆楼。从此余庆楼和绳庆楼成为初溪徐氏家族分支的标志。而且都互不甘愿落后便继续以建造土楼相互竞争。肖东房分别建造了福庆楼、华庆楼、潘庆楼而耀西房建造了庚庆楼、锡庆楼、共庆楼等。善庆楼与村口的祥庆楼为拱北房建造,而且拱北房的人目前在村中居住相比肖东和耀西较分散。在初溪土楼群形成的历史进程中,这三房族人起着举足轻重的作用,目前村中耀西房的人最多,约占全村人的一半,其后为肖东房的人数较多,之后为拱北房,振南房的人在村中最少,目前只有五六户。这几房的相互竞争一直延续至今,尤其耀西与肖东房之间。至今村中任何竞争也都是这三房之间的竞争,例如,村主任与书记只会从这三房中产生。尤其村主任的产生更要依靠其背后同房人的支持才能脱颖而出。

拱北房 昔日拱北房在四房中人数最多,且势力也非常大。相传当时由于爱山房不仅富裕,而且做事比较蛮横霸道,不惜欺负其他族人。暗佳村一位老人实在受不了他们的欺负,一天老人来初溪找爱山房的人以死来报复。但在路上遇见拱北房的人。问清缘由后,拱北房的族人出于善良和不忍,便劝老人,"爱山房是我叔叔,请不要报复爱山,要对爱山死,不如就对我死吧",所以老人家就在拱北房那位族人面前死去。拱北的风水就此被坏掉,便慢慢衰退。

4. 暹罗国国王

初溪村有出任过暹罗国国王的卓云公(肖东房)。相传当时暹罗国出现一种瘟疫,死亡率非常高。暹罗国国师算到,某年某月某日会有一位黑下巴的人从某个方向来到暹罗,他来了瘟疫便会消失,国家将会太平,应该推举他为国王。暹罗人下令为迎接这位国王做准备。初溪的这位先人来到暹罗后便被认定就是国师说的那位王(他确实具有国师所描述的特征),全国上下大鸣鞭炮隆重迎接这位国王。可能是放了太多的鞭炮,瘟疫随后便消

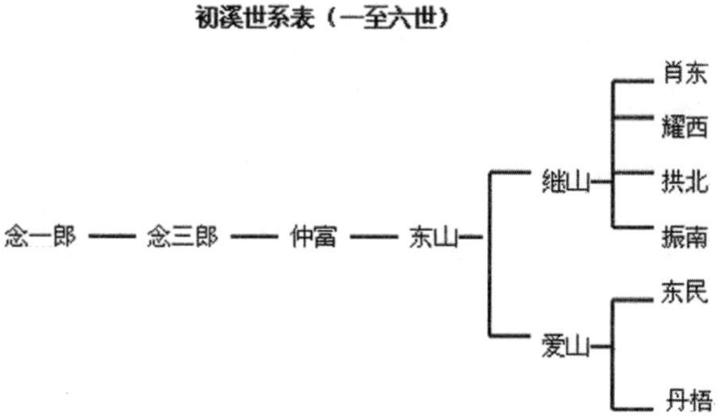

初溪世系表（一至六世）

```
                                        ┌─ 肖东
                                        ├─ 耀西
                                    ┌继山┤
                                    │   ├─ 拱北
念一郎 ── 念三郎 ── 仲富 ── 东山─┤   └─ 振南
                                    │   ┌─ 东民
                                    └爱山┤
                                        └─ 丹梧
```

图4-6　初溪世系表（一至六世）

失了。就这样他成为暹罗国的一代国王①。这位国王去世后，暹罗人将其头发送回初溪，后人将其埋在初溪进行祭拜。

5.不与廖氏结婚的历史记忆

继山公的妻子为廖氏，即四房兄弟的母亲。当时因为继山房非常穷，所以廖婆太的娘家让其改嫁。但廖婆太坚持认为自己有四个儿子，起码也有一个会出人头地，因而不肯改嫁。在孩子满月时娘家的亲人都来喝满月酒，亲人们轮流抱孩子，但孩子突然哭闹不停，廖婆太观察孩子的哭因，居然发现孩子的肚脐上被扎进一根针。因为只有娘家人抱过孩子，所以便断定是娘家人所为，廖婆太当即下跪，向祖宗发毒誓，子孙后代不得与廖氏缔结婚姻，否则将断子绝孙。所以初溪的后人都不与廖氏缔结婚姻，有非常少的人与廖氏缔结也是真的无后代或者无男丁。1949年后，大家的思想虽然渐渐转变，但仍然有极少人与廖氏结婚，据调查村中也只有一两例而已。

6.革命奠基区

从初溪的全景图可见，初溪村四面环山只有西面的一条小路通往外界。昔日，初溪村有18台土炮，可供防卫。所以初溪村从未遭受土匪的袭击，国民党也未能进入初溪。为了自卫，初溪人自古有习武习俗。初溪整个村均为基奠村，在抗战时期和解放时都立下汗马功劳。抗战时期，村中很多人都

---

① 族谱中只有"出任过暹罗国国王的卓云公"之记载。而族谱中却找不到有关卓云公的记载部分。据报道人叙说，是在"文革"期间被摧毁了，因此族谱中找不到相关记载。所以这部分是笔者对报道人的口述记载。据说这段历史在暹罗国的历史上仍有记载。

参加过游击战。由于其地理优势和强大的武力,"文化大革命"时期,永定县将银行搬入初溪村,而且很多人为逃避厄运也纷纷逃到初溪村。可见初溪在历史上对永定县乃至国家都有着不可磨灭的功劳。

第三节　初溪村世界遗产申报历程及发展现状

一、申报历程

永定土楼凝聚了中国民居建筑的精华,文化内涵十分丰富。土楼,作为世界上独一无二的民居建筑奇葩,作为优秀的历史文化遗产,其意义和价值远远超出土楼建筑本身。联合国教科文组织第17次会议于1972年11月16日在巴黎通过的《保护世界文化与自然遗产公约》对文化遗产的定义之一是"建筑群","从历史、艺术或科学角度看,在建筑式样、分布均匀或与环境景色结合方面,具有突出的普遍价值的单位或连接的建筑群"。在随后制定的《执行遗产公约的操作准则》中又规定,凡提名列入《世界遗产名录》的文化遗产项目,必须符合六项标准中的一项或几项。对照世界文化遗产的标准,永定土楼具有申报"世遗"的条件。世纪之交,省、市、县的决策者以跨世纪的战略眼光,审视这个老祖宗遗留下来的宝贵财产,认为土楼不仅是客家祖先留给后代的物质遗产,更是留给中华民族乃至全人类的无比珍贵的遗产,为了更好地保护这份遗产,应让土楼成为《世界文化遗产名录》大家庭中的一员。永定土楼申报"世遗",是土楼走向世界的重要举措,对于永定经济和社会发展有着不可估量的重大意义。

1998年,永定县委、县政府将土楼申报"世遗"工作列为三大重点工程之一。2006年8月,确定将下洋初溪土楼群、湖坑洪坑土楼群、高头高北土楼群这"三群"和衍香楼、振福楼"两楼"作为永定土楼申报"世遗"的范围。

在这样的背景下,首先,永定县政府成立了专门的申报"申遗"办公室,并开始着手各项工作。在提出"申报成功,宣传舆论先行"、"举全县之力,确保永定客家土楼申报'世遗'成功"的口号的同时,开展了从县政府各部门到村委会,从干部到群众的土楼"申遗"动员会。着力向当地各界,尤其土楼当地的群众宣传客家土楼申遗的要求、目的和"世遗"将能带来的现实意义。各级干部下乡宣传,尤其乡镇一级领导干部亲自入农户,分发《永定客家土楼走向世界——申报世界文化遗产知识集锦》和《致村民的一封信》,让村民认识"申遗"的意义。其次通过举办各种土楼文化节和旅游节,不断向外界宣传土楼文化。这些大型宣传活动自然受到国内外各大媒体的关注和持续报道,同时对永定土楼进行大型专访、专题拍摄、绘画,也得到国内外慕名而来的旅行者的称赞。这些活动无疑扩大了客家土楼品牌对世界的影响。与此同时,永定县还进一步加强对土楼的研究,宣传部门组织编写《中国永定客家土楼系列丛书》、《土楼探胜》等书籍;县宣传、广电部门不遗余力协助中央电视台、香港凤凰卫视、亚洲电视台拍摄反映土楼建筑及民俗风情的专题片,向公众广泛宣传,扩大土楼的知名度和影响力。再者是资金的筹备,其中主要是县财政集中财力,想方设法挤出资金保证申报工作顺利进行。最后是按照世界文化遗产标准和《福建土楼》申报文本的承诺要求,进行土楼周边环境整治和土楼维修,拆除与土楼风貌不协调物、构筑物、改造安装自来水、改造桥梁、公路沿线绿化、种植树木草皮等。在全县上下万众一心地努力下,申遗工作顺利进行,并在2008年7月7日,福建土楼列入《世界文化遗产名录》,获全票通过。历时10年的永定客家土楼申报"世遗"工作终于获得圆满成功,永定举县欢腾!永定客家土楼,走出国门、走进世界![1]

二、"申遗"大浪潮下的初溪

在这样的土楼"申遗"大浪潮下,初溪作为"三群两楼"的一员自然也经历着改变。其主要资金来源自然是县政府的投入。同时也积极向上级政府争取基金、向社会各界募捐,以及县、镇工作人员和领导干部为"申遗"进行的筹资。有关报道人表示由于当时资金短缺,各级各部门工作人员都被要求出资,金额不限,多则一万至几万元,少则几百到几千元。大家为了"申遗"的成功,上自政府部门,下至村民都积极参与到各项工作当中,不惜拿出自己的工资或平时攒下的钱来支持"申遗"工作。申遗成功后将这些投资均全额返还。

(一)环境整治

在申报世界遗产之前,初溪村到处是猪舍,私人厕所,村中四处可见鸡

---

[1] 参阅永定县地方志编纂委员会主编:《永定客家土楼志》,北京:方志出版社,2009年。

鸭猪粪和生活垃圾。空气中到处弥漫着臭气。在经过环境整治和政府投入,初溪村的环境变得整洁干净。在政府的倡导下,绝大部分村民都将鸡鸭进行圈养,很多猪舍也被统一规划到山脚下或建在较隐蔽,不影响村落景观的地方。几乎所有私人厕所都被拆除,村中建了统一的抽水式公共卫生间。生活垃圾也有了统一处理的地点。村落的一切变化也让村民感受到世遗带来的好处。同时随着旅游开发,村民也纷纷开起农家饭店、土楼客栈,经营一些小生意。旅游公司也为一些村民提供就业机会,如保安、清洁工、管理者等。申遗的成功无疑也会引来不少外资。在笔者做调查期间就有一家公司计划投资10万元建设村中的文化活动中心。据说类似的投资也会越来越多。

笔者寄住的徐××夫妇家,1992年从庚庆楼搬出后,在村口小桥北侧建了一字型三层新土楼。旅游开发后,凭借着优势的地理位置和宽敞的环境,经过前期投资与整修,2005年便开起了农家饭店和土楼旅馆。屋后是她们自己养的土鸡土鸭,供游客和自家食用。每天早晨天刚亮,笔者便会被女主人洗洗刷刷的刷地声与冲水声惊醒。她是在屋后冲洗自家的鸡鸭棚。她表示:"如果不这样天天清洗的话,会散发出臭味,连自己都受不了,何况游客就更受不了了,自然也不会有游客来。而且我自己又开着饭店和旅社,更需要注意这方面的卫生。"从她的话语中可以感受得到,她非常支持旅游开发,带来大量游客,以便增加收入。她认为所谓旅游公司现在从门票收入中给村民抽出的分红实在不足挂齿,她也不愿与他们争吵这个"小钱",只要旅游公司把村子建设得好,项目多起来,游客多起来,能留住游客,促使消费,大家有钱赚,那才是"大钱"。

2002年初溪的环境整治结束后便有少量游客进入初溪观光旅游,起初只是村民自发的在黄金周时期向游客象征性地收取20元的门票费。2004年成立"永定县方圆旅游开发公司"。由台商洪明章和下洋镇政府共同投资成立,由镇政府出面租下集庆楼,投资建了土楼博物馆,由其工作人员在村口售票。因申报遗产,必须以国家名义方可申报,所以2007年8月国家政府将初溪的经营权以298万元买回。

(二)群众的工作

在环境整治和规划的过程中,要做好当地民众的思想和动员工作非常重要。首先要让群众认识到土楼申报"世遗"的目的、意义、目标和任务。为了做好群众工作政府部门积极进行宣传,当地乡镇领导干部亲自走进农民家中,向土楼居民宣传土楼申报"世遗"的重要意义。而实际工作的实施比起口头和书面的宣传工作来得更为艰巨。

初溪村的人口不断繁衍增长至目前的2000多人,由于原有的土楼无法再满足日益增长人口的居住要求,从20世纪80年代开始,村民们便纷纷从土楼中迁出,各自在周边建房,至"申遗"浪潮的到来,仍然有村民在兴建房屋。由于环境整治要求拆除与村落景观不协调的房屋、建筑等,那些正在兴建的房屋也不得不被叫停并拆除。而由于当时资金短缺,政府给予的相应补贴较少,远远无法弥补村民的损失,加之这一"不允许建房"的政策使一些村民的居住问题暂无着落等原因,一些村民拒绝配合"申遗"的环境整治工作,与工作人员产生口角之争也时有发生。尤其村党支部书记和村委会主任作为村中实施工作的领头者,经常受到这些村民的埋怨和拒之门外。他们不得不硬着头皮一次又一次地对这些群众进行耐心的开导工作。谈及群众工作,当时的村委会主任徐××无奈地说道:"其实当时大体上工作进行的还算顺利,只是一小部分村民由于意识较低,没能领会到世遗工作的重要性,一旦个人利益受到损害便拒绝合作,甚至阻碍工作的进行。我们做村干部的就是当时村民的出气筒。但没办法,我们还得硬着头皮工作下去。"就像这位徐××所述,当时绝大多数的村民都非常支持"申遗"工作,大多数村民都能以大局为重,不惜牺牲个人利益。他们表示我们的土楼被列入《世界文化遗产》后,我们就有了走向世界的通行证,其为我们带来的利益也不止今天损失的这一点,它的实际意义在于我们为子孙后代创造的无限价值。

三、旅游业发展现状与民众参与

(一)旅游业发展现状

昔日,只有一条蜿蜒的山间小路通往群山之外的下洋镇,人们都是徒步进出这里。20世纪70年代随着交通发展,村民和华侨合资修建一条黄土路与外界相通。2000年为了申报世界遗产,政府投资将黄土路修建为4.5米宽的柏油路。2008年申报世界遗产成功后,为了能够在初溪全面开发旅游业,2009年8月开始政府投入2亿元再次修建8.5米宽的公路,2011年6月全路段将正式开通。

在新公路开通之前,出入村庄的交通工具为摩托车或每天往返于村镇

图 4-7　longma 车

之间的两辆 longma 车(见图 4-7)。由于初溪的旅游开发较晚且可进入性差,下洋镇至初溪的 15 公里路程耗时约 40 分钟。加之 2009 年 8 月开始修建公路,导致路况更加恶劣。为了游客的安全,各个旅游公司停止推出"初溪土楼群"的景点,如果游客点名游览初溪,公司方必须与游客沟通,劝其改路线并确认签字。只有在天气晴朗时,根据情况允许 40 座以下的观光巴士进入村中,40 座以上的大巴一律禁止进入。只有小型自驾车被允许进入景区观光旅游。因此,尽管初溪的名声已通过旅游者的口耳相传及旅游的网络游记传开,但真正进入初溪的游客人数依然较少。

从表 4-2 中可以看到,2005—2010 年初溪土楼群的游客量和门票收入情况。2009 年,游客量不足 4.3 万人,由于修路,2010 年游客量减少 30.57%。相对于其他同等品质的成熟旅游景区(如洪坑和南靖土楼)每年几十万的游客接待量,其游客量可谓少之又少。景区内只有两个较小的停车场,平时游客量较少时并无大碍,但当旅游高峰期来临,如黄金周时期停车位的紧缺让管理人员和游客都无以应对。因此道路的扩建、停车场等基础设施的进一步完善并加强规划和管理是初溪进一步发展旅游业的基础和首要任务。

表 4-2 2005—2010 年初溪土楼群门票收入状况

年份	参观人数	门票收入	收入比前一年增减%
2005	13090	523600	
2006	15770	630800	20.47%
2007	23475	939000	48.86%
2008	39572	1700688	81.82%
2009	43530	1958800	15.17%
2010	26898	1360000	减少 30.57%
合计	162335	7112888	

来源：下洋景区内部资料。

初溪土楼群目前主要旅游业收入为门票收入，每人收费为 70 元，但开路期间票价打折至 55 元。游客进入初溪可以自愿请导游，导游的收费标准为 10 人以内 30 元，10 人以上的团队，按每人 3 元收取费用。在导游的带领下，先沿着修好的台阶徒步走上观景台，大约需 10 分钟的路程，在观景台游客可以欣赏到整个土楼群的宏伟景观，并在此拍照留念。之后原路下山，过小溪进入村中，游览目前作为土楼博物馆的、初溪最古老神奇的集庆楼。其博物馆的展览分为土楼建筑艺术、客家民俗文物；客家姓氏渊源展；客家土楼书画、摄影展；永定客家文化展等四个部分。讲解完这些，导游的引领范围基本结束，接下来游客便可以在村中自行游览。村口与集庆楼附近的码头处有村民自己开的农家饭店，有土鸡土鸭、溪鱼、家常菜和各种客家风味小吃供游客用餐。路边和停车场处有村民的工艺品摆摊，有土楼模型、钥匙链、平安付、草帽、牛仔帽、茶具、扇子等一系列带有土楼特色的精致工艺品，还有不少有关土楼的书籍和画册以及具有客家特色的闽西八大干，玫瑰茶、米酒等村民自己做的特产和自己泡制的各种具有营养价值的药酒等。这些工艺品的价格比较低廉，而且几乎随处都可以买得到的工艺品，似乎缺乏独特性与吸引力。自然为村民带来的收益也是有限的。

从目前的情况来看，初溪土楼观光旅游还处于粗放型阶段，项目较单一，目前只有对初溪视觉上的观光，而几乎无供游客参与、娱乐的项目。很多游客表示："拍些照片，说明来过初溪即可，再也没什么可玩的，只好离开"。因此游客的逗留时间较短,自然也无法刺激游客的消费。从游客的来源看,大多数是福建本地居民,其次为广东、浙江等周边省市以及少数境外游客,主要以海外华侨为主。而且从游客的层次来看,多数属于大专以上,有知识的人士,且对拥有"世外桃源"之美誉的初溪有所耳闻后才慕名而来。所以初溪的旅游还处于"感知"、"认知"的知性消费阶段,须丰富现有旅游产品,满足大众游客的消费需求。餐饮与住宿方面虽然陆续已有人建起农家饭店和土楼宾馆,但旅馆的品位不高,与土楼本身无法形成风格一致。因此游客在初溪停留的时间大多不超过一个小时。当然也有一些游客会选择在农家品尝客家菜肴,并在土楼住一晚,体验土楼的冬暖夏凉之惬意后再离开。所以营造一批客家风情、有地域特色、高品质的住宿酒店,并在保护的前提下改造一批精品土楼旅馆,也是目前政府和一些从外返乡回来的村民所思索并正在行动的项目。

(二)民众参与旅游业

随着"申遗"浪潮的到来和旅游业的开发,村民开始意识到旅游业可以带来经济利益,加之借鉴其他旅游开发地区村民的旅游经营经验和商品经济观念,一些村民也陆续投入旅游经营中,其特点为形式灵活多变、资本和劳动力投入较低。他们的经营服务基本停留在以家庭方式满足游客的简单消费需要。如利用自己的地理位置和多余的房间开农家饭店和家庭旅馆;摘一些自己种的水果和玫瑰茶等卖给游客;还有一些在门口或路旁设摊位卖一些工艺品和特产。2009年旅游公司在村口的停车场靠山一旁盖起20多间小木屋,将这些零时摊位都规划至此。村民参与旅游经营的规模不大,基本都没有超出家庭和个人在农闲期间经营的规模,旅游业的收入不占主要地位,这一时期村民的经济活动仍以务农为主。目前村中有10余家饭店和旅社,20余个工艺品摊位。调查期间,笔者对当地的饭店和客栈进行总体调查,并与设摊位者进行多次交谈。那些投入旅游生意中的村民表示"申遗"的成功让他们看到了初溪的未来。虽然目前由于道路和开发较缓慢等原因导致游客量少,他们的收入并不多,但他们已经感受到"世遗"和旅游业开发为他们带来的利益。他们相信经过几年的发展,初溪定是另一番景象,生意也一定会越来越红火。他们的言谈举止间充满了对旅游业开发的认同以及对发展的美好憧憬。下面将村民参与旅游业的几个典型案例呈现给读者。

案例一：美食饭店，村中第一家饭店和旅社

店主夫妇为 50 岁左右的中年人。他们 1992 年从庚庆楼搬出后在村口建起一字型三层土楼。夫妇俩一直在村中务农，其收入与村中其他人一样，只够基本生活费用。20 世纪 80 年代开始村民集体种烟，所以夫妇俩也从 1986 年开始种了四五年烟。但由于这里的总体烤烟技术不过关，收入不乐观便放弃种烟。2003 年，随村中的种西瓜潮流，他们也种了十几亩，但那年雨水过剩，收成并不理想，他表示基本没有赚钱。2003—2005 年间，夫妇俩前往厦门开了一家旅社，但由于人生地不熟，经营时间短又没有固定客源，生意较冷淡，所以也没能赚钱。

随着申报"世遗"的工作的进展且似乎有望成功，加之自己在村口有独门独院的房屋，2005 年 5 月，他们在村中开起美食饭店和旅社。同时在院中也经营了一间小卖铺，卖一些日常用品。前期投资有：接饮用自来水约投资 6000 元，旅店和饭店的装修、购买电器、家具和饭店用具等共计投入约 5 万元。但总体来说装修的比较简陋，一楼的中厅为餐厅，可同时容纳四桌，左右侧有 3 个房间都摆了餐桌，但由于游客少，很少投入使用。而且也无规范的厨房，厨房基本处于开放式状态。二三楼共有 8 间客房，有二人间、三人间、四人间和大床房。客房中都配有电视机、空调、风扇、写字台等，但大部分都显得有些老旧，且都无独立卫生间。在一楼有两间公共卫生间，配有电热水器、排气扇、洗发水、沐浴露和洗衣机。房价平时每个床位在 20~30 元之间。节假日游客增多时，相应上调 10~20 元。

店主表示这几年来虽然游客不多，但投入的资金已赚回来且额外还是有了一些赚头，不过一直处于赚了再投的循环过程中。问及为何当时不将旅店装潢的高档些时，他表示一来当初根本一下子拿不出那么多的资金做装修，二来就当时初溪的旅游业状况而言，他们还不敢做那么大的投入，所以才选择逐步装修。他表示 2011 年公路就开通了，按这样的趋势看，游客一定会火速增加，所以趁 2009 年冬天的时间要装修独立的厨房，还要在客房中建独立卫生间并接入宽带或无线网络。为了让整个房屋看起来更整洁还要重新盖瓦。预计投入 10 万余元，但他对未来的收益充满信心。笔者在田野期间店主正与儿子商量此事并开始筹集资金。他还几经向笔者询问如何利用网络将饭店、旅社的招牌打出，扩大宣传力度，让游客在网上预订房间。可见他们已认识到网

络的用途,并想方设法进行利用,希望能带来更好的收益。

图 4-8　饭店外观

资料来源:笔者田野期间拍摄

案例二:庆祝饭店,老板娘是第一个挑着箩筐做生意的村民

店主夫妇为 40 多岁的本村人,一直在家务农。1996 年的八八洪水将他们的房屋冲塌,一夜间让他们一无所有,此后的几年间只能借住其他村民的家中。1997—2001 年间,夫妇俩上山采摘草药,载到广东出售。2002 年与哥哥在村口处共同建了两层楼的房屋,但至今室内基本没有装修。2002 年开始便有游客陆续进入初溪观光旅游,农闲时女主人便挑着箩筐卖一些工艺品、茶叶、药材和当地特产。她便是村中第一个有旅游业收入的村民。2007 年开了庆祝饭店。主人将一层的两间房打通,作为餐厅,同时可供 6～8 桌人用餐。餐厅非常简陋,地板和墙壁仍然是最初的水泥铺建,顶棚也是未来得及装修,仍可以看得到建筑材料的最原始状态。餐厅中只有几张桌子和凳子,墙壁上挂着写好的菜谱,餐厅一角摆着一个柜台,里面有各种工艺品、茶叶、药酒等。他们表示自从开饭店做生意后收入还不错,2009 年饭店和摊位生意加起来约有三四万元的收入,而且活儿也比从前的务农和卖药材等轻松很多。店主表示饭店现在非常简陋,需要进一步装修。不然等路通了,游客多了就没有时间装修,而且饭店的蒙面也会影响生意。

案例三:余庆楼客栈,目前村中投入最大、装修最高档的客栈

余庆楼客栈是一座三层圆形土楼,2009年5月开业。老板为村中30多岁的一对兄弟,之前他们都在外打工。"世遗"的申报成功促使兄弟俩2009年返乡合资将余庆楼的23间房租下,并投资约30万元进行装修。房屋的租金与旅游公司租用集庆楼的价格相同,2010年为180/房间,每三年上调10%。租期为20年。客栈老板表示租下来的房间大部分是关系较好的亲属们的房间。当兄弟俩回村时楼中的很多房间都已经无人居住,有较大范围的损坏,所以不得不进行修补。楼中还有十几间房未能租下,有两户是不愿意租给他,还有几间仍有村民居住,而且有一户约有七八间房,计划在2011年开客栈。

楼中的23间客房带有独立卫生间、热水器、电视、空调、电热水壶、无线网络、拖鞋、抽纸等。而且每个楼层还配有两间公共卫生间,一楼的中厅为洗衣房,配有两台全自动洗衣机,一楼还有麻将室。老板还将楼旁边的一间破旧造纸作坊装修成比较现代化的餐厅,里面干净整洁,厨房配备齐全,有冷藏柜、消毒柜。老板请了自己的舅妈来客栈做清洁和厨师等。老板已利用网络,将客栈的品牌打出,通常还会在网上发一些帖子吸引游客。这完全迎合了现代人出游前,先上网查询和预定吃住地点的需求。所以余庆楼的很多游客都是来初溪前即已预订好客栈的人。余庆楼客栈是目前村中条件最好,设备最齐全的客栈。在这里即满足了游客要居住土楼的愿望也提供了融入现代化装修且干净、便利、舒适的居住环境。其各方面的优越条件使其生意相比之下好一些。平时房价为100~120元/间,节假日会调高到180~200元/间。但老板还是充满信心地说,我这里虽然贵,但条件好,很多游客宁愿贵一点来居住条件较好的客栈。每逢黄金周和春节,这里都会客满。

店老板表示因为"申遗"成功,他们才决定回来开客栈。虽然当初投资较大,而且近期在开路,生意也不可能那么好,但他们相信路铺好,不到两年就会将所投资金赚回来,而且未来定会财源滚滚。当笔者初次与老板相见,表明来意后他表现得非常热情。他表示:"你们都是来为我们宣传土楼的贵客,初溪土楼目前正需要扩大宣传,这样才有更多的游客来观光。"在调查期间还有一批来初溪拍摄电视剧的剧组在余庆楼客栈住了十余天,老板将房价降至50元/天,对于政府和旅游公司的管理和规划他们也非常配合。他说只要对土楼好,对初溪未来的发展有利,就会大力支持,至于目前自己有些损失也是在所难免。事实上,他们代表了初溪大部分村民对家乡被评为"世遗"的自豪、对旅游开发的渴望,不愿为眼前利益耽误整体发展的愿望。他们正在以这样的目标行动着。

图4-9 客栈概况

资料来源:笔者田野期间拍摄

案例四:摆摊做生意

30多岁的徐××在外打工10年有余。2009年由于孩子太小,而妻子一个人照料不过来,他只能回家帮忙,并摆摊做生意。2010年在山上养鸡鸭,但由于气候原因,成活率只有40%。当问及生意如何时,他表示:"你来了这么多天,也应该看到这里的游客是寥寥可数,除了节假日和黄金周以外,每天的游客数量还平均不到20人,而这样的摊位就有20余家,哪能赚得了钱?而且为了争夺这一点旅游资源大家的竞争非常激烈,不得不将商品的价格压得一低再低。因为我不卖别人会卖,干脆大家都抱着赚一毛算一毛的态度做生意。"可见这些摊位之间没有一个商定好的商品价格,而只是在盲目竞争。此外摊位多游客少的情况也使游客有了更多选择和讲价的余地。大多数游客都会在各个摊位上询问一遍,得到基本行情后再与他们进行价格商讨。例如,进价为6元钱的草帽,向游客一般要价8~10元钱,大多数游客都会与他们讨价还价,最终以6.5~7元的价格出售。再如,笋干进价为23元/斤,向游客要价30元/斤。一来笋干拿回来后放在一旁或多或少会有缩水现象,二来游客购买时不仅要讨价还价还要从中将好的挑去,最终能赚到的利润实在太少。据主人阐述,按2010年的十一黄金周而言,每天纯收入能上100元已经算很不错,其余时间基本都处于不营业状态。他表示:"就初溪这几年的发展趋势,要做生意赚钱比较难,过两年等孩子大一些还是要外出打工赚钱。"

图4-10　村口的工艺品摊位点

资料来源:笔者田野期间拍摄

案例五:卖草药,82岁村民

本店铺位于集庆楼旁边的码头一条街。老人对草药较有研究,所以自旅游开发以来老人便自己上山采摘药材,再经过简单加工后,分门别类地摆放到路边出售。有治疗和调养的多种药材,如治感冒、发烧、胃、肝、肺病以及男女性病等多种草药。他表示旅游开发给他这个没有太多劳动能力的老人带来不少收入,一年约收入1万元,他非常满足。

事实上,目前村中未投入旅游业当中的村民占绝大多数。原因有很多:首先,无剩余劳动力。家中只有老人和小孩,老人须照顾孩子的起居饮食,无暇做生意。第二,没有多余的空间开饭店或旅店。第三,有房间,但没有资金来投入装修。第四,所处位置无优势。如上所述游客来到村中只在观景台、集庆楼附近观光后便离开,几乎没机会继续进入村中游览,所以住在村子中央和末端的村民无法投入旅游生意当中。这也是为何目前村中的饭店、旅社、和工艺品摊位等生意集中在村口和集庆楼周围的几个楼以及码头一条街的原因。第五,目前初溪的游客量太少,就现有的这些饭店和旅社的生意都比较冷淡,所以很多村民表示目前还不想做太多投入。据笔者调查,很多未投入旅游生意当中的村民表示,等旅游业发展起来,游客多起来也希望做一些生意来糊口。当然需要政府和旅游公司为他们规划有利地段。

村中绝大部分村民还未参与到旅游业当中,而且即使参与到旅游经营的家庭其旅游收入也并不是主要收入来源。所以这一阶段,初溪村村民的收入和生活水平的提高与是否参与旅游业无太大的关系。一部分村民对初溪的发展抱有足够的信心,而且信心来自"世遗"申报成功和正在修建道路。他们无数次向笔者强调:"道路开通了,游客就能进来了,那样我们的生意定会越做越红火。"

图 4-11　老人的住所,一层卖一些日常用品和各种草药
资料来源:笔者田野期间拍摄

同时他们也希望上级政府和旅游公司能注重初溪的开发,加大宣传力度、改造和建设基础设施和旅游服务设施、增加游客逗留时间的相关项目。也有一部分村民对初溪的发展趋势没有信心,不愿做过多投资。

而现在的初溪正处于传统农耕经济向旅游经济转变的初步阶段,处于传统与现代相互碰撞且融合的阶段。旅游正不断地向传统农耕文化彰显与扩张,而传统文化也逐渐被注入旅游过程当中,使得这些旅游经营更具有传统文化特色。这一过程定会出现功利性因素的膨胀。"世遗"这个名片和旅游就必然成为一种兼容着利益和冲突的双刃剑。国家和地方权力运行其中,随机地改变着意识形态的价值趋向。这方面在下面的世遗归属纠纷与村落政治中得以进一步讨论。

第四节　"世遗"的归属与村民的反抗

由于联合国教科文组织的话语权威以及国家所行使的权力太大,导致文化遗产的"他者化"伴随遗产地社会的"失语"现象。因此近年来地方社会逐渐成为遗产研究的热点。这类现象导致族群认同的强化,利益群体之间的冲突,以及地方政治权力结构的变化。彭兆荣(2008)的《遗产:反思与阐释》一书对"遗产热"、"遗产运动"等现象的背后动因进行反思和批判,对遗产理论与归属性进行阐述和反思。他表示由于国家权力的实行,导致了当地遗产创造者和继承者的"失语"现象,这会导致各方面负面影响,应唤起大家的警觉心。

世界遗产资源是不可多得的旅游资源,旅游开发也就自然成为"世界遗产地"资源利用的主导方面。而旅游开发必然会影响多个利益相关者的利益。按世界旅游组织制定的《全球旅游伦理规范》和旅游行业行为规范中的定义,旅游地利益相关者包括旅游发生地和旅游目的地的政府组织及非政府组织、旅游开发商、旅游及相关企业、旅游企业员工、旅游地居民、旅游媒体、旅游者等等(曹红枝,2007:113)。针对初溪目前的状况可将主要的利益相关者圈定为各级政府、投资者、旅游公司、当地居民以及游客等。若他们之间的互动无法处理得当,其产生的矛盾,不仅会影响"世界遗产地"的保护与可持续发展,也会阻碍旅游业的发展,扭曲了政府造福群众的美好初衷,最终只能两败俱伤。

一、村民与旅游公司之间——谁的家园?

很多村民都一再强调"土楼是老祖宗留给我们的遗产,而不是国家的,也不是旅游公司的,现在旅游公司将其开发赚钱,但又不给村民任何好处。几百年来土楼被保护得如此完整,现在能够呈现在世人眼前,是我们一代代初溪人守护和保护的成果,祖先有功德,我们后人也有功劳啊!"因此他们表示不能只有维护的权利和奉献的义务而无受益的权利。于是为了分享遗产旅游带来的利益,对旅游公司和政府的行为表示强烈不满,村民与旅游公司和政府[①]展开一系列"斗争"。

如上文所述,初溪的旅游业开发初期,2004—2007 年是通过招商引资成立的永定县《方圆旅游开发公司》经营,而由于申报"世遗"世界公认的表述单位为"民族国家",因此联合国教科文组织规定,与遗产相关的所有类型的遗产主体都是国家(彭兆荣,2008:33),所以 2007 年 8 月国家政府将初溪以 298 万元买回。从此,代表了政府利益的《福建省客家土楼旅游发展有限公司》在遗产申报成功之际设置了下洋景区管理公司,开始进驻初溪,对其进行直接地管理与规划。据了解,《方圆旅游开发公司》时期主要实行股份制,

---

① 这里的政府主要指当地(县、镇)政府。

村民可自愿入股，每股300元，而《福建省客家土楼旅游发展有限公司》接管之时政府已经将村民的所有股以及分红都返还。所以目前所谓的村民与公司特指《福建省客家土楼旅游发展有限公司》的下洋景区管理公司，以下均简称"公司"。

（一）分红之少——矛盾之源

公司与村民之间的矛盾主要根源是利益分配问题。从旅游公司接管初溪以来通过协商每张门票给村民分2.4元，由于游客量少，收入有限，因此分红并不多。所以公司决定将给村民分红的款项以给村民购买医疗保险和发红包的形式分发。2009年旅游公司为所有在户村民每人购买20元医疗保险，2010年购买30元医疗保险。2009春节给村中60岁以上老人每人100元红包。但这个分红在村民看来显然太少，他们认为用他们的遗产真正赚得利益的是公司。每当有人与村民说道："你们的家乡现在可是世界遗产地，门票这么贵，那你们的分红也一定不菲吧?"这时几乎所有村民都摇头，并异口同声地回答道："没有，什么都没有，公司只给我们交了一年20元医疗保险费，这算什么分红？跟没有分红有什么区别！"他们还进一步抱怨道："没有给我们任何好处，不仅游客打扰我们原本安静的生活，公司方还处处限制我们的生活，为我们带来很多困扰和不便。不允许盖房子和搭建猪舍，鸡鸭要圈养，亲戚朋友来初溪看望，须村民到村口'认领'，否则不允许进入等。"

一些村民表示："游客总是进入我们的楼，大声吵闹，影响我们的休息。一些好奇心过强的游客还擅自上楼参观我们的房间，当我们表示不愿意时游客还会向公司举报，虽然他们的举报我们也不怕，但游客太吵了，孩子都没有办法好好午休。有些游客会在大半夜闯入楼中拍照，在楼里走来走去，让我们无法休息很困扰。"所以为了抗议没有分红而生活又遭到限制和骚扰，一些土楼竟然在大门口或墙壁上写"与旅游公司无关，禁止游客参观"的字迹。更甚者一些村民堵在门口告诉游客"此楼与公司无关"而不让游客参观。所以村民认为他们不合作也是理所当然的，合作的结果是没有任何分红，只看到旅游公司赚钱，大家觉得不公平，因此做了很多抗议或干脆完全不理会公司的任何制度。而且现在也可以在村中随处看到鸡鸭和到处堆放的物品，他们认为旅游公司管不着。

对于医疗保险村民表示："这也是我们不停地与旅游公司闹才有的，否则我们连 20 元的分红都没有。"2008 年五一黄金周期间,村民为了表示对旅游公司资源分配和分红不均的抗议,将集庆楼和其他楼门紧锁不允许游客参观。随后旅游公司和县政府派人与村民协商,确定了为村民办理医疗保险的事宜。因此村民表示医疗保险也是大家集体抗议的结果,否则也不可能有。类似的村民抗议,旅游公司出面协商的案例很多,所以大多数村民认为只有集体抗议才能得到他们应得的,坐在那里等待旅游公司为他们送上门的好处是没有的。这个观念在很多村民脑海中已经形成。旅游公司方表示,医疗保险的事情,其实公司方早有计划,只是还未最终确定而已,所以他们不认同"村民闹了才给"这一说法。

(二)"认领"问题——谁的家园?

旅游开发后,村民的亲戚朋友进入初溪都不得不被拦截在村口,他们必须打电话通知村中的亲人或朋友到村口"认领",否则一律不得进入或买票后方可进入。这一规定让很多村民不满。首先,村中都是老人小孩,让一些七八十岁的老人拄着拐杖专程到村口,尤其对于住在离村口较远的村民,带来实质性的不便。其次,如果亲人来到村口恰好又联系不到村中的亲人,那就不得不在村口晒太阳等待,直到联系到他们为止。这一规定首先在思想观念上让村民无法接受。他们表示这个村庄是初溪人的村庄,是他们的家乡,亲人来探亲为什么要被旅游公司的人拦截在村外,旅游公司的人凭什么可以这么做? 这个家是我的,我的亲人来还要受限制,他们反问道:"文化遗产和旅游开发到底为我们带来了什么?"所以在村民的一再抗议和多次争吵后,公司规定只要是永定县人,凭身份证即可进入景区。虽然部分问题得到解决,但其中仍然有问题存在,即非永定县内的亲戚朋友还是会被拦截在村口,仍然须要"认领"。村民谈道:"当过年过节时,一些骑着摩托车,带着礼品盒的人进入村庄,公司的工作人员都要穷追不舍,究问来意。"这让村民和亲人哭笑不得。当然公司方为了收入和防止村民的偷带客现象不得不这么做,村民可以适当理解,但很多村民表示:"有时旅游公司欺人太甚。"如果是村中比较有权势的人,公司方的工作人员觉得惹不起的,即使他们是真正带客,工作人员也会睁一只眼闭一只眼地让其顺利进入,如果在村中兄弟不多又老实没有任何势力,工作人员会大肆实行他的"职责"。一些工作人员的类似行为让很多村民恨之入骨,自然也就成为村民与公司之间的矛盾激化素。同时也让村民认识到从古至今,在乡村只有兄弟多,儿孙多才是权威,这也是计划生育在初溪实行效果不好的一个现实案例。

2008年,张阿姨的女儿小丽(化名)怀孕,回娘家养胎,小丽的两位好友从山东出差来到永定县开会,表示想顺便去初溪观光土楼。小丽表示很欢迎。大约傍晚7点钟来到初溪,第二天吃过早饭后小丽便带好友在村中观光,进入集庆楼博物馆后却被公司的工作人员毫无情面地赶出来,说她是带客,必须买票。张阿姨知道此事后非常气愤,当时集庆楼里还有他们的一间牛栏未租给旅游公司,为了表示抗议她便挑了两担猪粪进入集庆楼在自家的牛栏处晒猪粪,并与他们理论。游客来来往往,最后此事在双方的调解下得到解决。阿姨表示重点不在于最后如何解决,而是旅游公司欺人太甚。其实类似的不满与抗议在初溪已不计其数。张阿姨方即代表村民方表示我们作为土楼的主人,村子的主人是"我们",我们的亲戚朋友来家乡探望游玩还要花钱买门票,否则会被旅游公司拒之门外甚至赶出村庄。而旅游公司是外来者,一个完全的"他者"却在我们的地盘作为主导,吆喝着我们这些作为主人的村民。这是哪来的道理?村民们表示:"我们现在只是将集庆楼租给了旅游公司而已,并非将整个村庄都卖给旅游公司,他们根本没有理由站在村口收费,到底谁才是初溪的主人?再者,村民认为,旅游公司只是租了集庆楼就如此猖狂,如果将其他土楼也租给旅游公司,那村民还不得卷铺盖走人?"所以旅游公司表示准备租下其他几个楼来发展旅游项目,村民非常坚定地表示:"他们想都别想,我们是不会租的,不会把祖宗留给我们的东西,就这样白白送人的。"而且村民反映,旅游公司的职员也经常带他们的亲戚或朋友来我村观光,那作为主人的村民是否也应该负起作为主人的职责向外来者收取门票费用呢?作为外来者可以在我们的家乡得到如此好的待遇,那么又为何给主人带来如此多的不便和不满,还不得不如此忍受公司方的冷眼和限制呢?

(三)集庆楼租赁纠纷——骗局还是利益驱动?

早在申报世遗的村落规划之前,集庆楼中的大多数居民就已搬出此楼,至1998年政府开始对初溪进行规划时,集庆楼中就只剩四五户人家仍在居住,很多村民都将牛、羊、猪等牲畜圈在集庆楼中。由于长期无人居住和无人修缮,导致很多房间漏雨,而且有一根柱子已腐烂并倾斜。如果再不进行修缮不久后整楼可能会倒塌。而且村民也承认,如果不是要申报世界文化遗产,不是政府的投资和修建,集庆楼不久便会倒塌的事实。而且其他土楼也有可能遭受同样的命运。村民搬出集庆楼的原因,首先,村民已不再需要居住其中,即使修好对他们来说也没有任何意义。而且大部分村民都在楼中只有一两间房,倡导这些人一起出资对其进行修缮,自然不太现实。其次,村民无经济能力负担修建的费用,所以任其倒塌也不会有人理会。1998年政府开始对初溪进行环境整治,首先对集庆楼进行修建,据相关知情人透露仅集庆楼就投入近百万元。2004年由下洋镇政府出面,方圆旅游开发有限公司与村两委签订30年的租赁协议①,租金为每年每间房40元。2005年10月1日又对此做了补充协议。补充协议中甲方为下洋镇初溪村委员会,乙方为福建省客家土楼旅游发展有限公司,而将集庆楼楼主代表作为丙方用中性笔添加在合同中,这一举措激怒了楼主,2009年在村民徐为民的带领下,楼主代表写了"严正声明"至下洋镇、永定县及龙岩市政府办公厅。村民强烈要求重新与楼主签订协议,并销毁之前签订的30年的协议与补充协议。原因为,一是与方圆旅游开发有限公司签订的30年协议为无效协议,因为旅游公司没有与楼主签订,很多楼主都表示他们没有签字,是当时的村两委擅自操作。二是楼主表示30年的租赁期限太长,国家法律规定最长期限为20年,所以他们订的30年是不合法的。三是补充协议仍然未通过各个楼主的同意,还将楼主作为丙方用中性笔添加在协议中,大大损害了楼主的利益。四是租金太低,楼主要求提高租金。他们在声明中表示如果镇政府不尽快解决,给各位楼主满意答复,他们将集体关闭楼门,拒绝游客参观。随后镇政府与旅游公司便到村中与楼主进行协商与全体楼主签订了20年合同租赁协议,即补签15年协议,2010年1月1日至2024年12月31日为止。租金三年上调10%(见附录二)。村民称此事为"诈骗"事件,而且从他们的表述中可以知道他们对当时的村两委以及镇政府的极度不满。

对于集庆楼的租赁事件,公司方也对笔者做了相关回应。有关负责人表示,当初的旅游公司和政府做得非常人性化,他们与村两委以及各位党员代表和业主代表都签了协议,对于一些无住所的村民,政府还为他们在村口安排建房用地,有两户实在没住房且没钱自己建房的村民,公司在村口建房

---

① 根据我国合同法的规定,租赁合同的租赁期限不得超过20年,超过20年的,超过部分无效。租赁期届满,当事人可以续订租赁合同,但约定的租赁期限自续订之日起不得超过20年。

安排其入住。一些村民要在其他楼租房，公司为他们一次性付清X年的房租费等。公司方表示是楼主们自己派了代表来与公司协商，将协商好的拿回去让其他业主看过，认为不满意的与公司沟通后，修改到满意为止，业主才在协议上签字。所以根本不存在村民所谓的"诈骗"之事。而公司方当时签订30年的合同也是有所考虑的：首先要申报"世遗"需要漫长的时间，同时对集庆楼的修缮耗资较庞大，签订的时间过于短暂，公司方连前期投入资金都无法收回。

对于刚签订合同时村民自愿签订，而现在又来闹的情况，公司方表示，首先是村民刚开始没有认识到集庆楼的价值，认为只是个破旧不堪的房子，租给旅游公司还有租金可拿，而现在大家都看到了这个"破房子"带来的利益，所以在争夺利益。其次是现任村主任（上述徐为民）当初就不肯签订合同，回来后带领村民进行抗议，否则村民不会如此。很多抗议和上访都是他在带头，引发村中矛盾不断，而工作无法进行。从公司方的表述中可以知道他们对现任村主任徐为民的不满。对于现任村两委、镇政府以及旅游公司之间的互动将在下一章中详细论述。

从这些事情中不难看出，村民与公司之间的矛盾几乎都属于资源争夺和利益冲突。而且目前的状况处于各执一词，互不相让。就初溪而言，祖辈留下的"老房子"，本来在他们眼里已经失去价值的时候，突然飞升成为世界文化遗产，这使当地人顿悟到原来祖先留下来的"老房子"，竟然是无价之宝。因此在巨大利益的驱使下，各个利益相关者都参与到了分割这块"肥肉"的行列当中。

二、村民与政府之间

当地居民在各利益主体中属于弱势群体，他们的生活环境猛然间成为"巨星"并作为旅游产品进行开发，如没有获得相应的利益以及足够重视时，容易与政府产生抵触。从上述事件和案例中不难看出，初溪的村民已经对旅游公司和当地政府产生抵触，而且作为国家代表的当地政府又拥有远比村民强大的力量，且他们的行为和决策是毋庸置疑的。他们把国家的利益放在第一位，在这样的大背景下也就进一步激化了政府与村民之间的矛盾。

这一节笔者将详细阐述村民的安置问题和村民的抵触引地方政府的过激行为的始末，以此揭示村民与政府之间矛盾的根源、目前的对峙程度，以及它所带来的不良影响。

(一)安置问题

早在1998年政府开始对初溪进行"申遗"规划起,为了保持村落原有风貌便严禁村民在核心区内兴建任何建筑。同时还拆除大量不符合村落景观的店铺、猪舍、私人厕所和少数房屋;此外也占用了村民大量菜地和私人田地。对于拆除的建筑和占用土地政府方当时给予了相应的补贴。拆除的牛羊猪圈补贴17元/平方米;店铺和房屋以不同材料结构给予不同款项的补贴,店铺补贴约100~200元/平方米;房屋补贴约200~300元/平方米[①];占用的菜地3.5元/平方米。政府与村民方都表示补贴费确实比较少,其主要原因是当时政府的资金不够充裕。对于相应补贴少,当时有些村民表示不愿意,但在政府的大量思想工作和强行政策,以及政府承诺的3个月内安排合适地段供村民建店铺和猪舍,而且到时政府还会给付15元/平方米的材料补贴费;1年内安排合适地段供村民建房。在这样的背景下,村民才不得不与规划工作合作,而且规划工作得以顺利完成。直至2010年为止,政府所承诺的安置地仍然未能兑现,店铺安置地与房屋建设地未给予解决是村民不再信任政府的一个重要原因。

村民不断地向政府和旅游公司反映住房安置的问题。在这样的压力下,政府方曾提出三个安置方案供村民选择。选择一是村口方楼(祥庆楼)周围,将坑洼砌平解决部分建房问题;二是离下洋镇不远的风朗村;三是征用上村(暗佳村)与初溪村之间一片田地来解决部分住房安置。一些村民听闻此讯,便积极填报"志愿",但对于上述政府提出的三个安置方案,村民也相继提出反对意见。主要针对后两个安置方案。首先安置在风朗村,村民认为距离初溪村太远,都是老人小孩离自家的田地和生活资源太远,会导致很多不便,而且他们也不愿意到外村居住。其次上村与初溪村之间的空地不仅存在上述情况,而且村民认为那里的风水不好,太过于狭窄。之后住房安置的问题便再杳无音讯。

随着人口不断增长和村民对建房的刚性需求,村民为此事不断找村干部,村干部说需要找镇长,镇长说要找镇书记,书记说去找旅游公司经理,经理说这是村子里的事情,要找村书记。总之相互推脱,未能给予解决。而且领导班子三年换一届,当时有承诺的领导班子早已不知去向,找现任领导班

[①] 以地段和构造的差异,补偿款也有所差异。

子,他们又不知事情缘由,理所当然无法解决。目前村中住房安置问题已引起村民强烈不满,一些村民表示安置问题已拖十年之久,住房紧张已让他们不知所措,他们说:"安置的时间已经给政府,但他们不重视,不解决,我们也别无选择,很多人已经私下讨论,如果明年还不解决,我们将集体在村中建房,如果政府有何过激行为我们也不怕跟他们对峙。初溪村需要一些大的事件来引起上级的重视,这些问题才可能被解决。"村民表示:"一些上面有关系的人在村口的缓冲区建了房子,政府也没有阻止,或者未能阻止的了,而我们这些与上面没关系的人在缓冲区也不允许建,这太不公平。"

政府与旅游公司方也对此事向笔者做了回应。一些负责人非常气愤地表示:"初溪人就是那么穷,即使政府为他们解决地皮问题,他们也根本没有钱盖房子,再者我们提出安置方案,他们又不肯去,我们有什么办法?所以村民现在用没安置住房问题来大做文章,就是为与政府对着干找借口。所谓的不方便,风水不好不愿意去,都是在找借口,而且也根本没有他们所说的那么多的建房需求。"一些负责人还说道:"初溪人那么穷,还要生那么多,不懂得计划生育!"对于村民不愿意被安置在其他村落的说法,相关负责人回应道:"那是因为初溪人自古以来就被其他村落称为'山人、野蛮人'而与其他村落相处不和谐,所以初溪人也知道被安置到其他村落肯定会受到排挤。"对于以上回应,笔者不做任何评价,只是可以从类似的回应中发现地方政府和旅游公司也对村民的不合作表示极度不满。他们的抵触是相互的,而非单向的,已经形成一种恶性循环,导致情况更加糟糕。

店铺安置案例:

在村落规划前,徐××在小学旁(即昔日村中最繁华地带,码头街)经营一家店铺,主要经营日常用品、食杂、配钥匙等。因为是村庄中心地带加之当时村中店铺较少,当时每月纯利润约在1000元左右,2001年将其拆迁,同时也拆迁了徐××家猪舍和厕所,也征用了其部分菜地。当时政府给予徐××一万四千多元的补贴。他表示这点补贴还不够当初建店铺时的材料费,更何况用这个钱建新的店铺。拆迁时下洋镇政府与其签订相关协议书(见附录三)上也明确表明要为店主另行安置。而且当时实行强行拆迁,如果不配合连这些补偿都没有,加之店主向笔者表示他认为评"世遗"是好事,虽然现在会有损失但以后会为他们带来更多的利益,应该给予支持,便同意在协议书上签字。因为协议中提到政府要为其集中安置,所以拆迁后店主便买了一些材料等待安置,但至今未安置。那些材料也只能放在一旁,也造成一批损失。店主目前只好在共庆楼内将自己的一间10平方米左右的房间整理开做店铺。店主气愤地说道:"白纸黑字写好的协议他们(政府)都不履行,太令人失望。他表示以后也不会再相信政府更不会与他们合作。"小店铺由于位置太偏僻,10年来收入很不好,大约每月在200~300元之间,损失比较严重,他表示是政府欺骗了他们。交谈完此事后,老人还不忘宣传初溪,拿出刚收到的包裹,里面是老人托朋友制作的明信片和信封,上面是初溪土楼群的巨照,老人送给笔者一张明信片嘱咐道:"看我们初溪多漂亮,回去后要记得为我们初溪多做宣传,初溪需要大家的宣传,这样才能更快地发展。"笔者将其接下并小心翼翼地收好。明显地感觉到老人对家乡的热爱,对发展的渴望。其实店主徐××代表了大多数村民的愿望,大家对家乡被评为世界文化遗产感到骄傲,希望政府能很好地开发旅游,为村民带来利益。但政府的很多作为却令他们寒心,也使村民徘徊在希望发展但又无法信任政府,只好抵触的状态中。

案例:14人如何住4间房?

20世纪80年代开始,很多村民都纷纷搬出土楼,自己兴建房屋。徐××家是由于当时经济困难,而且兄弟姐妹都仍未成家暂不需建房等原因,仍然居住在土楼中的典型家庭。之后随着分房的需求,住房出现紧张。徐××父亲与其大伯在绳庆楼分到四间房,即一间直上。一楼和四楼为其大伯所有,二楼与三楼为徐××父亲所有。之后因无房大伯家的人只好到其他楼借住。徐××共八个兄妹,有四兄弟,各自成家需要分房,大哥未在村中,徐××夫妻俩三个孩子和一个儿媳即六人;大弟夫妻和两个孩子共四人;小弟夫妻俩加之父母二老共14人。一楼作为饭厅,其余三间房自然无法容纳这么多人。所以只有父母和小弟夫妻住在原来的楼中,其余的人都租借其他村民的房。徐××谈到前几年妹妹领朋友或亲戚回家乡玩耍看土楼,父亲会催促妹妹赶快吃完饭回自己家,这里没地方给她们住,妹妹当时委屈的直掉眼泪。租别人的房自然非长久之计,这几年自己有能力建房,政府却不允许。所以2009年1月份徐××通过个人关系在村口的缓冲区批到地皮,建起了洋房,原本计划建五层,但建到两层政府就不允许继续建,还说要拆掉已建部分,但最终没有实行,只是不允许继续建。他向笔者透露是因为他有比较好的私人关系才有了今天的房子,但也费了很大周折。政府的人互相推托"踢皮球",大概花费大半年的时间才批下地皮,仅在省、镇、村之间因为批地的事情被"踢皮球"花费的路费就有近万元。但值得庆幸的是他们还是建起了属于自己的房子,宽敞又舒适,目前不必再为没房住而苦恼。

徐××是在申报"世遗",村落规划后,通过个人关系建起新房的典型案例,可想而知还有很多没有任何关系的村民在这10年的人口增长住房需求的情况下,如何解决这一难题?尤其每当春节外出打工的村民返乡过年时,住房紧张的问题更让村民为难不已。

事实上,政府和旅游公司方也并非没有给予任何解决。如上所述,村口处的一些新房即是村民近几年通过政府的审批地所建。还有2004年方圆旅游开发公司在租集庆楼时,为两户村民兴建的房屋,他们至今仍居住在公司为他们建的房中。他们之间的矛盾也许是来源于诸多问题没有沟通到位,所以无法解决,而问题的无法解决使他们相互抵触,也就根本无法再深入沟通。

公司和政府方都承认,刚开始村民是很好领导的,说开路就开路,一些人的菜地,稻田被占用,补贴少大家也不会过分计较,因为他们明白当地确实贫困,开路了会为他们带来发展,带来好的生活。政府方又表示:"但目前状况却变成政府和公司的建设被村民视为进来搞破坏,抢夺他们的资源,似乎认为下洋镇是要依靠初溪村来发展经济的,却没想到如果没有政府的投入和建设怎么会有初溪的发展和贡献。"

(二)60人进村打砸事件

发生此事的导火线:首先,旅游公司和镇政府事先派人到村中通知,某天省里将有大领导来初溪进行视察,村中的饭店和旅社的牌匾非常不正规,领导来临之际将其各自摘下,之后公司会为他们制作符合土楼风景的统一牌匾。一些村民向笔者表示他们根本没有接到通知,所以没有摘,而××饭店老板表示他接到了通知,但就是不愿意理会。其次,在旅游公司接管初溪前村民都是自己在停车场南侧的草坪处搭建帐篷做小生意。2009年公司为村民在草坪的对面建了15间小木屋,领导来之前做生意的村民须搬进小木屋,这样不仅整洁,而且不影响游客摄影。政府方还会给予每个帐篷300元拆迁补贴。由于小木屋是坐北朝南,比较闷热,加之每月收取50元的租金费,所以一些村民不乐意,也有一些村民是根本不愿意理会政府通知。但在政府工作人员和村干部的开导下,大多数人都服从安排,只有非常少数的人没有按要求搬进小木屋。2009年9月22日,即省里的大领导来之前,镇干部和村书记等三人带领六七十人(包括公安人员和便服人员),来到村中先将草坪摆摊处的一位未搬进小木屋的村民摊位乱砸,将一些物品扔到溪中,还将一些物品拖上车。还有一些人疯狂地跑到村中将码头处几家饭店的牌匾摘下并砸得粉碎。看到这样的场面很多未被通知到的饭店也纷纷自行摘下牌匾以免惹事,被砸了牌匾的刘女士不服气,便指着他们与其理论。那些人猖狂地喊道:"不要对我们指指点点,再敢指指点点,我打你"。刘女士回应道:"那你打吧!我看你们怎么打?来到我村打砸抢,还有什么天理和人道?"见此情形几位干部也觉得此事做得有些过分便赶忙道歉,表示是这些人没有弄清状况,他们会对砸掉的牌匾进行赔偿。第二天在县和镇领导的陪同下,省领导来莅临初溪。村民为表抗议和不满将几个楼大门紧闭。省领导下车徒步过小溪时大概接到情况不妙的通知,便转身上车匆匆离开。村民拿着被砸碎的牌匾追赶,但未赶上,而拦下了紧随其后的县和镇干部的车,大家七嘴八舌反映这一系列情况并要求给予解决。被拦下的领导给村民的答复是三天后解决打砸事件。报道人与笔者聊及此事时一再强调,"省领导跑得太快没有被我们拦下,如果拦下我们直接与省级领导对话,事情就更好办了"。三天后造成打砸事件的三位领导专程到被砸牌匾和摊位的村民家中道歉。还给予每块牌匾100元补偿款,被砸摊位的村民也得到6000元补偿。他表示政府方为了面子也不肯说是砸摊位的赔偿款,而是称贫困补助款。到这里此事总算告一段落。其实纵观整个事件,无论政府还是旅游公司方都出于将村庄规划得更好,让上级领导看到村庄的魅力而给予投资建设。也未曾想让村民亏损,只是要为村民换统一的新牌匾,但事情为何会发展到这样的地步?村民为何会如此的抵触?这值得我们反思。村民也向笔者表示:"他们(政府方)回来向我们道了歉,做了赔偿,我们就满意了,也未对此事做更多地追究,上访时也未向上级提及此事。其实我们的要求并不高,但不要把我们当作被征服者而用强行武力手段来解决问题。这样的话我们也不是好惹的。"一位报道人还告诉笔者,徐高和徐三当时也没有摘下牌匾,但那些人没有砸他们的,因为徐高是村书记派的人,这些人自然不会动他,而徐三在村中兄弟较多,而且在村中是个厉害角色,政府和公司方也不会轻易招惹他们。

地方政府和公司方的负责人表示:原本来村中视察,并计划给予投资的领导就这样被村民"吓跑"了。这种情况人家怎么会把钱投到初溪呢？可见政府方认为未争取到投资款是因为村民的"野蛮"行为。

（三）无力的抗争

面对上述村民与旅游公司和镇政府的诸多冲突，村民也几经上访并信访无数。据报道人叙述，2009年度村民组织三次到永定县上访，一次到龙岩市上访，还有村民写信至福州。上访内容主要围绕水电站导致村民田地荒废、安置问题、分红问题、村财政等诸多问题。但大多数上访所得到的回复是，他们会打电话至县或镇，要求解决，村民先回家等待解决。但村民表示一旦到达县和镇一级，他们就会上下勾结欺上瞒下，问题仍得不到解决。上访最好的一次效果为县领导当场将被上访者叫去与村民对质后要求他们解决问题。但结果还是与上述相同，未得到解决。他们表示每次的上访都比较保密，但还是有人走漏风声，要么有镇领导在半路拦截，劝他们回去解决，要么他们（镇干部或村干部）会事先通知上级领导，预备答复方案。所以几经上访不仅没有解决问题，花费还要村民自己掏腰包，而且政府的几经"敷衍"已让村民心灰意冷。从此村民也不再上访，只有发自内心对政府和旅游公司的反感、不信任和抵触情绪。因此他们也不愿意理会政府和公司的任何规定与规划，干脆不与其合作，还时常与政府和旅游公司发生争执。即使有少数人因"一时糊涂"与政府或旅游公司合作，也会被大多数人的质疑最终导致其反悔。如建停车场的田地征用，至2010年11月为止仍未完成，一些村民同意征，但到签字时又反悔。村民表示："他们总叫派出所进来，有时还将闹事者带出去拘留。但他们叫派出所叫多了，大家也不怕了，我们也学会如何用法律保护自己。"村民认为中央的政策非常好，农民不仅不需要缴税，还能拿到相应补贴，以及其他对于农民的一系列优惠政策都让他们感激不已。而归根结底是县和镇一级政府不得民心，让事情发展到今天的地步，其实大家都非常希望旅游业的发展，但却又无法信任政府，所以将希望寄托在"包青天"的出现。从笔者第一天进村，村民就开始向笔者反映这一系列事情，似乎把我当成"包青天"。

另一方面很多村民已畏惧上访，由于官方的上下及时沟通，被上访者很快知晓上访者名单和信访者姓名。事后会遭遇报复（如60多岁老人被打事件），更甚者还有人拿着武器到上访者家中进行威胁。所以村民表示他们也不再愿意上访，而且县以内领导到村中视察工作，让村民表达意愿他们也无人表达，除非县级以上领导来村中他们才会与其反映村中的事情，这也许才有望解决。否则即使表达不仅得不到解决还有可能遭遇报复。他们直言，受苦的是遭报复者，而那些报复者却从未受到任何惩罚。

三、村民之间

如上文所述，初溪村为行政村，其辖四个不同姓氏的自然村。虽然只有初溪村被列入世界文化遗产名录，但旅游公司的开发也将其他四个自然村纳入范围，只是仍未对其进行任何规划，所以其他几个村落也没有受到任何限制，他们仍然可以建房、建猪舍，至于分红他们与初溪村村民有同等的享受权利，因此引起村落之间的不满和矛盾。随着旅游经济的发展，村民也意识到土楼的经济价值，村民间为了争夺有限的旅游资源而产生的冲突和分歧也相当严重。其实这一问题也可归纳到村落政治的问题中。

（一）村落之间

原本对于分红少，还处处受到政府和旅游公司限制的初溪村民就抱怨连篇，而其他自然村不仅不受限制还与他们分享原本就少得可怜的分红收入。这让初溪村村民觉得不公平。其他四个自然村都位于初溪村东南方向，在溪水上游地带。村民表示上游村落所建的大型猪舍等释放出的污染和其他生活污染同样会影响到初溪。而且世界文化遗产地是初溪，游客观光的是初溪，遭受限制和利益损害的也是初溪，因此所得利益也理所应当归初溪村民所有，目前其他自然村与他们分享所得利益，如购买保险和准备分得剩余部分，而只有初溪村的村民遭受限制，他们自然不赞同。很多村民将原因归属于政治权威上，因为村中的文书是某个自然村村民，而且他与书记为同一战线，在政府和旅游公司方自然也有了发言权。所以很多初溪村民为了不再将村户头中的剩余款分给其他村落，主张用此款在初溪建设公共事业，所谓公共事业主要指在村口建堤坝。原因是就风水观念而言，首先溪底太深且不藏沙，所以村中无做官的大人物也无法留住钱财。其次村口水口处的一条小溪不在初溪村范围内，意味着财源的流失，只有建堤坝将其收进村范围内，村中才会留得住财富才会发达。受风水观念的影响，很多村民都非常急切地希望能建几个堤坝，解决以上问题。同时村主任表示建堤坝后也可以有相关旅游项目，例如在溪中供游客划船等。不仅不损害村落景观且增添旅游项目和收入，何乐而不为？而与村书记和文书同战线的村民主张将这些钱也拿出来分给所有村民(包括自然村),免得多人质疑这部分钱的去向。但由于村主任派与书记派就此事至今互不相让仍无结论,所以目前村户头中的这些款项即无法分给村民也无法用作建公共事业。

(二)村落内部

由于旅游开发处于初步开发阶段,少数村民首先投入旅游业当中获得经济利益,而大多数村民由于种种原因无法投入在其中,只能继续以农业生产为主,所以参与旅游业与不参与旅游业村民之间时有冲突。而投入旅游业当中的村民之间也因争夺有限的旅游资源而发生争执。在他们看来做生意要讲究其中的规则。就以饭店为例,由于各自所处地势不同,大部分饭店老板都会到停车场拉客。因此他们的潜规则是谁先与游客交谈,其他后来者便不再与其争抢,而是去寻找其他客源。而一些饭店老板根本不理会所谓的"潜规则",有的饭店老板诉说:"不讲究'潜规则'的人不管是谁先去拉客,她都会跑去与其争抢,先到者如果与前面的游客交谈,她便与后面的游客交谈,先到者若与男士谈,她便与女士谈。"有些游客会选择其中一家,也有些游客看到苗头不对,便哪家都不去匆匆离开,或选择另外地点进餐。这样一来大家都没有钱赚,自然会引发争吵甚至大打出手。

争楼事件:

> 善庆楼为新加坡华侨徐建善于1979年捐资兴建,因此取名"善庆楼"。建成后他将楼的左半侧分给自己的四个儿子,由于建楼时其几位堂兄弟有功,便将右半侧的房间分给他们居住。当时有字据合同写明这些亲戚有"居住权但无变卖房屋的权力"。2002年其小子徐××从新加坡回到初溪接管此楼,并努力将其打造成旅游宾馆。属于四兄弟左半侧的约20间房已基本完成装修并开始营业。在一楼和二楼外台处建造出较现代化的卫生间、洗浴室和蒸汽房,并设有电脑室与健身房。同时从2002年开始他便执意要求另一侧的所有住户无条件搬出,自己要将其房间改造为宾馆。理由为:"楼是父亲所建,理应他来接管,让这些人居住这么多年,现在主人回来要经营,他们应该无条件让出。"但另一半的住户执意不肯搬出。因为父亲的字据上写得很清楚,他们有居住的权力,所以一场拉锯战便开始了。徐××为了将其他住户赶出,便穿梭于市、县和镇政府之间,但由于字据的存在,至今无法解决。事实上他们都是拱北房的亲人却因争楼事件反目成仇,且时有冲突发生。

其他住户为表不满经常会做一些破坏行为,如损害其设备或砸坏房屋门锁等。徐××也很少与村民交往,而是整天把自己关在房间,当游客来到楼中问询是否有住所时,其他住户便以没有,将游客打发走。宾馆生意较为冷淡,大多数入住的游客是以网上预定的方式入住。楼中的住户和一些村民向笔者透露,"因为有字据在,所以要无条件将住户赶出是不可能的事情,并表示他(徐××)大概有精神病"。徐××与笔者交谈时表示:"父亲以及他自己在村中也做了不少善事,如村中的桥、小学和其他公共事业的投资,但这些村民不懂得感恩,反而现在与他争夺房间,他要用法律的手段将他们通通赶出此楼。"他还指着房间里的半块砖头说:"看,这是他们从窗户扔进来的砖,准备打死我,这些人太野蛮太坏。"为了防止随时而来的报复,他在楼内外,前后左右、几乎所有角落都装上了摄像头。

初溪村居民与政府和旅游公司的关系随着申遗的成功和旅游业的发展,相关利益的变化而波动,从刚开始为"申遗"而整治环境,村民用"为大家,牺牲小我"的行动证明他们认同政府的工作,而且在接下来的工作中也需要政府和旅游公司维持秩序、保护遗产、投资基础(如公路)建设、宣传土楼、进一步发展旅游业,在这些方面,他们的利益与政府和旅游公司的利益相符合。但当地居民作为遗产的创造者和旅游目的地的主人,不仅是当地文化的重要载体,也是当地旅游发展的重要人力资本和景观资源的缔造者。如果他们能从旅游开发中获得合理的利益,则会受到激励,更好地保护、挖掘和传承自身文化,积极促进当地旅游的发展;反之,其出现的负面影响会阻碍旅游发展,对遗产的保护和可持续发展也存在着潜在的危机。

四、小 结

如上所述,根据初溪村利益创造中利益相关者的参与及影响程度,其核心利益相关者分为四类:政府部门(包括中央政府、地方政府和旅游资源管理部门)、旅游景区投资者(如方圆旅游开发公司、福建省客家土楼旅游发展有限公司)、社区居民和旅游者。

纵览这一节,可见无外乎是因利益分配不均而产生的冲突。同时可将上述利益冲突的类型进行归纳,可分为以下几类:

(一)政策执行方面的冲突

首先,政策的执行标准不明确。当地政府仅依据自定的决议(或文件)低价征用当地居民的土地并进行开发,却未做好后续工作。如"安置问题"至今未能解决,导致矛盾的产生和政府的不被信任。其次,对征收的土地往往缺乏正式的合同文本,没有签署包括土地占用方式、额度、期限等重要内容的书面合同。即使有少数签订的书面协议,却未被执行。可见这种缺乏程序公正的补偿协议签订后又缺乏相对公正的监督机制,根本无法保证补偿的及时到位和公平公正,通常的结果是原居民所得费用与失去土地的损失相比微不足道。再者,政府和公司方在执行有关制度时,有时方法不当而导致矛盾的进一步激化,如"60人打砸抢事件"。

(二)遗产归属方面的冲突

当地政府和旅游公司出于对遗产地的保护,限制当地居民和其他投资者对景区的非保护性利用。如建与土楼景观不协调的建筑物,破坏景区原有景观等,而在这一过程中却忽视了居民的基本生活需求。甚至当地政府和旅游公司的一些管理方式已经损害或影响了村民的正常生活。由于国家权力的实行,导致了当地遗产创造者和继承者的"失语"现象,而"认领事件"和"集庆楼租赁纠纷"等事件,正是当地居民反抗这一"失语"现象的具体表现。

(三)资源开发方面的冲突

由于当地政府与居民之间产生的种种冲突,导致目前相关政策在当地失效,因此资源无法有效开发,旅游发展缓慢和少数破坏遗产的现象。如一些居民不顾政府的禁止,而私自搭建猪舍或房屋等。

(四)经济利益分配方面的冲突

一是由于失地补偿引发的冲突。处于强势地位的政府部门征得土地、山林以及收购当地居民土地使用权而对其补偿较低。二是拆迁安置不到位,导致景区投资者与当地居民的冲突。三是景区投资者与当地居民由于景区经营业务引发的冲突。

那么初溪村核心利益相关者利益冲突产生的原因可归纳为:

从以上对"世遗地"初溪村的旅游发展中主要利益冲突的分析,我们可以从中探究出引发这些利益冲突的主要原因。从根本上说,初溪村主要利益相关者之间利益冲突的产生是因为各主要利益主体对利益的最大化追求。当地政府希望在初溪资源保护和合理利用的前提下开发景区,但由于缺乏有效的监督机制和种种原因,其他利益群体的利益被忽视,导致其动力和最基本的权威被削弱,以至于无法再有效地号召和执行进一步规划。而旅游公司出于能获取更多的经济利益回报,希望垄断景区的经营业务;同时当地居民也有分享旅游活动带来的经济利益的强烈愿望。不同的利益相关者具有不同的目标,导致各利益相关者在利益分配中为了各自的利益最大化而不断产生冲突。从景区当地政府、旅游公司、当地居民和旅游者之间利益冲突表现形式看,相互的矛盾和冲突根源在于:一是利益相关者间权力职责的不明晰;二是当地居民的利益需求未得到平衡;三是景区利益创造和分配过程中监督和保障机制不健全。只有尊重和实现各利益主体的利益需求,处理好这些核心利益相关者间的利益分配均衡,景区才能获得持续稳步的发展。满足和均衡各利益主体的利益需求,需要合理有效的利益分配机制。

第五节 "世遗"对地方政治的影响

从村民与政府、旅游公司之间诸多矛盾所产生的紧张关系到村民的无力抗争,不难看出村民在"世遗"的利益分配中无疑是弱势群体。本应是核心利益群体的村民,现在却遭受到损失。但"世遗"的影响不仅仅停留在此,而是进一步对初溪的村落政治产生影响。

就目前的村政而言,村两委之间出现相互对峙的两派现象。他们背后所支持的力量各不相同。村党支部书记(以下简称书记)拥有老书记、镇政府与旅游公司的支持。而村主任拥有大多数村民的支持,在书记派眼里,现任村主任与其带领的村民是"闹事者",是初溪村发展的绊脚石。是这些"闹事者"的不断上访和争吵,导致上级不肯将资金投入初溪,也因这些"闹事者"的不合作,致使初溪至今无任何发展。本章将从书记派的"一手遮天"演变至书记、村主任两派对峙的过程和其背后所支持的各方力量,以及他们之间的相互评价来试图以事例说明"世遗"给初溪带来的村落政治方面的变化。

一、书记派"一手遮天"时期

首先须介绍初溪"申遗"以来的村落政治背景。2003年至2008年的两届村两委都是徐A任村书记(村民称其为老书记),徐B任村主任,一方面他们俩是亲家,自然做事非常合作,另一方面他们已在村中形成一手遮天的趋势,尤其老书记至今被村民称为"土霸王",遇事以拳头解决而出名。被他打过的村民不少,村民对他的评价几乎贬多过于褒,称他是村中最霸道最坏的人。2008年,徐A由于动手打了镇干部而被免职。至2009年换届为止,徐B担任代理书记,徐C担任代理村主任。但3个月后徐C辞职,这期间徐B既是代理村书记同时也是代理村主任。2009年换届选举时徐B被正式选为村书记,而徐为民通过重重难关,任村主任。这其中还有一个重要角色即村文书——陈O。所以上述集庆楼的30年租赁合同,以及将要阐述的水电站建立和农田补贴等事件都是在徐A、徐B和陈O这三位村干部时期所发生的事情。但经核实,农田补贴之事徐B并未参与。当然在村民眼里每一届的村两委,尤其自初溪的"世遗"规划期至今(除2009年上任的徐为民以外),都在这过程中捞了不少钱。自然书记派也指责徐为民偏偏在这个时候(初溪被评为世界文化遗产后)回到初溪,争做村主任,目的也是从中捞钱。

（一）水电站的影响

水电站是徐A徐B任书记和村主任时期所建(约2005年)。当时也是在徐A的大力支持和帮助下,徐B才将水电站建成。据了解水电站也有某些镇干部的股份,但最终徐A却未得到任何股份,这其中的内幕不在笔者叙述范围,只是将其背景加以描述,以便下文的阐述。水电站的建立给村民带来很多不便和诸多矛盾。因为水电站将灌溉用的溪水都拦截到站内蓄水发电,只有每天早晨8点开始放几个小时的水给村民灌溉田地。平时有一点水流下,但根本不够村民灌溉田,村民为了争夺水源也时常发生争执。很多村民不得不守夜灌溉田地,而且离水电站远的田地根本无法得到水源。因此这几年来致使很多农田被荒废。所以村民就此事向上级政府上访,结果是命其关掉一个水渠放行水,供村民灌溉,同时听说徐B被罚款两万元。但村民表示:"罚没罚我们也不知道,但水渠的水仍然没有放行,因为事情又被推到镇一级解决,而镇领导也有股份,自然不给予解决也是预料之中的事情。"2010年度雨水较充足,所以关于水电站的争吵才明显减少,而面对那些荒废的田地,村民表示,只能自认倒霉。

(二)农田补贴问题

2004年起国家实行种粮补贴政策①,即对种粮农民实行直接补贴。2010年在下发中、晚稻磷酸二氢钾补助表中发现徐A与陈O两户各有近200亩田。其他村民一户不过五六亩而已。据表格显示他们是将这么多的田分别写在妻子、几个儿子和儿媳妇名下,上级不知道他们的关系,自然无从发现。而往年是他们几个人一手操办,村民也就无法看到类似的表格。

徐为民上任,使其理所当然的插手村中的各项事物。在发放肥料时徐为民便看到徐A和陈O全家人的名字都在名单上且相加近200亩的田地,同时如上所述初溪为单姓徐氏村落,而名单中竟然有陈姓的出现,更让人不得不追其原因。到此,此事才得以曝光。据报道人叙述,他们这么多田的来历为:(1)克扣其他村民的田。即在登记村民田地亩数时便做好手脚。如将村民1.2亩田,记录为1亩。(2)20世纪90年代政府鼓励村民开荒,当时开荒一亩地上级补贴200多元,很多村民还仍然保留着"开发耕地申请审批表"。即这些开垦的农田同样应得到补贴,但这些人恰恰钻了这个空子,将这些田的补贴神不知鬼不觉的塞入囊中。全村田地为2222亩,加之开荒土地为2479亩。而他们一直给村民补贴的是2222亩的款项。由于补贴款项每年直接打入每个村民的户头,而且有些村民兄弟之间又分田,如互不沟通,根本无法知晓总亩数。所以很多人也根本无法知道自己领的具体是几亩田的补贴,而国家按名单的亩数拨款,所以前几年他们做的可谓是天衣无缝。此事曝光后引起村民一阵喧闹,村民向镇和县政府不断要求解决,而一些镇领导接到村民举报电话便直接挂断,引起村民的愤怒。在村民看来"到了这个地步,真凭实据都在眼前,还要包庇",所以村民仍然不断举报。而这两位主谋也因此对徐为民恨之入骨。徐A仍保留原作风,几经半路拦截徐为民准备对其实行暴力,但在村民的庇护下并未得逞。笔者离开田野点后,报道人告知笔者此事已得到解决,陈O已被免职,并命徐A和陈O返还这些款项,款项可能会被返还到镇政府,但仍未到村民手中。文书一职的空缺

---

① 从2004年起,国家开始陆续实施种粮补贴政策,目前的补贴类型有:农资综合直补,种粮直补,水稻良种补贴。根据不同情况,补贴标准每年有所调整。

目前也成为村民议论纷纷的焦点。书记和村主任两派自然都想派出自己的兵马,但结果还未揭晓。

二、书记村主任的两派对峙

在讨论初溪村书记和村主任的两派现象之前,先让我们理清镇党委、村支部与村委会三者之间本应遵从的关系和在村落事物中的角色性质。首先村两委会称两委联席会议,是指农村党支部(简称支委会)、村民委员会(简称村委会)这两个组织的成员,在村级重大事务决策和管理过程中,定期或不定期的沟通情况、商量事情、安排工作,特别是就村中重大事物拿出初步意见的经常性工作机制或工作制度(詹成付,2004:219)。村党支部接受乡镇党委的领导,服从乡镇党委的安排与要求,乡镇党委与村支部是上下级关系,即命令与服从的关系。村党支部是乡镇党委在村级的代理人。村民委员会由村民直接选举产生,对村民负责,因此村委会与乡镇政府是被指导与指导的关系,而非行政命令关系。村支部与村委会之间领导与被领导的关系(赵红梅,2008:172)。

昔日村民几乎不关心谁做村两委,因为对他们来说谁当都不影响他们的生活,所以村民们参与选举投票的热情也较低。但随着"世遗"和旅游开发,以及如上所述诸多的矛盾已牵扯到村民的切身利益。随之村民的认知观念、价值观念也产生变化,他们再也不愿意忍受书记派的"一手遮天",认识到手中的选举票正是他们为自己利益一搏的最好方式。所以村民为了与书记派的"霸权"抗衡捍卫自己的利益,村民决定选出一个能代表他们利益的村主任。这在村民的三年一届的换届选举中体现得淋漓尽致。

(一)2009 年村民选举

《村民委员会组织法》第十一条规定:"村委会主任、副主任和委员由村民直接选举产生,任何组织或个人不得指定、委派或撤换村委会主任。"由此可以看出村委会成员的结构实质上是全体村民意志的体现。而在这里要提及此次选举的意义在于这不仅是村民意志的体现更是村民与书记派斗争开始的体现。在这次选举中徐为民如大多数村民所愿,被选为村委会主任。据他自己和村民讲述,他已在外打工 20 余年,2009 年是村民将其叫回村中拥护其做村主任的。一个在外 20 多年的人,为何在村中仍有如此高的威望,能够得到村民如此高的信赖?如上文所述,初溪村的徐氏主要是肖东、耀西、拱北三大房的后代,其中耀西房的人数最多,约占全村人的一半以上,而徐为民是拱北房的人,其人数在村中较少。如果按农村家族势力比拼来进行选举的话,作为拱北房的徐为民不可能胜出。而另一位竞选者徐×正是耀西房的人,其背后理应支持的人数是最多的。但事实并非如此,因为徐×的背后的支持者是书记派,因此村民明确知道让徐×上任意味着书记派的继续一手遮天。而据笔者了解,村民支持一个20多年未在家乡的徐为民作为村主任的原因在于:一、村民认为,他在外闯荡多年见识广。具体表现为在几次事件的处理中,村民觉得他讲话有道理,能使人信服,是一个能为村民主持正义的人。二、村民表示他是村中为数不多的敢做敢当,敢于与书记派对立的人。就村中这几年书记派一手遮天的情况而言,急需一个这样有正义感,敢作敢为的人站在村民方为群众着想,捍卫群众利益。当然要冲出书记派的关卡成为村主任也不是一件容易之事。从下述村民选举的过程可以充分体会到村民对于书记派的抵触以及给予徐为民的期望,促使他们尤其慎重的投下自己神圣的一票。在大家的努力下,最终实现了愿望。

2009年7月2日为村民选举日,许多在外地工作的村民回到村中参加选举,其大部分人的来意是帮助徐为民。据说在投票前,老书记徐A声称:"轮谁当村主任也轮不上他徐为民当。"指的是拱北房的人少,根本没有实力与其他两房相比,同时也意味着向徐为民宣战,激起村民的愤怒。村民表示书记派的竞选者当时还花钱买小村庄的很多选票,而徐为民根本未花一分一毛,从外地赶回来的村民都是自己花钱,为的就是选徐为民当村主任。选举进行了两次,村民怀疑第一次的选举票箱被做了手脚,所以一致抗议将其作废。第二次在双方的监督下再次进行投票,但投票结束后书记派和镇政府迟迟不肯开箱,在两派人的护送下将票箱放置在学校教室,为防止作弊,村民已将学校围得水泄不通,直至下午2点看到村民的不肯妥协,镇某领导才不得不下令开箱。结果是徐为民的票数远远超出徐×的票数,被选为当之无愧的村主任。村主任的人选已敲定,但政府和书记方仍然不肯交出村委会印章。村民一再抗议,集体去往镇政府追要印章,在外打工的人也不断电话追踪。村民表示再不交出印章,"十一"黄金周将关门禁止旅游。直到九月底,村主任才拿到印章。

(二)村民与村书记派之间

直至2010年10月12日,笔者已来到初溪10天有余,还未能拜访书记,虽然几经到其家中拜访,但都未能见面。听说,书记徐B在离村不到两公里的水电站旁搭建养殖兔棚,再加之由于殴打村民事件还未了结,忙的无法分身。所以当天一位村民载笔者到村书记工作的地方拜访。见面后我便表明来意,希望提供一些资料和讯息等。书记也对笔者表示欢迎,并询问在村中是否习惯,以表关心时他说道:"我们这里很好哦?漂亮,空气好。"我说:"是啊,这里太美了。"他接着说:"我们这里山好,水好,就是人不太好哦。"我急忙回答:"不会,挺好的,人也好。"我接着半开玩笑地说:"即使真的不好我也不敢跟您说不好啊,您是这个村子的书记,还不带领全村人将我赶出村庄?"就这样以开玩笑的方式结束了这段谈话,初次见面笔者并没有问为什么他有这样的表述。但从他的话语中不难听出他对村民的不满与村中的不和谐状态,也正好印证了村民与笔者谈的那些矛盾的真实存在。在与书记不到半个小时的谈话中,当问及村民为何不支持旅游业这一问题时,书记表示:"首先是农村人没见过世面、见识太短、头脑不太清楚。至于作为村书记该宣传的宣传,该开导的开导,是自己分内的工作已尽职尽责,但村民仍然不理解,不合作,我也没有办法。"再者,他没有明确说是什么原因,只是笼统的表示是各种原因造成了今天的局面。也许是无太多时间与其交谈抑或是书记对笔者有所防范,就这样结束了第一次谈话。

在一次争执中,村书记徐B父子殴打了村中六十多岁的徐××。据村民表述徐××是村中性格较直爽,敢说敢做的人。就村民对于村中各款项的不明去向早已议论纷纷。2010年7月3日徐××去往镇政府揭发书记徐B的贪污行为。其主要追踪3笔款的去向:一是2009年徐为民上任,书记徐B不肯将印章交给徐为民,之后在村民和上级的压力下才不情愿的交印,条件是用财政户头交换。当时村财政户头中仍有款项,但之后户头中的款项却不见踪影。二是"申报"世遗期间,公路硬化时的一些款项不知去向。三是很多村民反映,初溪村作为革命基奠村,上级有各项补贴(其他村都有),如自来水补贴,村中安装电话补贴等等,但至今根本未落实到村民手中。这些款项到底去了哪里?所以当日徐××出于明确掌握事实的当事人,便到镇政府进行揭发,政府的答复为尽快查实并处理。村书记徐B知道徐××的揭发后大怒,带儿子在村学校草坪处等待徐××回来。徐××回到村中在学校草坪处便被徐B父子拦截,还未来得及下摩托车,父子俩便迎面而上打了徐××两耳光还将其摩托车踢倒在地。徐××不服气与他们理论,并准备回家拿武器与其打斗,不料还未到家门口便遭徐B迎头一铁棍打倒在地,鲜血直流。随后救护车将其送往镇医院,医院未接受,又送往县医院治疗几天后转往龙岩市医院治疗数天。笔者在当地做调研时徐××已经回家修养,但已无劳动能力,行走不便须拐杖辅助。至今村书记徐B父子未被追究法责任也未对徐××进行任何赔偿。徐B称自己是正当防卫,并在村中找了相关证人。徐××也几经向镇派出所要求给予解决,但均无回应。所以老人准备起诉徐B,且申诉书已草拟完毕,可以从申诉书上看到其他村民作证的签名。但老人表示,很多村民根本不敢签字,怕遭报复,老人也理解,对于书记派在村中的横行霸道老人也无可奈何,村中没有势力的人根本不敢与其作对。就老人与其他村民向笔者透露,目前村中很多人已不敢再抱怨,谁抱怨谁会遭殃。有的村民说:"在村中,书记徐B兄弟五人且都在家,所以他们人多势众,拳头也大。而在外,书记与县和镇的领导关系好,上面会包庇他也是情理之中的事情。"所以村中流传一句话:"书记打人不犯法,村民反映会遭殃。"

可见,书记派主要有镇政府的支持,而村主任派的支持者为大多数村民,因此书记派部分人在村中比较大,加之一些人是旅游公司职员,又有了旅游公司的庇护更是在村中无人敢惹。2009年×月×日,村中一位妇女在村口摆摊卖货,公司保安(书记派人)不准其在此摆摊,妇女未理会,争执中保安父子对妇女大打出手,之后送往医院经确诊为脑震荡。事后经过旅游公司的处理给予妇女1200元的医疗赔偿后了事。所以虽然村中很多人对这些人极度不满,但又奈何不了他们,只好避而远之。

(三)村主任目前的处境

村主任徐为民是一个比较健谈的人,笔者与其交谈过几次。在交谈中他多次表示,初溪土楼被评委世界文化遗产,是全村人的骄傲。这么好的地方需要有人建设,而他作为一个土生土长的初溪人有责任建设家乡,也有责任带领村民一起富裕。他表示如果全村人都富起来了,作为村干部的没有理由不富裕。而村庄目前的情况是利益原本就很少,如果作为村干部都想着自己,自然引起村民的不满而影响今后的发展,因此必须寻求一个平衡点来激发群众的热情,即利益平均化,尽可能减少利益冲突对发展的阻碍,言语中矛头直对书记派。所以他也不避讳谈到自己带领村民对分红不均、村财政出现漏洞等一系列事件的信访、上访。他表示需要一个人带领村民来捍卫大家的利益,只有这一系列问题得到解决村民的怨恨和不满才会消失,也只有这样村民才会心甘情愿地与旅游公司合作,初溪村才有发展,才有更好的未来。在旅游开发方面他表示也争取做一个好的带头,政府征地他首先表示支持并先从自己的亲人开始做工作,对于冥顽不化的村民他也竭尽所能的进行开导,如果村民认为他说得有道理,是为大家着想的话自然会信服。

对于村民与镇政府、旅游公司之间存在的矛盾,笔者也向镇政府以及旅游公司的有关负责人进行了解。从中可以听到他们如何看待这些矛盾,以及他们认为引发这些矛盾的原因所在。最直观的既是他们对村主任徐为民的评价,因为上文已指出村主任徐为民拥有大部分村民的支持,在一定程度上他可以代表村民的意愿。有关负责人谈道:"村主任徐为民太过于自负,说自己最热爱土楼,最懂得如何建设家乡土楼,自认为没有他,初溪就无法建设。他认为自己提出的意见是最适合土楼建设的,我们就应该采纳,如果不采纳就带领村民抗议,与政府和公司唱反调。关门事件、集庆楼租赁纠纷、上访等事件接连不断,这些都是他所带领的'成就'。"所以镇政府和公司方认为是因为这个村主任的上任,才将原本非常和谐的村庄变成现在这个充满矛盾和危机的局面。他们一再强调:"要发展必须要有一个好的领导班子带领全体村民,而目前村中的领导班子之间起内讧,根本没有以和谐发展为目标考虑大局,又如何领导全村人一起发展,也是由于徐为民的带领让村民有了错误的认识,任何事情都要通过集体抗议才能达成心愿,即村中没有利益自然平静,一旦有利益的气息,村民便开始闹,造成村中目前的不和谐状态。因此就目前的情况而言,上级政府(县、省级)也对初溪的建设没有信心。对于上级政府而言,在永定县可以投资建设的不是只有初溪土楼群一个,还有很多。村中的状况导致上级无法进行投资建设。"他们还表示:"村主任徐为民说得很好,他自称回来是为家乡建设做贡献,那是表面上的说辞,要贡献为何以前不回来贡献,而偏偏选择初溪被评为世遗后才回来建设,并争夺村主任的位置,说到底还是利益的驱使。"从上述对村主任徐为民的评价来看一直以来镇政府和旅游公司对村主任都不认可,因此上述徐为民被选为村主任后政府和书记方不肯交印章,直到目前为止徐为民仍然处于无实权的"被架空"状态都是有其原因所在的。

事实上无论初溪村村民方、镇政府或旅游公司方都有一个共同的目标,即发展初溪。但发展必须要得到镇政府和旅游公司的支持,即建设,同时也要得到当地村民的配合。所以从上述书记派与村主任派的对峙状态可以绘出各方关系模拟图形来表述他们之间的关系(如图 4-12),即上级有款项愿意投入初溪的建设,这条路线本应该是单向的良性循环,村两委本应是齐心协力作为政府与村民之间的连接。但目前却各树旗帜,各有后备军,互不相让。政府与公司方与村书记为同一条战线,自然遇事相互沟通,但由书记传达到村民的层面时遭遇不理会或无情地反对,自然无法实行。村主任目前在村中有一定的号召力,但由于书记与村主任是绝对的对立,他们的意见也截然不同,也代表着镇政府对村主任的排斥,因此导致链条的断裂。而作为直接投资建设者的上级政府,需要通过镇政府这个纽带来了解初溪的情况才能给予投资建设,如果听取镇政府的意见对初溪进行规划,会遭到村民的抗议,例如上述的 60 人进村打砸事件造成随后进村视察的省级领导遭遇村民拦截事件,即作为纽带的镇政府未能处理好与村民的基本问题所导致的失败。而村主任和其带领的村民的意愿又根本无法被上级接纳和传达。由于上述一系列环节无法环环相扣,两条线路都不畅通,导致工作无法进行,上级有意愿投资建设却投不下来的一个原因。

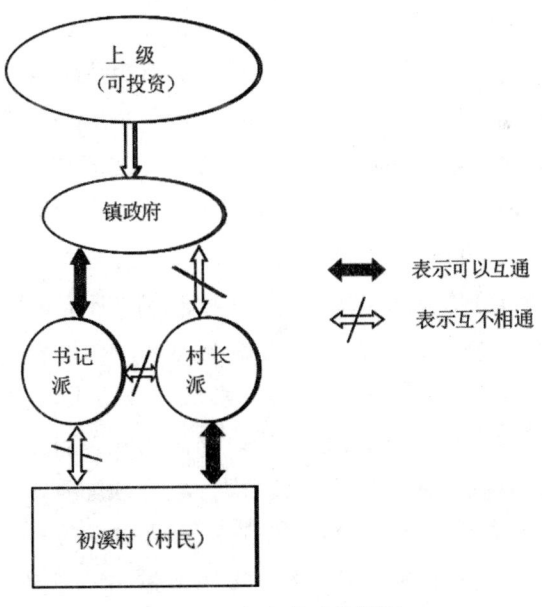

图 4-12　各方关系模拟图

三、小　结

从初溪目前的村落政治可以看得出,村民、村两委会、镇政府乃至县政府和上级政府之间并不是简单的科层化控制与被控制、命令与被命令、管理与被管理的关系。如上所描述的镇政府、村两委以及村民之间所出现的诸多问题既反映出各级权威"申遗"以来对村落的影响,以及各级权威在具体运作中的复杂性,也表现出新时代农民对权威的新认识。他们为了维护自身利益想方设法与"横暴权威"对抗,无论最终成功与否都使初溪的权力网络不断发生变迁,应对着现代村落对权力权威的新要求。更确切地说,"世遗"已对初溪的社会稳定和人际关系造成深远的影响,应唤起社会各界的关注。

同时,从上述村民在"世遗"的冲击下,所做出的各项反映的表现,可以折射出更为深层的文化内涵。即作为社会底层的农民群体随着改革开放,随着经济发展其某些深层的文化也在不断变化。首先,以乡土情结为内涵的文化影响减弱。乡土情结主要表现为熟人社会、安土重迁、人情世界。但随着社会的发展,农民外出打工的增多这一文化内涵已经逐渐减弱。例如初溪村在外打工的村民基本不愿参与村中的是非和利益争夺。而且这样的现象在年轻人中尤为明显。即使60岁老人被村书记殴打之事,其儿子也不愿过多参与,只是父亲在医院时照顾几天,便又出去打工。至于老人要上诉等都是他自己在操办。由于各种矛盾的产生,村中几乎无处不在讨论是非,但笔者观察到其中基本没有年轻人的身影,而笔者有意与一些年轻人问询这些是非时,他们几乎都表示:"不愿参与,太复杂,还是外出打工赚钱比较省事。"其次,以等级观念为内涵的文化影响逐渐减弱。农民经济上的主体地位,促进了他们平等、自主、独立意识的形成。政治上,村民自治的选举对农民群体平等意识具有一定的促进作用。随着农民在村落选举与依法抗争中参与度的提高,这些历来老实巴交的"顺民"、爱顶撞权威的"刁民"正在被塑造成民主社会所需要的公民。再次,随着社会的发展,对农民而言,安分守己与逆来顺受的文化影响逐渐减弱。农民通过主动地努力争取美好的生活。他们正用不同的方式维护着自己的权力,从"日常抵抗"到有组织的"合法抵抗",这既是他们权利意识提高的表现。它与农民安分守己与逆来顺受的文化观念的转变有关。当然,由于农业经济的相对落后,文化的滞后性等因素的原因,安分守己与逆来顺受的文化观念的影响仍在许多农民身上有所反映。农民文化观念演变呈现复杂性。最后农民坚韧不拔、刚健有为的文化内涵逐渐附上了功利的进取心态，这体现在他们务实的经济观念上，也体现在他们顽强的生存与发展能力上。

第六节 结 论

由于联合国教科文组织的话语权威以及国家所行使的权力太大，导致文化遗产的"他者化"伴随遗产地社会的"失语"现象，这也同时决定了地方社会及地方民众在当前的遗产保护事件当中的"失语"状态和利益分配中的弱势地位。本文首先通过对初溪"申遗"规划过程的描述和村民参与旅游业的情况来肯定政府的"申遗"工作和旅游开发的美好初衷。这些工作无疑给当地社会带来诸多好处。如村民生活水平的提高、交通的便利、认知和价值观的提高等。其次，"世遗"也给初溪带来消极影响。由于地方民众处于被言说的"失语"状态，作为遗产的直接创造者和继承者，是与遗产息息相关的"地方利益主体"（龚坚，2010：153），他们势必会做出自己的回应，这些回应造成地方民众与政府、旅游公司之间的诸多矛盾，致使旅游发展停滞不前，而且进一步影响至村落内部，引起了村民之间，村民与村两委之间的紧张关系以及村落政治与权力关系的变迁。这些也造成了遗产地社会的动荡与不和谐。因此，"世界遗产"这个头衔对于遗产地而言，无疑是一把杀伤力很强的"双刃剑"。

社会学中的社会交换理论认为，人类的一切行为互动都是为了追求最大利益的满足。对于世界遗产地的核心利益相关者同样如此，人们会寻求一切方式来实现自身的这些主要利益需求。当某方利益需求受到损害时，利益冲突就会出现。因为利益博弈的各方，都是站在各自的立场上据理力争，尽管都有一定的道理，但是，仍然是有失偏颇，所以需要通过理性分析来加以解释。利益博弈是客观存在的，任何社会主体都是利益群体，而且，几乎所有的利益主体对于利益的追求都是欲罢不能，多多益善。因此需要有个缓冲地带和相关措施。

（一）利益相关者之间建立良好的沟通机制

初溪自被评为"世界遗产"之日起，便有了若干个利益主体。而且这些利益群体之间不能是相互独立的,而是要相互协作,成为一个整体,才能将这份遗产保护并传承。而有着主导权的各级政府也必须要考虑到各利益主体的相关利益,尤其是作为遗产创造者的地方民众的利益诉求,否则便会产生一系列矛盾和冲突。因此要先建立一个良好的沟通机制,是良性发展的首要任务。

(二)加强利益相关者之间的协作

每个利益相关者都有各自不同的利益需求,因此也应该注重培养各利益主体的利益观,加强他们之间的相互合作。如果没有较高的利益观的话,就不会有效合作,如果大家都没有大局意识,只局限于各自的眼前利益,那么作为整体目标的各方获得利益和保护文化遗产也将化为泡影。做到相互协作,相信初溪的发展也不会是停滞不前的局面。

(三)建立有效的利益相关者行为监控机制

每个利益相关者的利益需求不同,因而在初溪的开发与规划工作中,存在着诸多利益冲突。如一些协议的未履行、一些人在当地政府和旅游公司庇护下的不当行为造成的整体利益损害。因此从维护利益相关者的利益出发,必须建立有效的行为监督机制,通过对利益相关者行为的监控使每个利益相关者的利益目标与整体目标一致,排除一切可能出现的问题,为当地的进一步开发和运行创造一个良好的环境。

中国乡土社会的单位是村落。那是"面对面的社群","是生于斯长于斯"的地方,也是"地方知识体系"成就之所在,当然也构成了"遗产"的重要依据。它是民众的生存之本和"命根",是"地方动力"和"草根力量"的基本表述(费孝通,1998:58-60)。如果这一主体的村民对自己的遗产出现"失语"的话,"文化遗产"的意义也将荡然无存。所以文化遗产保护需要地方文化持有者认识到遗产具有维系集体记忆与族群纽带的重要价值;同时,需要提醒代表着国家利益的地方政府和旅游公司在保护与开发过程中重视地方文化持有者的情感参与,在现代文化遗产保护之间建立平衡关系。总体来看,我们需要改变政府原有的保护模式,重视地方文化持有者的保护实践,使我们对遗产的保护方法更丰富、更关注草根文化的力量。只有这样才能做到遗产保护与可持续发展的"双赢"。初溪土楼群这一神奇的人类文化遗产的发展值得我们期待。

附录一

集庆楼与"九宫八卦"

集庆楼,按中国传统文化《易经》中人天合一的哲学思想及形式构建。内藏八卦(天干地支排列对应)、九宫(祖堂为中宫)、七十二河洛(72道楼梯);外有九星(九个瞭望台)镇煞避邪。正所谓"水火齐全、阴阳相配;外圆内方,刚柔相济",且依山傍水,布局十分合理(如图4-13所示)。

集庆楼的大门之所以坐南朝北,也是依据五行(金木水火土)来定位的,因山势坐南朝北,倘若楼门朝南必将遭受山风袭击,而"开门见山"则视野狭窄,极不利于人的生活。

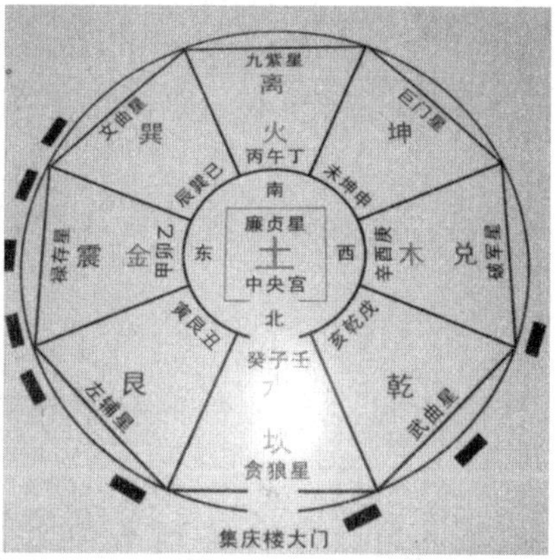

楼里为何不挖水井

集庆楼的大门属"水位",加之楼外双溪并流,按"五行"之说,过多的水势必然"沉靳、浮木、灭火、冲土",故楼内不挖井,以免遭来灾祸。

集庆楼为何设九个瞭望台

古代军事家利用"八卦九宫"排兵布阵、抵御外敌。《周易》学说为"九星护卫、镇宅避煞"。同时,登高望远已发现目标,以抗击来犯之敌。至于瞭望台为何按正东六、西北四排列,目前仅有因地制宜南面多靠山一说。其中奥秘还望过往高人指点迷津。

图4-13 楼址为何坐南朝北

自然界的万物都出在一个彼此依存,相互制约的体系中,有道是:

金生水、水生木、木生火、火生土、土生金;

金克木、木克土、土克水、水克火、火克金。

附录二

2009年12月30日签订的最终修改协议

协议书

甲方:下洋镇初溪村集庆楼全体楼主

乙方:福建省客家土楼旅游发展有限公司

为了有效利用和合理开发土楼旅游资源,甲方同意将集庆楼租给乙方,经双方协商,签订以下协议:

一、时间:2010年1月1日起至2024年12月31日止。

二、范围:集庆楼一栋及天井、走廊、门厅、议事厅等属于该楼的公共用地。

三、租金

1.没过渡房的房间租金为每间每年180元,共263.5间,计人民币47430元。

2.有过渡房的房间每间每年人民币150元,共8.5间,计人民币1275元。

3.猪舍、牛栏位租金为每个每年人民币120元,共62个,计7440元。

4.议事厅等楼内公共场所及楼外垂沿滴水以内租金为每年人民币2000元。

5.以上四项金额总计为每年税后人民币五万八千一百四十五元整(￥58145),此后每满三年租金在原有基础上上浮10%。

四、付款方式

每年元月31日前给付当年租金,由集庆楼楼主代表统一领取并发放。

五、权利和义务

1.甲方应自觉接受文物主管部门的指导、监督、管理、切实保护好土楼、附属建筑以及所属保护范围内一切历史原貌,不得随意拆除和改建现有建筑物。

2.乙方应爱护甲方财产,如因乙方原因造成楼院损害的,由乙方负责修复。

3.有过渡房的楼主和公司先预付十年租金的楼主与公司原签订的合同期满后,由乙方负责协调。

六、违约责任

1.甲方不等以任何理由阻碍乙方经营,否则造成的损失由甲方负责赔偿。

2、乙方应按时交付租金。若3月份未支付当年租金,乙方每超过一个月就付给甲方当年楼租金百分之五的补偿费。

七、免责条款

房屋因地震等不可抗拒的原因导致楼体损坏和造成楼损失的,双方均不承担责任。

八、本协议自双方签订之日起生效。

九、本协议生效后,原下洋镇初溪村委会与永定方圆旅游开发有限公司于2004年9月14日签订的《协议书》和2005年10月1日签订的《补充协议书》终止执行。

本协议一式三份,甲、乙双方和下洋镇旅游管理办公室各执一份。

甲方:下洋镇初溪村集庆楼全体楼主(签名)

乙方:福建省客家土楼旅游发展有限公司(盖章)

代表人(签名):

2009年12月30日

附录三

永定客家土楼申报《世界遗产名录》环境整治房屋拆迁补偿安置协议书

拆迁实施单位：下洋镇人民政府（以下简称甲方）
被拆迁人：徐某某 （以下简称乙方）

因永定客家土楼申报《世界遗产名录》环境整治建设需要，甲方根据"永定县客家土楼环境政治拆迁安置管理办法"等文件，决定征用拆除乙方 处房屋以及其他建设物、构建物，经双方协商，特订如下协议。

一、拆迁房屋的各项补偿费用：
甲方拆除乙方房屋占地面积 25 平方米，房屋总建筑面积 72.04 平方米，合法占地面积_____平方米，按文件规定给予下列补偿：

（一）房屋补偿

序号	结构	建筑面积（平方米）	等级	补偿单位（元/平方米）	金额（元）
1	砖混	59.26	1	160	9481.6
2	砖混	12.78	2	130	1661.4
合计	壹万壹仟壹佰肆拾叁元整				

（二）其他附属物补偿灶 50、电表 100、电话 180 （￥308 元）。
（三）经批准的合法土地使用面积补偿_____安置地占地面积_____平方米，由_____方支付人民币_____元整。
（四）甲方同意按乙方 11 人，按每人每月补助过渡费 20 元，按一年计算补助 2640 元。

（五）甲方同意按乙方家庭人口　11　人,按每人一次性补助搬家费 50 元计算,计 550 元。

（六）甲方同意按乙方主房拆迁建筑面积　2　元/平方米计算,补助拆运功补贴 644 元。

以上（一）～（六）项补偿共计人民币　壹　拾壹　万　肆　仟　柒　佰　捌拾伍　元整(￥114785 元整)。

二、拆迁安置办法：

安置方式为二种:自行安置和集中安置。

（一）自行安置:甲方鼓励乙方按合法使用面积每平方米 30 元,计　　　　平方米,元;土楼建筑鼓励按建筑面积计算,砖混 90/平方米,计　　　　平方米,元;砖木 60/平方米,计　　　　平方米,元;土木 50/平方米,计　　　　平方米,元;自行安置奖励人民币　拾万仟佰　元整(￥　　　　元)。

（二）集中安置：

1."三通一平"由甲方负责实施,室内水电安装等由乙方负担。

2.按先拆迁先安置的原则,凡在规定时间(2009 年 9 月 10 日)内自行拆迁的先安置,否则另行安置。

3.根据意愿,拆迁户以户为单位或以 5 户以上,联合基建小组为单位,采取抽签形式确定宅基地。在规定时间内完成安置基础(含地牵梁)建设,按基础占地面积每平方米奖励 20 元,计　　　　平方米,元。

4.基建形式以拆迁户联合统一组织基建,建设部门提供技术、质量监督服务、乙方必须按甲方统一规划兴建房屋,不得随意改变规则。

5.附属用地以户为单位采取抽签形式确定附属用地,每平方米地皮收取成本费 40 元,计　　　　平方米,元。

6.主楼建筑奖励按楼建筑面积计算,砖混 60/平方米,计　72.04　平方米,4322 元;砖木 50/平方米,计　　　　平方米,元;土木 40/平方米,计　　　　平方米,元。

集中安置奖励合计人民币拾万肆仟叁佰贰拾贰　元整(￥104322 元整)。

三、拆迁期限及有关规定：

乙方必须在 2009 年 9 月 10 日前拆迁完毕,在规定时间内拆迁完毕的给予奖励,否则不予奖励。

四、付款方式和期限：

（一）本协议签字 10 天内,甲方一次性付给乙方补偿金总计（大写 <u>壹拾壹万肆仟柒佰捌拾伍</u> 元,￥114785 元整）。

（二）在规定时间内完成拆迁的,奖励金在完工后 3 天内一次性付清。

（三）基础建设（含地牵梁）奖励金在完工后 3 天内一次性付清。

五、违约责任：

（一）乙方未按本协议约定的期限拆迁完毕,甲方有权取消奖励金,同时每延期一天,应按总补偿金的 0.5% 支付给甲方违约金,同时给予强制拆除并收取拆迁费。

（二）甲方为按本协议规定的期限给乙方各项补偿金和奖励金,每延期一天应按未付补偿金和奖励金的 0.5% 支付给乙方违约金。

六、本协议一式三份,甲、乙双方各执一份、县申报办存一份、经甲乙双方法人代表或委托代表人签字盖章后生效。

甲方：下洋镇人民政府（签章）　　　　　乙方（签字）：徐某某

法人代表（签字）　　　　　　　　　　　法人代表（签字）

甲方工作组长（签章）

经办人：某某某

订协议时间：2001 年 8 月 21 日

附录四

永定县人民政府办公室关于初溪村民要求分享土楼旅游开发利益问题调查处理情况的报告
永政办(2009)信 17 号

省信访局：

转来闽信复转访(2009)490号来访事项转送单悉。县政府高度重视，立即组织旅游局、文物局福建省客家土楼旅游发展有限公司，下洋镇等有关部门进行调查处理，现将有关情况报告如下：

一、基本情况

2004年，下洋镇党委、政府为充分发挥土楼资源优势，提出建设旅游强镇的发展战略，以保护好初溪土楼为前提，合理开发利用初溪土楼旅游资源，镇主要领导多次前往初溪村召开全村党员、村民小组长、村民代表参加的干部群众动员大会，得到了初溪村全体干部群众的积极响应和全力支持。通过广纳贤才，吸引外资，2004年9月，成立了镇、村、村民、外商为一体，并经工商登记注册的股份制企业——永定方圆旅游开发有限公司，对下洋镇初溪村落进行旅游开发。门票标准由上级物价部门审批核定。

由于当时合作进行旅游开发的台商洪先生希望在初溪建立一个客家民俗博物馆，考虑到集庆楼是明代建筑，住户极少已成闲置空房（无维修整治租赁前，村民用作牛栏猪舍，已成危房），租赁后既解决办展馆的场所问题且村民可获收益，又有利于集庆楼的保护，此一举三得的好事得到了集庆楼业主的大力支持。通过初溪村两委召开户主会议，户主们同意委托村委会于2004年9月14日与方圆公司签订集庆楼租赁合同，并启动户主的搬迁工作，对无固定住所的村民徐初捷、徐深远两户由镇政府统一规划，方圆公司出资在初溪村口统一建两幢，每幢六间的楼房，解决该两户的住房问题，并发给临时过渡安置费；对徐初浪、徐海光等五户已建有住房但未装修或有一定经济实力但找不到地方未建房的住户，由方圆公司出资规划安置地块，并将十年租金一次性发放。因工作到位，使得方圆公司成立一个月后便正式对外营业。但不到一年时间,集庆楼部分业主提出增加集庆楼租金的要求,为营造安定和谐的旅游发展环境,经镇工作队与集庆楼代表座谈,由业主选出代表与方圆公司协商,通过多次讨论,最终双方达成一致意见。2005年10月,村委会、旅游公司、集庆楼业主三方,共同签署了补充协议,补充协议中村委会为出租方代表,方圆公司为承租方,集庆楼业主签名。补充协议书中约定租赁期限为30年,同时将年房租费由原来的每间40元/年提高到100元/年,租金由方圆公司每年按时支付。自开发初溪土楼景区以来,方圆公司投入了大量资金对集庆楼进行修缮,对初溪进行环境整治,修建了停车场、游步道等配套设施,为下洋土楼旅游产业发展奠定了一定的基础。为进一步整合旅游资源,加快旅游产业发展步伐,2007年8月永定县成立了福建省客家土楼旅游发展有限公司,方圆公司被县国投公司收购,由福建省客家土楼旅游发展有限公司接手,所有与初溪村委会及村民签订的合同及协议书延续不变。

由此可见,初溪村的旅游发展,是经过上级主管部门审批,经初溪村两委同意,村民及业主自愿支持配合下发展起来的,不存在侵权的行为。通过近几年的土楼旅游开发,带动了初溪村经济发展,增加了农民收入,提高了初溪村的知名度,推动了文明乡村建设进程,给村民带来了实实在在的好处。

二、土楼申遗成功和土楼旅游开发给初溪村民带来的利益和实惠

(一)为了打造土楼世界级品牌,全县人民经历了10年申遗历程,县政府先后投入巨资拓宽了下洋到初溪15公里的柏油路,并投入470多万元用于初溪土楼危房抢修。其中仅集庆楼的修缮整治经费就达到30多万元。当地党委政府抓住申遗机遇,加大初溪土楼的宣传和环境整治力度,改变了初溪村的村容村貌,迎来八方游客,使初溪走向世界。

(二)初溪的旅游开发给初溪村民带来了实实在在的好处。一是过去的闲置房变成了现在的出租房,每年旅游公司付给村民房租费就有3万多元;土楼受到国家、地方及旅游公司的有力保护,仅2008年,县财政就投入"五圆八方"本体楼的屋顶检修款3.6万元。二是每年旅游公司付给初溪村卫生费8万~10万元。三是通过聘请卫生员、保安等,解决了一大批村民的就业问题。随着旅游业的发展,将会不断加大对初溪村民的回报。2008年,福建省客家土楼旅游发展有限公司为初溪村村民支付新型农村合作医疗费用每人20元,共计50200元;为60岁以上老人发放节日慰问金每人100元,共计

22200元;拨给村老协会活动经费1000元;2009年,春节威望特困户、五保户并分别送去慰问金100元,共计2000元。这些实实在在的数字表明,只有旅游发展了将会给初溪村人民带来越来越多的利益和实惠。

(三)通过旅游业的发展,推动初溪的经济发展。随着近几年的宣传和旅游开发,旅客量在不断增加,给初溪带来了人流和信息流,带动了当地餐饮、住宿和小商品的发展。如今,村里有饭店6家,小商店15家,为农村建设和当地经济发展注入了活力。

三、加大宣传力度,营造良好环境,做强做大旅游产业

随着土楼申遗成功,土楼已成为世界级品牌,成为全人类的共同财富。我县是在保护的前提下,合理利用土楼资源进行旅游开发,通过旅游收入反拨土楼保护维修经费和改变村容村貌,逐步改善交通环境,带动第三产业发展,切实增加村民收入和增加就业。目前我县已聘请专家完成了初溪土楼古村落的概念性规划和详细规划,今明两年将投入近2亿元完成下洋至初溪全长15公里的二级公路建设,完成初溪土楼旅游服务区建设。同时在不损害土楼世界文化遗产的整体景观的前提下,加大投入,做好初溪村基础设施建设和村民的安居工程。

今后我们将一步一个脚印,加大宣传力度,让大家了解发展规划,看到发展前景,从而转变观念,形成促进旅游发展合力,逐步完善旅游基础设施和配套设施建设,做强做大旅游产业,带动当地的第三产业发展,提高群众收入增加就业。同时,为进一步贯彻落实旅游强县战略,提高景区,乡镇、村及村民支持和参与土楼旅游事业的积极性,我们正在研究制订《土楼旅游门票收入利益分配办法》,兼顾公司与乡镇、村委、村民各方利益,使旅游开发得到全体初溪群众的中心拥护和支持。

2009年5月11日

第五章

客家传统社区的重构
——以永定县湖坑镇洪坑村客家民俗文化村为例

曹晓佩*

第一节 绪 论

一、研究缘起

遗产运动已成为当今社会的热点话题和重大事件。自中国于1985年加入联合国教科文组织通过的《保护世界文化与自然遗产公约》以来,申请世界文化遗产便成为下至平民百姓,上至学术界和政府部门所热切关注的焦点。在学术界,"遗产热"的出现已经引起旅游学、考古学、博物馆学、历史学、人类学等学科专家的研究兴趣,甚至出现了"文化遗产学"这一新兴学科的雏形,在全国范围内的遗产申报活动和遗产保护实践活动也如火如荼的开展起来。

社区研究向来是人类学家热衷的研究领域之一。关于社区研究的个案

---

* 曹晓佩,厦门大学民族学博士,浙江师范大学文化创意与传播学院讲师。主要研究方向为遗产地社区与乡村聚落、文化遗产的保护开发、旅游人类学等。曾参与国家重点课题项目"中国数字科技馆——土楼客家生存技术博物馆"的调研,"中国数字科技馆"荣获联合国"2007世界信息峰会大奖";参与福建省社科规划重大项目"世界文化遗产客家土楼的保护、开发和利用研究"。

第五章 客家传统社区的重构——以永定县湖坑镇洪坑村客家民俗文化村为例

以经典的村落民族志居多,如:费孝通的《江村经济》、林耀华的《金翼》、黄树民的《林村的故事》、阎云翔的《礼物的流动:一个中国村庄中的互惠原则与社会网络》《私人生活的变革:一个中国村庄里的爱情、亲密关系和家庭变迁(1949—1999)》、葛学溥的《华南的农村生活——家族主义社会学》、杨懋春的《一个中国的村庄》、王铭铭的《社区的历程:溪村汉人家族的个案研究》等。

2008年2月,笔者参与导师邓晓华教授的"中国数字博物馆"的课题项目调研来到永定。这时的永定县政府正在围绕以洪坑为首的三大土楼群(洪坑土楼群、初溪土楼群、高北土楼群)为7月世界文化遗产名录的正式宣布进行着紧锣密鼓的筹备。客家民俗文化村(洪坑村)是永定最早开放为旅游景点的土楼村落,也是政府重点保护、宣传,是永定土楼旅游开发的重点项目,在十年"申遗"过程中村落秩序受到较大的影响,文化变迁特征较为明显典型。出于种种考虑笔者最后决定将永定县洪坑村(景区名:土楼客家民俗文化村)定为田野点。

本文则从人类学最熟悉的村落研究入手,将"申遗"过程中一个传统社区的社会文化变迁,放在全球化的大背景下重新审视和分析。关注全球化的遗产运动对地方社会结构与身份认同产生怎样的影响;同时,地方性的传统文化在遗产运动中是如何被强化、再造与展演的。

人类学家已经意识到全球化是在很多领域如文化、经济、政治环境保护等同时出现的复杂多样的过程(Xavier etal.,2002)。作为文化批评的有代表性的研究者、人们所熟知的 S. Hall(1955),把全球化定义为:"地球上相对分离的诸地域在单一的想象上的'空间'中,相互进行交流的过程。"以这一"想象空间"为前提的全球化与地方化以及文化认同之间的关系,是人类学所关心的热门话题。

面对全球化背景下的文化相对论,萨林斯(1988)提出,我们正在目睹一种大规模的结构转型进程:形成各种文化的世界文化体系、一种多元文化的文化,因为从亚马逊河热带雨林到马来西亚诸岛的人们,在加强与外部世界的接触的同时,都在自觉地认真地展示各自的文化特征。这一具体的事实就是本土的或地方的文化认同、地方共同体主义以及在多元民族社会的民族主义在世界不同的国家和地区,出现了复兴和重构的现象。与此同时,全球化不仅带来了民族认同的强化,也带来了一种边缘性,边缘则从各自的文化系统中更加强化自身的认同和地方性。这一地方性表现为区域性认同甚至是族群性的认同,往往与文化的再生产、社会结构的重构有关。

当全球化的巨浪伴随着政治权力、旅游业带来的经济利益与"申遗"相遇时,"申遗"的内涵与外延也迅速扩张,使其自我表达湮没在"他者"的表述与解释中。毋庸置疑,"申遗",让原本失去生命力的地方传统又再次呈现,但这种"呈现"并不是地方传统的复苏,而是在地方权力的干涉下,出于政治经济需要而被人为地再创造。从而,又带来了诸多问题,政治话语与权力的干涉下地方社会的失语、经济利益分配不均导致遗产地社会的抗争和冲突(如投诉、闭门拒接游客、烧保安亭)等。在本文中,笔者将从学理上对文化遗产的学术史进行梳理,并在此背景下对"申遗"携裹而来的传统文化的再生产,以及"申遗"影响下的村落文化变迁进行探讨。

在"申遗"的刺激下,当地人开始强调客家文化的价值,但这绝不单纯是为了复兴传统文化的目的,经济利益毫无疑问是其中重要的因素,而国家权力对传统社区的介入又在其中起着决定性的作用。我们可以看到在洪坑客家民俗文化村——这个典型的社区中,客家文化作为一种符号、一种象征资本与当地的经济挂上钩,而权力的运作则自始至终伴随左右。

二、理论回顾与文献综述

假如将"回顾"的关键词同时锁定在"土楼"、"申遗"、"全球化"、"再地方化"上,那么可"回顾"的文献可谓少之又少。然而,不仅"申遗"成为许多国家和地区的热门话题,遗产研究现在也已成为学者们热衷的课题。国内外许多院校纷纷成立各种形式的文化遗产研究所,各种不同学科领域的相关讨论频繁举行。对于"世遗"的人类学研究也有许多学者在不同角度进行了论述。

与"申遗"相伴而来的是各种形式的地方再建构运动,许多地方都热衷于通过彰显所谓的传统来突显自己(范可,2008)。而这种突显自己,以区别于他者的过程必然伴随着族群认同的强化。"申遗"的另外一个副产品则是遗产旅游,这通常是一个由政府主导,政府、旅游公司和当地居民作为利益相关者,同时在经济利益的驱使下共同参与、互动的过程。

因此,以下将从文化遗产研究和族群认同理论两个方面对以往之相关研究做简要回溯。

(一)文化遗产研究回顾

"申遗"近年来已然成为一种现象。打着"遗产"旗号的实践活动在近三十年演变为一场社会运动。很显然遗产运动已经成为当今社会出现的新力量和新课题,是现代技术与现代政治互动下的时代产物。遗产政治学的观点认为,当"遗产"遭遇全球化,就早已使其概念与内涵不断扩展,其理念在各种表述中不断被赋予新的时代意义与价值。而且,遗产运动因现代技术主义而烙上了"遗产工业"的特征,使遗产保护带有一定的商业特质。正是在这样的背景下,遗产的"附加值"以及遗产的全球化与地方性之间的关系使遗产运动变得异常复杂,并由此激发了国内外学者对遗产概念、遗产理论、遗产批评等方面的讨论。

1. 国外遗产论著综述

Lowenthal David(1985)把遗产看成是连接过去与现在,延伸至未来的纽带。他认为遗产代表着某种"过去",Patrick Wright 则更进一步指出遗产是后帝国主义者对已逝过去(a lost past)的怀旧式的感伤。

从遗产政治学的角度,Robert Hewison(1989)开始重新审视遗产概念的表述与被表述,并且对 20 世纪 80 年代后期的"遗产工业"(heritage industry)进行了更深层的反思,他认为遗产工业掩盖了遗产的正相价值,如实践价值(stewardship)、学术价值(scholarship)与认同;另一方面遗产工业却造成遗产归属性和所有权的转变,同时使遗产变成文化再生产的产品或商品,从而附加上许多其他的"想象",如遗产的建构。而本文也从认同和文化再生产角度,对遗产进行了深入的论述。本文中将从实际的田野调查材料出发,论述遗产对地方传统文化再生产(即传统文化的再地方化)的影响。但笔者并不赞同 Robert Hewison 将遗产与认同对立的观点,与之相反,笔者认为恰恰是遗产运动激发并强化了地方社会的认同,"申遗"的过程正是一个认同强化的过程,二者是一致的。

从遗产批评的视角来看,Raphael Samuel(1996)从个人遗产、地方遗产和官方组织的角度有力地驳斥了"遗产是由主流群体界定"的观点。其后,Peter Howard(2003)把遗产与继承、继承物联系起来考察,阐释了遗产的两个关键内容,即所有权(归属权)(ownership)和遗产主体(人们)。他指出遗产的所有权常被用来描述一群人在政策上的责任感,不过这些政策经常受国家话语、权力等力量的影响,因而所有权也会发生变化。在他看来,继承之物是在被识别以后才被称为遗产,而任何个人的遗产都可能是一个混合物,他们界定着群体的认同——国家群体认同,家庭的、个人的认同。笔者认为,Howard看到了潜藏在遗产背后的力量来源和主体——受话语支配的"人们",特别指出遗产识别往往会受到国家权力与强势话语的支配和影响,从而造成遗产的原初主体由个人的、族群的遗产向国家,乃至世界的遗产的转换。

David Harrison(2005)提出遗产的归属性首先表现为个人的或家园的(the 'place' of home);其次,即使所谓的"真实的遗产"也经过某些人、人群或历史的选择。由于主观性、权力话语、历史记忆、民族主义等因素的影响,遗产的表述与被表述、解释与被解释也会具有选择性。在他看来,世界遗产身份的获得与其说是遗产得以传承,毋宁认为是由联合国教科文组织(UNESCO)、民族—国家政府等主流话语以及高度政治化过程决定的结果。显然,遗产区域的地方性话语却处于被他者表述的境地。然而,我们暂时可以对这个结论持保留态度,当然在全球化的影响下地方对自我的阐述难免会受到来自政府或国际权威组织的外部影响,但"申遗"的过程和对遗产地自我历史和文化的阐释的改变绝不是单纯的被动过程。

Beverley Butler(2006)则从更广阔的视角来说明,普遍主义(universalism)、民主、文明、人文主义、全球主义(cosmopolitanism)等已成为遗产在现代语境中的核心价值,并构成正在进行的遗产改革运动中的关键动因。

当然关于遗产的论争远不止以上所提及观点,不过它们已能表明遗产研究在近三十年来所受到的关注。概言之,以上论争主要是从不同的历史场景(context)出发,在遗产概念、遗产主体、遗产建构等角度对当前社会上引起热门争论的遗产运动进行了深入剖析,指出外部力量(如政府、学者、国际组织等)给予的遗产分类标准、遗产识别标准并非一定适合地方文化的传承与保护(彭兆荣,2008)。换而言之,当下的遗产运动应当重视遗产区域的地方表述。

2.国内遗产论著综述

随着"申遗"成为中国社会的热门话题,近三十年来我国学术界有关遗产方面的调查与研究也日渐增多。首先,在中国期刊网上以"世界遗产"为关键词进行搜索,结果显示,自1979年至2008年以来,关于遗产保护的各类文章共计达2976篇,而以"遗产保护"为关键词搜索而来的各类文章总

3511篇。值得特别关注的是,2000年以来的八年时间内,期刊网上关于世界遗产的论文数量剧增,达2730篇。这些数据足以说明我国学术界对遗产保护及世界遗产的关注程度。

大多数学者侧重从国家与政府的视角解读遗产保护与管理体制,如王兴斌的《中国自然文化遗产管理模式的改革》《遗产经营管理和制度研究》;徐嵩龄的《文化遗产的管理和经营制度应解决四个问题》《文化遗产管理者应重视文化遗产产业》《第三国策:论中国文化与自然遗产保护》《中国文化与自然遗产的管理体制改革》等。《文化遗产的保护与经营——中国实践与理论进展》集结了专家文章近30篇,对中国文化遗产科学的理论,文化遗产的保护,博物馆事业的发展,文化遗产的管理与经营进行了多角度多层次的分析,为世界文化遗产的保护与经营奠定了理论基础,同时在实践上具有指导意义(许嵩龄,2003)。

也有学者关注文化遗产特别是非物质文化遗产的保护与利用,如关凯的《少数民族非物质文化遗产保护中的政府角色——案例分析:"黄家医圈"现象和沈阳首届清文化节》等;牟延林的《非物质文化遗产:怎样保护?》《非物质文化遗产概念的比较与解读》《非物质文化遗产保护中的政府主导与政府责任》《文化遗产保护与地方经济发展——以"重庆模式"为例》;高丙中的《作为公共文化的非物质文化遗产》等。

遗产保护与旅游开发的关系问题也是许多国内学者关注的热点,如陶伟的《中国"世界遗产"的可持续旅游发展研究》对中国现有世界遗产进行了历史、艺术、科学、技术、建筑、美学、景观、生态、哲学等多方面的分析,阐明了中国世界遗产地可持续旅游发展存在的主要问题和矛盾,提出中国世界遗产地旅游发展的策略。另外他还著有《中国世界遗产地的旅游研究进展》《国外遗产旅游研究17年——Annals of Tourism Research反映的学术态势》《历史城镇旅游发展模式比较研究——威尼斯和丽江》等多篇文章;吴其付的《世界文化遗产丽江古城研究综述》、周武忠的《文化遗产保护和旅游发展共赢》等。也有些学者是对"遗产学"的研究内容、范围与困惑进行探讨,而较少以遗产运动为背景从遗产区域的地方社会去阐述地方社会与遗产保护之间的关联,遗产运动影响下的村落政治结构的变迁,以及地方社会的自我表述。

在引荐和反思西方遗产理论的同时,我国学者已开始注意结合本土实际提出新的遗产保护理念。徐嵩龄的《文化遗产的保护与经营——中国实践与理论进展》从经济学角度对中国经济制度转型的文物事业管理体制改革问题进行阐述。张成渝等则从遗产保护与旅游开发的实际问题出发，提出文化遗产保护与利用的具体对策，如借用模型提出的SMS(safe minimum standard)概念、数字化遗产、提高公众意识、完善立法、加强管理等。不过他们大多侧重从外部看待遗产管理与经营，而较少涉及遗产主体及其自我表述与遗产运动的内在关联，从这方面来看，"家园遗产"理念更突显了地方主体与家园生态之和谐关系在遗产保护实践中的作用。近来，彭兆荣(2008)又从遗产政治学的角度阐释了遗产运动与遗产工业及其现代背景之间的复杂关系，指出当下遗产的内涵和形式、叙述与解释等相对于传统对遗产的认识出现了巨大的距离。

近年来不少学者将遗产放在全球化的视野下来考虑，其中张小军发表在《中国非物质遗产保护研究》论文集中的文章《遗存还是遗产？——简论文化全球化中的"文化遗产"困境》从批判和忧患的角度提出："文化遗产"之所以被重视，不是出于其本身的文化意义和价值传承，而是其产生的经济利益。他认为"文化遗产"已失去了原有的社会功能，而被赋予了新的文化商品意义，从而沦为"文化遗存"。

范可也认为"申遗"其实与全球化有关，在《传统与地方——"申遗"现象所引发的思考》、《"申遗"：传统与地方的全球化再现》等若干文章中，他在逻辑和方式上分析，认为"申遗"与认同建构运动是一样的，彼此都是用历史和文化资源来突出和区别自我。认同，一般来说，必须通过对历史文化的追踪来达到对自身文化的建构，"申遗"在某种程度上也达到了这种传统文化的再地方化的效果。

文化遗产被认为可使有关的群体或者团体滋生认同感和历史感，所以很多学者强调和提醒：正因为它们来自过去，尽管经过各代人呵护而不断得以创新，它们的历史性(historicity)不应被随便界定。历史性是后人对客观历史的主观裁定，它并不总是符合历史的本真。任何试图以今天的国家认同叙事为基准去解释历史上存在过的事物、人物、事件，并为之定性，都不符合历史的本真(范可，2008)。当然这是我们在面对"申遗"和传统再创造问题时所应注意的。

(二)族群认同理论

首先"族群"是一个很宽泛的概念。正如王明珂(1997)所言，许多学者都感觉族群的使用范围太广,它可指涉一个社会边缘的、易变的次级族群(sub-groups),亦可被视为一个社会的主要民族。近年来,"族群"意涵有不断泛化的趋势,以至凡具有共同特征的人群,即可被冠以"族群"之称(周典恩,2007),在对族群的表述中研究者必须通过族群现象、族群边界、族群理论、族群认同等学科术语对族群加以界定。对于族群概念,《人类学通论》载:所谓族群,是人们在交往互动和参照对比过程中自认为和被认为具有共同起源或世系,从而具有某些共同文化特征的人群范畴(庄孔韶,2005)。由此而引出的争论,如:群体是如何被其成员感知、个体与族群是如何是怎样感知和界定我群与他群的,族群认同的基础何在? 对此问题的不同解答,即形成相应的族群认同理论。

"原生论"(Primordialist approach)认为族群认同是亲属认同的延伸或隐喻,它是人性中某非理性的原生情感的外化,或某种植根于人类基因中的生物学理性之表现。语言、宗教、种族、土地等"根基性纽带"(primordial ties)是族群认同的基础,亦是其获得内聚外斥之力量的根据。"文化论"(Cultural approach)者普遍认为族群是社会文化的承载和区分单位,族群之间的根本差别就是文化差异,共同的文化特征是族群认同的客观基础。"边界论"是由巴斯的《族群与边界:作为文化差异的社会组织》(1969)一书而引出的。"边界论"的观点认为:族群是一种人们自己或别人根据他们的出身和背景来推定的归属范畴。族群认同和族界是族群的基本的构成要素,其作用在于组织与结构他们之间的互动。"工具论"(instrumentalist approach)亦被称作"场景论"(circumstantialist approach)。持该论点的人将族群视为某种政治、社会或经济现象,根据政治与经济资源的竞争与分配,来解释族群的形成、维持与变迁。在"工具论"者看来,只有在其能提升或得到某种政治与经济利益时,才会对族群产生巨大的感召力。

除了"原生论"、"文化论"、"边界论"与"工具论"所申明的族群认同基础外,在安德森的《想象的共同体:民族主义的起源与散布》一书中,族群认同被构建在由印刷品所带来的全民想象之基础上,族群成为"特殊的文化造物"。

三、研究方法及资料来源

(一)研究方法

理论上,获得充足且贴合自己论文方向的田野调查资料是做好人类学论文的关键,因此参与观察,访谈等传统的民族志田野方法是十分必要的。我在永定的调查主要可以分为三个阶段:

第一个阶段,2008年9月,进入田野调查的第一周,调查地点为永定县城。在永定县城期间,主要通过对各种文献资料的搜集为主,对政府、旅游公司和世遗办的几个特定的报告人进行访谈。

第二个阶段,2008年9月,进入田野调查的第二周至第四周,笔者从永定县城来到湖坑镇洪坑村进行调查。由于当地留守村民的文化程度不高,很多老人只会讲客家话,笔者与之很难交流;另外再加上村民对刚来到村子里的陌生身份的调查者心存警戒,一般遇问都会回答:"不知道"、"听不懂"或是一些口号式话语。所以进入洪坑村的第一周几乎没有任何收获。从第二周开始笔者与村民渐渐熟悉,但对于目的性十分明显的问题,村民们怕惹祸上身,通常仍会选择回避态度。于是笔者只好收起记录本和录音器材,以普通聊天的方式开头,引出与调查目的相关的话题,而这种开放式的访谈反而让笔者获得了更多预期之外的口述资料。在此阶段调查主要适用的方法是:参与观察、深入访谈、入户调查、问卷调查、图像采集、文献资料查阅等。

第三个阶段,2008年10月,笔者因调查湖坑镇的"作大福"活动,再次回访洪坑村,为期十天。此次回访为资料补充阶段,以对洪坑村的主要报道人的访谈和对世遗办官员的访谈为主。

(二)资料来源

1.地方志、地方文史资料

地方志为一地之史,反映的是该地方方面面的情况。文史资料是全国各地政协组织编写的全面介绍各地情况的资料,以"亲历、亲闻、亲见"为特点,因此具备一定可靠性。

2.田野调查材料

田野调查是人类学专业的基本技术,也是人类学研究获取资料最直接的手段。本调查从2008年9月初开始到2008年10月,笔者在永定县城,洪坑客家民俗文化村进行了近两个月的田野调查,掌握了大量第一手材料,记载了约2万字的田野调查笔记,这些都是本研究得以开展最为重要的基础。

3.政府性文件、公司内部材料、地方网站及乡讯

土楼申遗主要是政府行为,并且在论文当中对当地政府、土楼公司,以及当地村民的关系也多有叙述,因而政府性文件和公司的规划治理的相关材料是不可缺少的参考资料。另外永定当地的政府网站和乡讯中详细记录了土楼申遗这个历史进程中的许多重要事件,从而使论文有了一个时间的跨度,弥补了田野时间较短的缺陷。

4.近人著述的论文著作

前人研究成果乃是笔者开展研究之基础,相关材料概述详见学术史回顾及参考文献。

第二节　社区概况

一、永定县概况

永定县位于福建省西南部,介于北纬 24°23′～25°05′、东经 116°25′～117°05′之间。东连南靖县,东南与平和县交界,西南与广东省大埔县、梅县接壤,西北与上杭县相连,东北与新罗区毗邻。全境东西最宽距离 68 公里,南北最长距离 80 公里,总面积 2223 平方公里。2000 年,全县辖 10 个镇、14 个乡,下设 259 个村民委员会、17 个居民委员会,共有 11.37 万户,465269 人,99.85％为汉族。全县通行客家话(培丰镇孔夫、长流、岭东等村万余人兼讲"金子学"方言)。县人民政府设在凤城镇。

县内地势东北高、西南低,地貌属典型的中低山丘陵。全境群山起伏,大致以永定河为界,分东、西两大部分:东部是博平岭山脉向西南延伸的中低山,西部属玳瑁山支脉。全县最高点为虎岗乡汉洋村赤岩头,海拔 1547 米;最低处为仙师乡芦下坝永定河末端,海拔 69 米。县内主要河流有永定河、金丰溪、黄潭河、汀江干流。永定河长 95.1 公里,从东北到西南贯穿县内腹部 12 个乡(镇),集雨面积 1075 平方公里;金丰溪长 57.5 公里,流经县境东南金丰片 8 个乡(镇),集雨面积 668 平方公里;黄潭河从上杭流入仙师,纳入汀江,县境内长 13.9 公里,集雨面积 198 平方公里;汀江干流从上

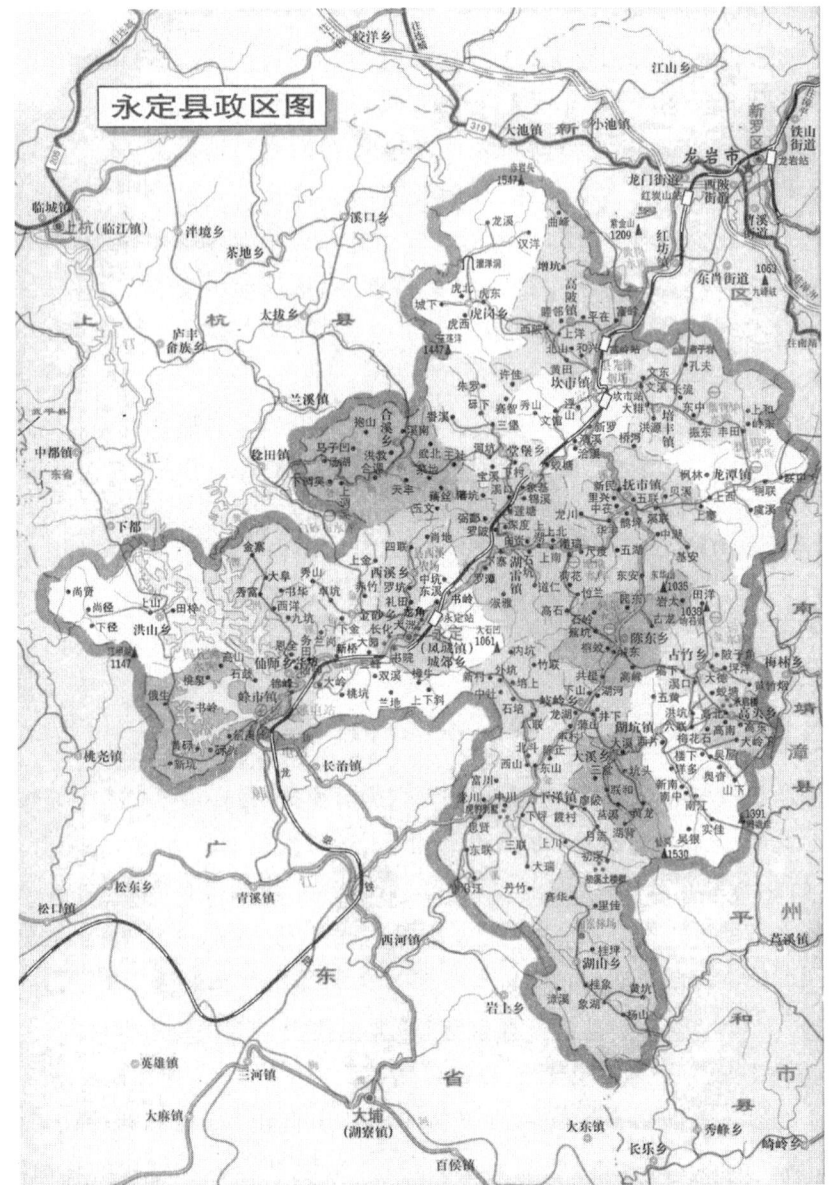

图 5-1 永定县政区图

资料来源：永定县方志委：永定县情网，http://www.ydxq.cn.

杭进入县内洪山，经峰市至广东大埔石市，县境内长 25.2 公里，流经县境西南部，集雨面积 212 平方公里。永定地处北回归线北侧、中亚热带向南亚热带过渡地段，属亚热带海洋性季风气候，湿润温和，夏长而不酷热，冬短而无严寒,年平均气温20.1℃,年平均相对湿度81%。年平均霜期10天,年降雨量大多在1400~1800毫米之间,年平均日照时数1742.8小时(永定县方志委)。

永定水资源比较丰富,人均水资源4337立方米,高于全国、全省人均水平。水能理论蕴藏量72.2万千瓦。至2000年,已开发66.8万千瓦,开发利用率达92.5%。永定有矿产资源36种,其中煤炭总储量3.6亿吨,是省内四大产煤区之一;石灰岩总储量7.34亿吨,可开发的红色花岗岩总储量22.8亿立方米,还有锰、铅等矿产及7处温泉。2000年,全县林业用地面积264.52万亩,占全县总面积79.3%,森林覆盖率73.4%,是龙岩市主要林区之一。全县耕地面积30.7455万亩,占总面积9.22%。主要种植水稻,平均亩产374公斤。经济作物以烤烟最为有名。1988—2000年,每年种植烤烟6万亩以上,最高年份达14.58万亩;年产量最高时达12537吨,且质量上乘,是全国41个优质烟基地县之一,素有"烤烟之乡"的美称。红柿、柑橘、"六月红"早熟芋、食用菌等也颇有名气。

二、湖坑镇概况

湖坑镇位于永定东南部、金丰溪上游。东与古竹乡、高头乡、南靖县书洋乡相连,东南与平和县芦溪乡接壤,西邻大溪乡,北与陈东乡隔界,面积96.1平方公里,是著名的土楼旅游区、侨台区、边区、老区。1993年,撤乡建镇,镇政府设于湖坑村,距县城38公里。2000年,有16个村委会,166个村民小组,5057户22908人。在"百村千楼新风竞赛"活动中,全镇25座楼受表彰。全镇有2所初中,12所小学,1所中心卫生院。

湖坑具有光荣的革命传统,张鼎丞、刘永生、魏金水、朱曼平、伍洪祥等老一辈革命家当年曾率领游击队在李子崠、仙洞、关山和老吴子一带战斗,在这些地方设立过中共闽粤边区工委、闽西特委、永和埔靖县委和金丰区委等机关,素有"小延安"之称。

旅游胜地有新南的秀峰山、南中的岩下山、奥杳的金莲山、湖坑的丰盛庵和实佳的双水庙、宫背的马额宫等。其他自然景观还有"仙人挡石"、"金龟伏印"、"坪顶牧笛"、"石窟鸡声"、"五峰烟雾"、"合溪水色"、"虎豹漏涎"、"马额青草"等。

该镇拥有大小土楼1500多座,其中特色土楼227座,其中振成楼、振福楼、如升楼、福裕楼、环极楼、衍香楼、实佳土楼群等都极为著名,是永定主要

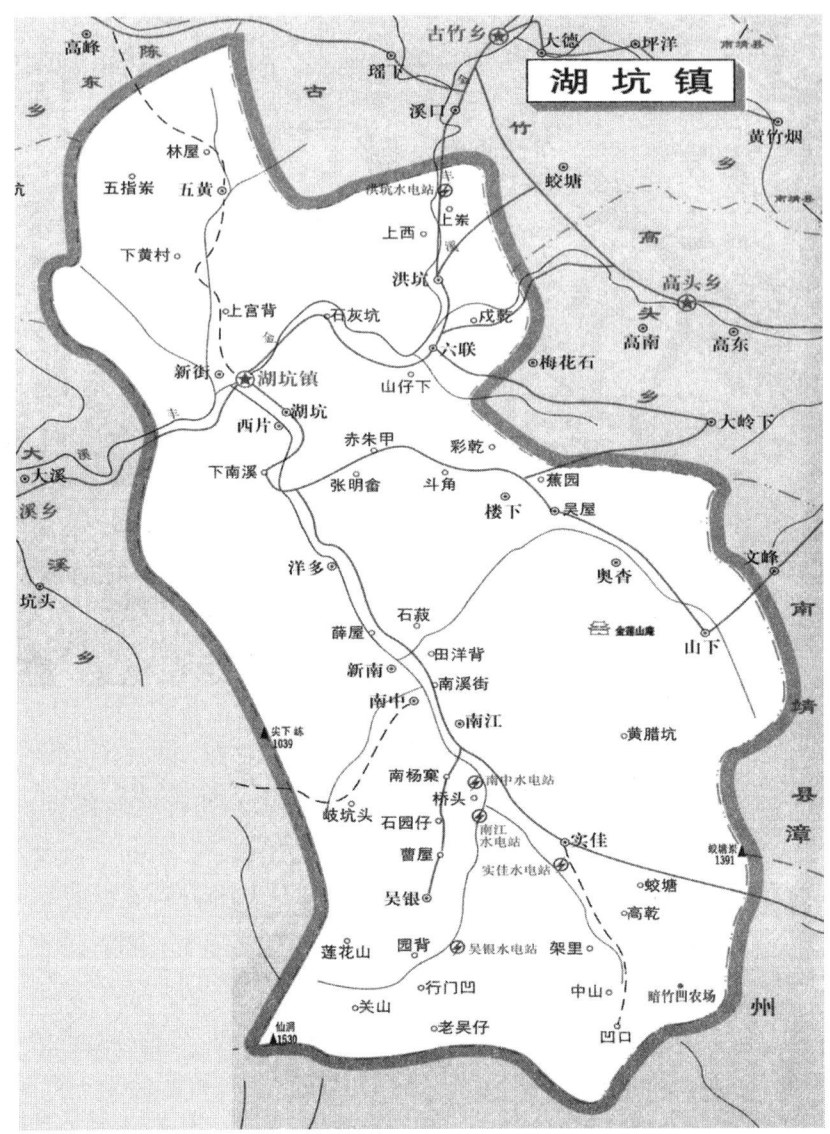

图 5-2 湖坑镇地区图

资料来源:永定县方志委:永定县情网,http://www.ydxq.cn.

旅游景区。1988年后,土楼旅游成为湖坑的支柱产业。该镇先后参与1995年中国福建永定客家土楼文化观光节、世界客属第十六届恳亲大会和衍香楼120周年楼庆活动。协助拍摄10多部有关土楼的影视作品,使湖坑走向世界。组建"土楼风味小吃一条街"和"土楼购物一条街",以旅游带动商贸、服务、信息等行业发展。2000年,全镇从事旅游等相关产业的工商户有200多家,从业人员2500多人,涌现出一批靠土楼致富的个体户。同年,游客量达15万人次,旅游收入500余万元。

该镇盛产红柿。2000年,红柿产量达4000吨,居全县各乡(镇)前列。针对红柿产量剧增、果品市场供大于求的状况,镇政府鼓励广大干部参与红柿加工、营销,较好地解决了产品积压问题,当年为农民增加收入400万元。该镇还有石灰岩储量0.05亿吨。

三、洪坑村概况

位于湖坑镇东北的洪坑村,距县城45公里。13世纪(宋末元初)林氏在此开基,2000年有638户2310人居住在该土楼群内,均为林氏后人。洪坑村,习惯性分为上下两村,农耕为其主业,20世纪90年代,由政府投资建立了"洪坑客家土楼民俗文化村"。1993年被列为中国客家民俗文化村,2004年1月,被评为省级园林式村庄,同月被宣布为国家"4A"级旅游风景区,它是永定县开发最成熟、规模最大的土楼旅游风景区。

洪坑溪横贯全村,溪两岸地势狭长,123座土楼沿溪而建,其中明清时期的58座,土楼布局合理,与周围山林、小溪、自然村融为一体,土楼造型有正方、长方、圆形、半月形、五凤楼等,被列为世遗范围有著名的振成楼、光裕楼、奎聚楼、福兴楼、如升楼、庆成楼等。

元至元二十七年(1290年)前后,林钦德、林庆德兄弟从上杭县白沙村迁此开基。明永乐年间(1403—1424年),洪坑村林氏六世林永嵩开始兴建土楼,开基时所建方形土楼崇裕楼、南昌楼已坍塌。明代中期至清代初期,洪坑村土楼建筑技术走向成熟,但仍较简单,不讲究装饰。现存明代建造规模较大的土楼有峰盛楼、永源楼等13座。

明清时期,洪坑村拥有20多家条丝烟加工作坊和18家烟刀厂,产品在长江以南及东南亚各大商埠独占鳌头,为村民带来了巨额财富,从而为洪坑土楼的发展积聚了雄厚的经济基础。清乾隆年间(1736—1795年)以后至近代,洪坑村所建土楼设计精巧,装饰华丽,规模宏大,文化内涵十分丰富,较有代表性的要数福裕楼、奎聚楼、振成楼等。

清代中期,是福建闽西的"条丝烟"非常畅销的时期,这里宗族势力非常发达,民俗活动也大都以其为核心来组织。清末民国时期,随着洋烟的进入,原有的烟刀制造和烟叶种植受到沉重打击,粮食种植和山地茶叶种植和果树种植变成其主业,但土地稀少,人均不到两分地,土地又在离村十几里外的六联村附近,生活水平不高。洪坑历史上,人多地少,缺粮严重,延续外出移民的习惯,是永定县著名的侨乡之一。现今外出经商、打工挣钱是中青年人的首选,社区经济、文化在申遗前较为停滞。

目前,农业仍然是留在当地的人的主业,他们大都辅以柿子种植以及梅、李、梨、玫瑰茄的简单加工为生,粮食可以自给,但村民普遍反映经济收入较少。

表 5-1　洪坑土楼群申遗土楼一览表

序号	名称	年代	类型	主要特征
1	光裕楼	公元 1775 年（清乾隆四十年）	长方形	占地约 2500 平方米,楼高四层,通廊式。
2	福兴楼	公元 1821—1850 年（清道光年间）	长方形	占地约 800 平方米,楼高三层,通廊式。
3	奎聚楼	公元 1834 年（清道光十四年）	方形	占地约 6000 平方米,通廊式,三堂两落,前半部高三层,后半部高四层。
4	福裕楼	公元 1880 年（清光绪六年）	府第式	占地约 4000 平方米,三堂两落,后楼高五层,前楼高二层,两侧横楼高三层,通廊式。
5	如升楼	公元 1875—1908 年（清光绪年间）	圆形	占地约 400 平方米,直径 23 米,楼高三层,通廊式。
6	振成楼	公元 1912 年	圆形	占地约 500 平方米,外环高四层,内环高二层,通廊式,中西合璧,富丽堂皇。
7	庆成楼	公元 1937 年	方形	占地约 1100 平方米,楼高三层,通廊式。

资料来源:《福建土楼申报文本》。

表 5-2　福建土楼保护称号（文物保护单位）一览表

名　　称		保护级别	公布机关	公布文号	公布时间
洪坑土楼群	奎聚楼	国家级	国务院	国发[2001]25号	2001.5
	福裕楼	国家级	国务院	国发[2001]25号	2001.5
	振成楼	国家级	国务院	国发[2001]25号	2001.5
	其他土楼	县级	永定县人民政府	永政综[1999]369号	1999.4

资料来源：《福建土楼申报文本》。

洪坑村主要土楼有如：

光裕楼：坐落在洪坑村北部，福裕楼南侧，东临洪川溪。长方形土楼，建于清乾隆四十年（1775年），坐西朝东，占地约2500平方米。

福兴楼：坐落在洪坑村中部，振成楼西北侧。长方形土楼，建于清道光年间（1821—1850年），坐北朝南，占地约800平方米。

奎聚楼：坐落在洪坑村西北部，建于清道光十四年（1834年）。坐北朝南，占地约6000平方米，三堂两落。

福裕楼：坐落在洪坑村北部，东临洪川溪。建于清光绪六年（1880年）。坐西朝东，占地约4000平方米，三堂四落府第式（五凤楼）。

如升楼：坐落在洪坑村北部，与福裕楼隔洪川溪相望。因规模形状如同旧时民间计量大米、谷子的竹制器皿（俗称米升），俗称米升楼。清光绪年间（1875—1908年）建，林氏民居。

振成楼：坐落在洪坑村中南部，由洪坑林氏二十一世林鸿超兄弟等人于民国元年（1912年）建造。俗称八卦楼，以富丽堂皇、内部空间设计精致多变而著称。其局部建筑风格及大门、内墙、祖堂、花墙等所用的颜色，大胆采用了西方建筑美学所强调的多样统一原则，达到了极高的审美境界，堪称中西合璧的生土民居建筑的杰作。

按照家族谱系关系，洪坑村内申报世遗的几座主要土楼之间也有着相应的谱系继承关系（如图5-3）。

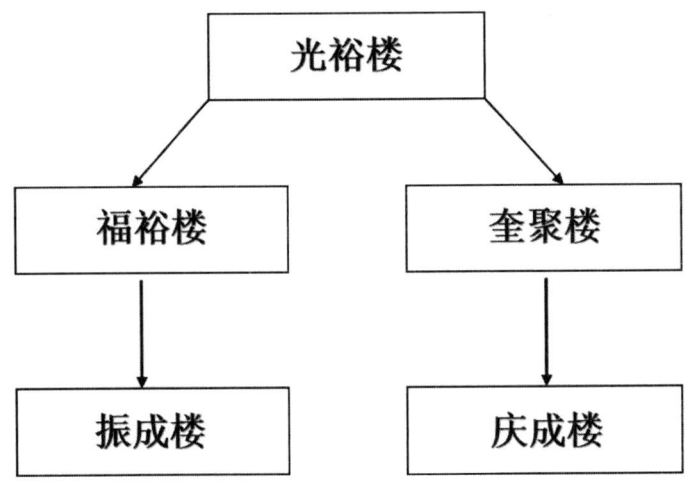

图 5-3　洪坑村主要土楼的谱系关系结构图

第三节　永定土楼申遗的过程

一、申遗的经过

（一）申报工作机构与范围

1998年,永定县委、县政府决定把土楼申报"世遗"工作列为县里继棉花滩水电站和梅坎铁路之后的第三大重点工程。5月,由县政府组织成立永定客家土楼申报"世遗"委员会,并由县委书记任顾问,县长任主任,分管领导任副主任。同时抽调有关职能部门人员,设立专门办公室,由县政府分管领导任办公室主任,着手开展永定客家土楼申报"世遗"的前期准备工作。此后,随着县主要领导的调整,委员会成员亦作了相应调整。

表 5-3　永定县客家土楼申报"世遗"工作机构人员名表

成立（调整）时间	申遗委顾问	申遗委主任	申遗委副主任	申遗办主任	申遗办副主任
1998.5		温锡浩（原永定县县长）		苏建强	
1999.9（月初）		温锡浩（原永定县县长）	严志铭、郑新彩	卢志远	胡大新（永定县博物馆馆长）
1999.9（月底）	杜乔元	温锡浩（原永定县县长）	余德辉、张美昌、严志铭、邱玉燕、郑新彩	卢志远	张肇庭 胡大新
2001.3	杜乔元	温锡浩		严志铭	胡大新、张肇庭、唐建洋
2002.3	温锡浩	黄建新	吴瑞林、张美昌、严志铭、郑新彩	严志铭	胡大新、林文华、张肇庭、江　涛、唐建洋、许盛金、罗仲贤、江小舟、苏志瑞、黄文育、胡佐仁、简荣金、黄先江
2003.5		黄建新		严可仕	胡大新、张肇庭、罗仲贤、卢琳锦、黄先光、许盛金、李灿华、胡佐仁、黄文育
2004.12		黄建新		赖秀金	胡大新、张肇庭、卢琳锦、黄先光、许盛金、李灿华、胡佐仁、黄文育
2005.12		黄建新		伊向荣	赖晓东、张肇庭、胡大新、李灿华、卢琳锦、黄先江、许盛金、胡佐仁、黄文育

续表

成立 (调整)时间	申遗委 顾问	申遗委 主任	申遗委 副主任	申遗办 主任	申遗办 副主任
2006.8	温锡浩	廖礼团(现永定县县委书记)	余德辉、胡健 伊向荣	伊向荣	张明耀、张肇庭、赖晓东、胡大新、黄文育、卢琳锦、翁子荣、魏俊平、许盛金、李灿华、胡佐仁
2007.3		廖礼团(现永定县县委书记)	余德辉、胡健 陈开明、邱定锋 李春燕、郑新彩	郑新彩	张明耀、胡大新、赖晓东、张顺发、张肇庭

资料来源:苏志强:《永定土楼志》(稿本),未出版。①

1972年《保护世界文化和自然遗产公约》中有关世界文化遗产的六条标准规定:

1.代表一种独特的艺术成就,一种创造性的天才杰作。

2.能在一定时间内或世界某一文化区域内,对建筑艺术、纪念物艺术、城镇规划或景观设计方面的发展产生过重大影响。

3.能为一种已消逝的文明或文化传统提供一种独特的或至少是特殊的见证。

4.可作为一种建筑或建筑群或景观的杰出范例,展示出人类历史上一个(或几个)重要阶段。

5.可作为传统的人类居住地或使用地的杰出范例,代表一种(或几种)文化,尤其在不可逆转之变化的影响下变得易于损坏。

6.与具特殊普遍意义的事件或现行传统或思想或信仰或文学艺术作品有直接和实质的联系。

2001年1月,确定永定土楼申报"世遗"的范围为"三群"(下洋初溪土楼群、湖坑洪坑土楼群、高头高北土楼群)、"三楼"(衍香楼、振福楼、永康楼)。2006年8月9日,永定县政府向龙岩市政府请示暂不将下洋霞村永康楼列入"福建土楼"申报"世遗"范围。从此,福建(永定)土楼申报范围从"三群三

---

① 本文中所引用的部分《永定土楼志》(稿本)资料,由永定县新闻办公室的苏志强先生编写和提供,特此说明。

楼"改为"三群二楼"。

表 5-4　福建土楼申报"世遗"的地理位置

编号	遗产名称	所处区域	中心点坐标	
			北纬	东经
福建土楼—1	初溪土楼群	永定县下洋镇初溪村	24°33′03″	116°54′01″
福建土楼—2	洪坑土楼群	永定县湖坑镇洪坑村	24°40′37″	116°58′22″
福建土楼—3	高北土楼群	永定县高头乡高北村	24°39′49″	117°00′13″
福建土楼—4	衍香楼	永定县湖坑镇新南村	24°36′33″	116°58′12″
福建土楼—5	振福楼	永定县湖坑镇西片村	24°38′06″	116°56′59″
福建土楼—6	田螺坑土楼群	南靖县书洋镇上坂村	24°35′14″	117°03′19″
福建土楼—7	河坑土楼群	南靖县书洋镇曲江村	24°39′03″	117°03′13″
福建土楼—8	怀远楼	南靖县梅林镇坎下村	24°40′28″	117°05′18″
福建土楼—9	和贵楼	南靖县梅林镇璞山村	24°39′40″	117°05′15″
福建土楼—10	大地土楼群	华安县仙都镇大地村	24°01′23″	117°41′09″

来源:《福建土楼申遗文本》。

(二)申报进程

1988年,永定县开始对外界宣传土楼,第一个试点——振成楼就在洪坑村。这给当地村民最初灌输了土楼旅游的概念。与此同时,永定县政府投资扩建公路。1990年,开始来一些参观土楼的散客。1998年,永定县旅游局成立土楼接待站,就设在洪坑村的振成楼,成立土楼旅行社,两块牌子一套人马在经营。福建省决定三县土楼联合申遗后,将土楼所在的华安、南靖、永定三个县的资源加以整合,将原先永定突出宣传的"客家土楼",改成了"福建土楼"。因为华安、南靖两县都非客家县,而是闽南人居住的县,申遗的重点弱化了族群特征,但各县仍然直接管理各自县自己成立的土楼旅游公司,各县彼此间的宣传重点各有侧重,矛盾之处很多。相对而言,失去客家牌的永定最为吃亏。经过客家认同运动洗礼的客家人,无论是上层的文化精英还是普通的客家村民都对此耿耿于怀,认为那两县的所谓闽南人都是从他们这迁出去的,土楼的根在客家地区,或者在永定。在经济利益面前,族群认同的争论,或者说族群边界的争论更加激烈。

"申遗"作为一种突出地方文化特色的各种项目与社会活动,在进入21世纪之后迎来了它的新阶段。位于客家地区的永定县湖坑镇洪坑村恰恰抓住了这次历史机遇。这一阶段最醒目之处在于对地方传统和文化遗产的重新确认与强调,从国家到地方的各级政府都热衷于寻找能被联合国教科文组织和国家认可的地方传统和文化遗产。

表5-5 永定县土楼申遗过程一览表

时　间	活　动　内　容
1998年5月—10月	永定县委、县政府决定把永定客家土楼申报"世遗"列为继棉花滩水电站、梅坎铁路建设之后的又一大重点工程。5月,成立永定客家土楼申报世界文化遗产委员会,并抽调有关职能部门人员,设立专门办公室,由县政府分管领导任办公室主任,紧锣密鼓地着手开展永定客家土楼申报"世遗"前期准备工作。
1999年	永定县申报委组织人员着手编撰申报文本。10月,龙岩市政府正式向省政府呈报《关于请求将永定客家土楼列入〈世界遗产名录〉的请示》,并开始着手做好客家土楼申报"世遗"的前期准备工作:改造岐洪公路、修建六个观景台、进行土楼普查、制定土楼保护规划、邀请中外专家学者前往土楼考察、指导。中央领导部门的重要领导人、国家文物局古建筑专家、中外著名世界遗产专家到永定实地考察,对客家土楼的价值表示一致认可。
2000年4月	福建省人民政府专门召开省长办公会议,会议决定把永定、南靖、华安三地土楼联系起来,以"福建土楼"的名义联合申报世界文化遗产,确定申报范围为永定县下洋镇初溪土楼群、湖坑镇洪坑土楼群、高头乡高北土楼群和衍香楼、振福楼、永康楼,南靖县书洋乡田螺坑土楼群、河坑土楼群和梅林镇的怀远楼、和贵楼,华安县仙都镇的大地土楼群。福建省人民政府成立以分管副省长为组长的福建土楼申报世界文化遗产名录领导小组。

续表

时　间	活　动　内　容
2001年1月—2月	1月,"世遗"中国委员会秘书长郭旃等专程来永定考察客家土楼,确定客家土楼申报"世遗"的范围为"三群三楼"即初溪土楼群、洪坑土楼群、高北土楼群和衍香楼、振福楼、永康楼。 2月4日,在永定县的青年影剧院,永定客家土楼申报"世遗"动员大会在这里召开,号召全县干部群众要把客家土楼申报"世遗"工作作为该县第三大工程来抓,准备举全县之力做好客家土楼申遗的各项工作,吹响了永定客家土楼申遗号角。 12月,福建省申遗领导小组将编制完成申报文本(中、英文版),并报送国务院。
2002年1月	国家文物局正式向联合国世界遗产委员会递交"福建土楼"申报文本。包括永定土楼在内的福建土楼申报"世遗"工作被联合国"世遗"委员会正式受理,并被列入申报"世遗"预备清单,申报工作紧张有序地推进。
2004年	联合国教科文组织世界遗产委员会在苏州举行的第28届世界遗产大会上,调整修改了申报规则,规定一个国家一年提名世界自然与文化遗产名录不能超过两项,其中一项必须是自然遗产,且每年的联合国教科文组织世界遗产委员会会议审议不超过45项。同时对申报世界文化遗产的项目提出更高更严的要求。这给土楼申报"世遗"增高了门槛,增加了难度。"有两三年时间,在外人看来'申遗'工作似乎出现了停滞",永定申遗办副主任胡大新说。当时,中国共有100多个项目排队等候,福建土楼申报世遗一直在为其他项目让路。
2006年	5月,国家文物局决定将"福建土楼"作为代表中国申报2008年世界文化遗产的唯一项目。 根据国家文物局专家考察永定客家土楼后提出的意见,8月9日,永定县政府向龙岩市政府请示暂不将下洋霞村永康楼列入"福建土楼"申报"世遗"范围,从此,福建(永定)土楼申遗范围从"三楼三群"改为"二楼三群"。同时,根据世遗中心的新规定对申遗文本进行修编,于月底呈送国家文物局审定。

续表

时　间	活　动　内　容
2007年	经国务院批准,中国政府将"福建土楼"作为中国2008年世界文化遗产唯一申报项目正式向联合国申报,"福建土楼"申报文本以国家名义送联合国教科文组织世界遗产中心,《福建土楼》的中、英文文本随同幻灯片、电视申报片等附件,被联合国教科文组织世界遗产委员会正式接受,自此"福建土楼"正式被联合国教科文组织受理。 6月7日,"福建土楼"申报"世遗"文本在福建博物院举行首发仪式,标志着"福建土楼"申报2008年联合世界文化遗产名录进入了冲刺阶段。 同年12月3日和2008年3月12日,国际古迹遗址理事会先后在巴黎召开专门会议,对2008年申报"世遗"的项目进行两轮集体评估,确定向联合国教科文组织世界遗产大会提交的名单。"福建土楼"成为正式提请世界遗产大会审议表决的项目。
2008年	7月2—10日,联合国教科文组织世界遗产委员会在加拿大魁北克市召开第32届世界遗产大会,对包括"福建土楼"在内的2008年度申报世界遗产项目进行审查、表决。 北京时间7月7日凌晨,联合国世界遗产委员会在加拿大魁北克举行全体会议,土楼申报工作获得最后通过。

二、政府政策及客家文化精英的活动

(一)政府行为

1.成立申报工作机构

1998年5月,永定客家土楼申报世界文化遗产委员会成立(简称"申遗办"),由县委书记杜乔元任顾问,县长温锡浩任主任,分管领导任副主任,并抽调有关职能部门如:文物局等部门人员,设立专门办公室,由县政府分管领导任办公室主任,紧锣密鼓地开展土楼申报"世遗"工作。①

---

① 永定县县志办公室:《永定县志》(1988—2000)。

2.舆论宣传营造氛围

(1)营造土楼申报"世遗"氛围

2000年,县委、县政府提出"申报成功,宣传舆论先行"、"举全县之力,确保永定客家土楼申报'世遗'成功"的口号。2001年2月4日,永定县召开有1000多名干部和群众代表参加的永定客家土楼申报"世遗"动员大会,县委、县政府主要领导对申报工作进行动员,土楼申报"世遗"工作正式全面启动。会后,机构、人员、经费迅速到位,县委书记杜乔元、县长温锡浩亲自挂帅,除原来设立的办公室外,还成立拆迁安置、筹资、宣传、督查等12个工作组,各级各部门迅速行动起来,纷纷投入申报工作中去。县城中山公园入口处,竖起一幅大型宣传画,画面以永定客家土楼为背景,上方写着"举全县之力,做好永定客家土楼申报列入《世界遗产名录》工作"的醒目大字。为了让群众了解客家土楼申报"世遗"的标准、目的、意义、优势和存在的差距,申报"世遗"办公室还编印分发《永定客家土楼走向世界——申报世界文化遗产知识集锦》和《致村民的一封信》;湖坑、下洋、高头等3个乡(镇)分别召开誓师大会,营造土楼申报"世遗"的氛围。申报地所在乡镇的领导干部走村进户,面对面地向土楼居民宣传土楼申报"世遗"的重要意义。

(2)扩大对外宣传

1995年11月,永定县举办首届"中国福建永定土楼文化观光节"之际,日本、美国、新加坡、马来西亚等20多个国家以及国内许多专家学者云集永定,就如何深入挖掘土楼文化内涵,弘扬客家文化,创新传播载体,发展土楼旅游等课题,进行深入细致的研究与探讨。

此后,为了充分展示永定客家土楼的神奇魅力和独具特色的客家民俗风情,以"楼"为媒,加强对外联谊,扩大对外开放,把土楼推向世界,把永定推向世界。永定县政府于2001年10月、2004年12月,先后成功承办福建省第二届永定客家土楼文化旅游节、龙岩市第二届旅游节暨福建土楼文化旅游。由上海青年歌剧院青年作曲家刘湲作曲、由原籍永定的著名女指挥家郑小瑛执棒指挥、厦门爱乐乐团演奏的大型交响乐《土楼回响》先后两次在土楼之乡——永定响起。此后,《土楼回响》先后在全国包括香港、台北等40多个大中城市及日本、美国、新加坡等16个国家演出195场次。每次演出都是群情激奋、高潮迭起,反响强烈。《土楼回响》不仅为闽西客家文化和民间艺术的挖掘、开发与发展开辟了一条全新的道路,也奏响了中国区域文化与中华民族艺术在21世纪全面繁荣的先声。2008年7月,永定县政府又成功协办中国福建(永定)土楼客家文化节暨龙岩市第六届旅游节。这些大型活动,对于进一步推出客家土楼品牌,让世界更加关注土楼具有重要意义。

20世纪90年代以来,中央、省、市电视、报刊等新闻媒体大量宣传报道永定土楼,先后有中央电视台、人民日报社、福建日报社、韩国教育电视台等媒体到永定采访、拍摄土楼,有来自美国、日本、加拿大、澳大利亚、俄罗斯、德国、新加坡、马来西亚、南非等国家和地区的游客、旅行商前往永定客家土楼参观。2004年1月,在全国旅游工作会议上,永定客家土楼民俗文化村洪坑村被宣布为国家4A级旅游风景区。2005年"五一"黄金周期间,到永定土楼旅游的总人数和收益超过以往任何一个黄金周。其中,永定客家土楼民俗文化村接待游客同比增长32%,门票收入首次突破30万元;初溪土楼景区门票收入达10.5万元。2006年,在由福建省旅游局、福建日报社和海峡导报社主办的"福建最值得外国人去的10个地方"评选活动中,永定土楼榜上有名。2008年下半年,中央电视台持续开展永定客家土楼系列宣传活动:7月1日起,央视五套奥运频道《你好2008》栏目播出永定土楼画面;7月11日,央视一、四、七套将播出《请您欣赏:永定土楼风光》;7月30日,央视三套在《激情广场》栏目中播出"激情广场·情动永定土楼大型客家歌会";9—10月,央视一套《天气预报》播出永定土楼景观;12月,央视十套播出《神奇的福建永定客家土楼》。永定客家土楼已在全世界160多个国家和地区广泛传播。

(3)加强对内宣传

以宣传车、小册子、简报、标语、条幅、公开信、专栏等形式进行全方位宣传土楼申报"世遗"的目的、意义、目标和任务。其中2007年,编印福建(永定)土楼宣传手册、法律法规汇编、致全县人民的一封信、福建(永定)土楼乡土教材等共计3.5万份(册);编写土楼申报"世遗"《工作简报》33期;摄制《福建(永定)土楼"申遗"》宣传电视片一盒、《土楼人家话土楼》专题片13期;举办各类土楼知识讲座、培训班26期,举办群众文艺演出、出动宣传车下乡宣传、公映电影、出宣传栏共130场(次);发出"为保护福建(永定)土楼作贡献"捐款倡议书5000份。永定电视台、广播电台和《今日永定》网站分别开设"申报'世遗'利国利民"、"我为土楼申报'世遗'作贡献"、"关注'申遗'"、"土楼人家话土楼"专栏,播出有关土楼保护管理的法律法规和规章制度,宣传"申遗"工作开展情况。湖坑、下洋、高头等申报点所在乡镇分别召开誓师大会和申报区所在村全体村民参加的"申遗"工作座谈会,对申报工作进行再宣传、再发动、再部署。县人大、政协、团委、妇联等组织也分别召开座谈会,动员全社会共同关注土楼申报"世遗"工作。2007年4月1日起,县委、县政府全面开展以"扬客家文明、迎土楼申遗、美客家故里"为主题的城乡环境综合整治活动;县申遗办与县委办、县府办联合在全县范围内开展"我为土楼保护管理献计献策"、"特色土楼再次普查"、"土楼历史资料征集"、"我为保护福建(永定)土楼作贡献"等四项活动;县纪委、宣传部联合举行倾情奉献福建(永定)土楼"申遗"大型签名活动;县宣传部、文体局组织文艺宣传队,深入申报区乡镇、村开展有关土楼"申遗"的文艺宣传活动;电信、移动、联通公司为全县广大用户开通含有土楼文化内涵的彩铃、彩信和短信,并印制5万张有土楼宣传文字、画面的电话充值卡;县教育局一方面组织人员编写福建(永定)土楼乡土教材,对中小学生进行乡土知识教育;另一方面在全县中小学校举行知识竞赛、书法竞赛、征文活动等,提升中小学生爱护土楼、保护土楼的思想意识;申报区所在学校通过每周升旗仪式、班会课等平台,开展"我是'申遗'宣传员"活动,发动中小学生回家回楼讲文明、讲礼貌、讲卫生,争做"文明土楼小主人";申报区群众自发开展楼庆等活动,大大激发群众支持土楼"申遗"的热情。县申遗办组织有关专家深入申报区举办土楼保护管理知识培训班,对乡镇包村领导干部、乡镇土楼保护管理所工作人员、各村村主任、各楼楼长、安全员、卫生员等进行培训,帮助干部群众了解有关土楼的基本情况和掌握土楼保护管理方面的相关知识。县委、县政府主要领导、五套班子挂钩领导深入申报区乡镇,与广大提名土楼楼主进行座谈;各申报区乡镇主要领导逐楼召开群众座谈会;申报区乡镇、村干部进村入户与申报区群众进行面对面宣传。

3.资金筹措

(1)积极向上争取资金

共争取到中央、省、市下拨资金2000万元,其中2007年争取到800多万元。2006年8月18—24日,龙岩市文化与出版局副局长郑有扬、永定县政府副县长伊向荣率文化、申遗办有关人员专程赴北京国家文物局汇报永定县客家土楼申报"世遗"、国家文物保护单位土楼保护规划编制及国保级土楼维修方案的编制情况,以争取国家文物局对永定国保级土楼维修资金的支持。此外,采取"谁的孩子谁抱走"的办法,改造资金由各部门、各行业自行负责,共争取线网、路网、电网改造资金3000多万元。同时邀请各家银行行长参加专题会,商请各家银行以支持地方经济建设、服务老区人民为由,向上级争取贷款,为解决申报资金出一份力。其中2001年向世界银行贷款600万元。在资金筹集方面真正做到"八仙过海,各显神通"。至2007年,共投入申报工作资金上亿元。

(2)县财政加大投入

县政府集中财力,确保重点办大事,根据申报各阶段工作的需要,县财政想方设法挤出资金保证申报工作顺利进行。2001年,以县财政作担保向全县干部职工借款,共筹资450多万元。2000—2007年,县财政累计投入近8000万元。其中2007年投入2000多万元。对土楼景区的门票收入实行专户集中统一管理,将其作为"福建(永定)土楼"文化遗产保护管理经费的补充。

(3)向当地社会广泛募捐

2001年,开展"为土楼申报'世遗'作贡献"捐款活动,收到全县干部职工捐款30多万元,全县广大学生捐款2万多元。下洋镇初溪村91岁高龄的失散老红军徐初放老人,得知村里搞环境整治缺少资金,主动将平时省吃俭用节约下来的钱捐献出去。

(4)争取海外华侨捐资

发挥永定县侨、台、客家优势,由县侨联会及永定客家联谊会分别向旅外会馆、客属社团发募捐函,争取港澳同胞、台湾同胞、海外侨胞及海内外客属乡亲的捐资。同时,开展"为永定土楼申报'世遗'作贡献"捐款活动。至2001年底,向社会、海外侨胞、港澳台同胞募集资金200万元。

4.申报文本编撰

1999年开始着手申报文本撰写,县政府从人员、经费等方面给予重点保证,在省文化厅文物局的具体指导下,四易其稿,完成申报文本撰写任务,如期报送省文物局。2002年2月,申报文本由国家文物局报送联合国教科文组织。

5.基础设施建设

整修到土楼景区的道路。1999年下半年开始,县财政投入2000多万元,先后完成下洋至湖山、湖坑至实佳的道路黑色化建设和岐岭至洪坑水泥路面的铺设,完成湖坑至洪坑公路石灰坑路段改造,完成初溪旅游公路柏油路面改造。修建高北、实佳、初溪等6个观景台。2007年,对樟(柴树)下(洋)线、抚适线和湖坑至衍香楼、湖坑至高头、湖坑至隘背(与南靖交界处),

下洋至初溪等公路进行整修,完成砼路面挖补 7300 平方米,重铺 21 公里、计 1.24 万平方米;柏油路面修补 21 公里、计 3.3 万平方米;修复挡墙砌体 8 处、1200 米,砼路缘 29.5 公里,整修路面坑槽 16.5 公里。

2001—2005 年,县财政共投入 300 多万元,以土楼为馆舍,建立土楼博物馆(室)。2001 年,在湖坑镇新南村衍香楼开设楼史展陈室。同年 12 月,在洪坑村庆成楼创办永定客家土楼民俗博物馆。2004 年 12 月,湖坑镇西片村振福楼内的永定客家土楼博物馆和下洋镇初溪村的土楼文化博物馆均开馆投入使用。以上馆舍共布设展线 1300 米,展陈文物 2000 多件,全方位、真实地展示客家土楼文化的博大精深,对宣传客家土楼的价值,增强民众对客家土楼的保护意识发挥积极的作用。其中洪坑土楼群内的庆成楼客家民俗博物馆馆舍,投入 100 多万元进行维修,收集近 700 件文物布展。展线分为"前言"、"闽粤客家的璀璨明珠"、"古老神奇的东方城堡"、"古朴淳厚的民俗风情"、"走向世界的客家土楼"等五大部分,比较全面地反映客家文化、客家土楼和客家民俗方面的内容。2001 年 10 月永定县第二届土楼文化旅游节期间,该馆正式对外开放。2007 年 5 月,完成洪坑庆成楼永定客家土楼民俗博物馆、初溪集庆楼客家土楼文化博物馆及衍香楼史展陈室的整顿、补充、完善、调整、更新工作;在高北侨福楼和湖坑振福楼举办土楼书画展和土楼风光摄影展,展线 382 米,展出作品 242 张(幅)。

6.环境整治及重点土楼维修

土楼申报"世遗"的范围是整治的重点。2001 年 1 月,成立县、乡两级永定土楼申报"世遗"环境整治指挥部,制定整治工作方案和拆迁安置计划、管理办法,集中人力、物力、财力,开展环境整治工作。2001 年,全县土楼环境整治过程中,拆迁安置 325 户 1145 人,拆除不协调建筑总面积近 3 万平方米。洪坑村的拆迁安置、外墙改造、"三线"(电灯、电话、电视线路)入地全面完成,对村内不协调建筑进行全面改造,完成新村建设、环境美化工作。高北土楼群周边的拆迁安置、外墙改造、"三线"入地、新村建设、环境美化工作已完成。初溪土楼群周边环境的整治,衍香楼、振福楼、永康楼的环境整治工作在 2002 年 5 月全面结束。

按修旧如旧的原则,对 11 座土楼进行局部维修,对 3 座损坏较严重的土楼进行全面的保护性维修。2001 年 12 月至 2002 年 4 月,对奎聚楼、承启楼进行全面维修。

2002 年 3 月,根据专家要求,再次对申报区环境进行整治。至 2002 年 5

月,初溪土楼群周边环境的整治,衍香楼、振福楼、永康楼的环境整治工作全面结束。

2007年3月,按世界文化遗产标准和《福建土楼》申报文本的承诺要求,进行土楼周边环境整治和土楼维修,共拆除与土楼风貌不协调物、构筑物1.98万平方米;改造房屋13.45万平方米;改造安装自来水88户;改造桥梁9座。完成申报区及公路沿线绿化美化面积97.3万平方米,植树造林10.6万株,种植草皮8.8万平方米,种植花木16500丛。拆除申报区和公路沿线有碍观瞻的广告宣传牌177块,新立大幅土楼"申遗"广告牌6块。完成保护区楼外"三线"入地31.7公里,楼内"三线"整改172.4公里,新安装变压器1台,安装分电箱21个,集表箱257只,更换电表1025个,更换电信、电视中枢器22个。发动群众投工投劳,对申报区内44座重点土楼进行全面彻底的卫生整治,清除建筑垃圾、生活垃圾200多立方米,清理河道水沟9条、共12公里,并在申报区建立卫生长效监管机制。原来土楼居民房内没有卫生间,过道上放着敞开的尿桶;楼内院子中间养着牛羊猪狗,甚至鸡鸭成群,加上厨房和洗涤的污水,卫生环境状况比较差。通过整治,使楼内的环境彻底改观。对申报区大气、水质进行监控,对申报区周边的养猪场进行全面整顿,对专家考察沿途的3家水泥厂进行粉尘排放技改;清除不符合要求的养猪场6家,责令关闭了3家无证机砖厂、9家采石场;对县城6家大酒店、宾馆进行油烟治理。确保专家考察沿途和申报区排污达标、周边空气质量达标。按"保持原貌、修旧如旧"的原则,对申报区内23座本体土楼进行全面检查,对集庆楼、五云楼、衍香楼、初溪造纸作坊等进行了大面积维修,对余庆楼、绳庆楼、共庆楼、庆丰楼、庆洋楼等重点土楼的梁柱、瓦面、门窗等进行保护性维修和局部维修,确保土楼文物的真实性、完整性。同时,在申报区"三群二楼"新建游客服务中心3个、停车场5个、公厕6座。上述工作于当年5月底全面完成。

在整治过程中,涉及的群众都识大体顾大局,为了"世遗"不惜牺牲个人利益。初溪村村民徐九光的店门必须封住,由此他每年将会失去上万元的收入。对此,他不但没有怨言,反而主动提供修葺材料。远在石狮经商的衍香楼居民苏野接到要整治的电话后,当日赶了回来,主动带着家人将家里的烤房、大理石灶等不协调的建筑物拆除。洪坑民俗文化村的林日耕,常年为土楼旅游作导游,经营土楼酒家,年收入几万元。可他却带头与镇政府签订拆迁合同。他说,客家土楼列入《世界文化遗产名录》后,我们永定就有了走向世界的通行证,这是造福子孙万代的大好事,自己这代人吃点亏值得。这也是土楼拆迁户的共同心声。

(二)客家文化精英——学术研究及文艺创作

1990年10月,应福建人民出版社特约,永定县委宣传部主持编写图文并茂的《永定土楼》,由该出版社出版。该书形象生动地介绍了永定土楼的历史和现状。

1991年3月,土楼研究和土楼旅游开发引起福建省政协的关注,省政协赴龙岩考察组特地把永定土楼列为考察重点。考察后,对土楼研究和土楼旅游事业提出许多精辟的意见,龙岩地区和永定县领导都非常重视。

同年5月,在龙岩市委宣传部主持下,省内第一个在本土上研究土楼的专门机构——闽西土楼文化研究会在振成楼成立,开始土楼研究工作。

同年4月、7月,县政协文史委员会先后两次组队考察永定土楼,发现一批有五六百年历史的无石基土楼,为土楼研究提供了新的资料和线索。

1994年4月,在县委宣传部主持下,永定土楼文化研究会成立,进一步开展对土楼文化的研究。

同年10月,县政协文史委员会组队到宁化石壁考察客家祖地,把永定土楼演变与发展放到客家源流的历史大背景下考察,对永定土楼的渊源及成因做进一步探索。

1995年3月,县政协文史委员会又组队考察闽南土楼。通过几番考察研究,并对闽南土楼与永定土楼进行比较分析之后,形成《永定客家土楼的渊源和发展过程》一文(张弘昌执笔)。此文从永定客家的形成及其经济、政治、文化发展的历史层面来探讨永定土楼的产生与发展,材料比较丰富,论述比较客观,得出比较接近历史真实的结论。

同年11月,永定成功举办第一届永定土楼文化观光节。观光节期间,华侨大学建筑系副教授、土楼研究专家方拥应永定县委宣传部征稿,寄来《永定土楼作为旅游资源开发的可行性研究》一文,对永定土楼的类型、特性与价值,作了较准确的阐述,并对永定土楼产生、发展的具体历史背景,亦即学术界尚在饶有兴味地企图破译的永定土楼产生之谜,作了较有深度的探索,提供一个有独到见解和启发性的解答。永定亦编辑出版一套《永定土楼文化丛书》,共4册。其中《土楼楹联》、《土楼故事》、《土楼风情》由永定土楼文化研究会编辑,谢小建主编;《土楼探秘》由胡大新主编。这套丛书为认识土楼、研究土楼提供比较丰富的资料。

2000年,县老年科技工作者协会组成课题组,对振成楼和附近现代方形砖混结构的楼进行对比观测,形成研究报告《振成楼小气候特色与成因》(张兴兰执笔)。该文对一年中春夏秋冬代表月的现场实测,基本上摸清振成楼小气候变化的规律,并对振成楼"冬暖夏凉"的成因进行研究分析,得出土楼建筑设计深得环境卫生科学三昧的结论。

同年10月,永定土楼文化研究会召开第二届理事会,决定改名为永定县客家土楼文化研究会,并组成新的理事会。不久,编辑《永定客家土楼研究》一书,胡大新主编,由北京燕山出版社出版。

2002年,永定县地方志委开始着手编写《永定客家土楼志》,此书共45万字,除概述、大事记、附录外,共设土楼起源与发展,土楼类型、分布与传播,土楼建造,土楼特色,土楼的价值,土楼文化,土楼学术研究与文艺创作,人物,土楼管理与保护,土楼申报"世遗",土楼旅游等十二章。该志的编纂历时八载,一直伴随着土楼"申遗"的过程。

第四节　客家文化习俗的承继和再生

洪坑客家土楼民俗文化村中,许多村民虽然仍保留者许多传统的生计生活方式,村民们依然以家族为单位,聚居在土楼中,烧柴薪作为燃料,饮食习惯基本如故,但随着越来越多的年青人外出打工,从外面带回来的现代生活方式,很大程度上已使传统的生活方式受到很大冲击。

一、传统文化习俗的承继

(一)传统节日与饮食习俗

传统的饮食习俗往往与节日、节气、不同季节的生计方式和农事状况有着密切的联系。洪坑村村民由于大多仍然没有完全摆脱农事劳动,仍然保留了在特定的民俗节日制作传统客家小吃的习惯。

元宵节　正月十五日,人们习惯用红糖水煮实心汤圆,以象征一年的生活甜蜜,家人团圆。这一天不仅是元宵节,还是洪坑村祭公王的重要日子,村民们纷纷将家中的美食带到村中河边的大榕树下举行隆重的祭祀仪式。

清明节 家家户户都会制作野艾糍。由春分到清明期间,村民往往采摘艾叶做艾糍。春分过后就进入备耕开耕农忙时节了,所以俗语有说:"吃的野艾糍,肩头磨得损。"

端午节 五月初五日是端午节。农历五月正是黄豆成熟的时节,村民家中都会制作客家的特色美食——酿豆腐。

中元节 中国传统节日中的中元节是七月十五日,但当地客家人在七月十四日这一天祭祀祖先,俗称"鬼节"。据村民说,当年洪坑村的开基祖林氏有两兄弟,分居洪坑、岩太两地,为报老母养育之恩轮流奉养之法,议定端午、重阳、中元三节提前一天在洪坑母亲处过,以尽孝心,后来已成定例,沿袭至今。此时正是上半年的作物已经收获,下半年的耕种也已完成,人们正处农闲,于是家家户户磨豆腐,制作新鲜的花生,以及宰鸭子用来祭祀祖先。

重阳节 九月初九日,也是客家的鬼节,客家人祖上的二次葬都在这天进行。这天吃的小吃是九重皮。

(二)传统婚嫁习俗

在客家传统观念中,如果男子超过二十五岁还没有结婚,女子超过二十岁还不出嫁,就会被人家议论,父母也没面子、不光彩。在民国时期,男子十七八岁,女子十五六岁就结婚,一般都不超过二十岁。而做父母的更加迫切,一方面是为了传宗接代,另一方面还要考虑家族面子。一般家里即使再穷,借债、典当甚至卖田地也要把媳妇娶来,婚后生活如何就另当别论了。

相亲 相亲又叫"望人",男子由媒人(介绍人)带到女方家里,还有几个朋友陪同叫"做目镜",帮助男方观察和参考。男子见到女方要给脸花钱(见面礼,过去一对光洋,如今一般五十至一百元人民币),女方一定要煮点心和酒菜招待(中意煮面,不中意煮米粉)。女方则先偷看男方(或叫知己的女朋友代相)。同意就下楼见面,有的就在楼上栏杆亮一下相,然后媒人和女方父母座谈聘金、礼物和结婚料(包括猪、牛肉、鸡、鸭、粉面等),谈好了扎定(付定金),一股数字取个九字吉利,如三十九、六十九、九十九,逢九谐音"久",意思是长长久久。

送日子 送日子即订婚,就是决定结婚日期,要用红纸写一张"星期贴"。写明新娘出门、入门时辰和安床、喝交杯酒的时间。新郎送日子要先付一半聘金,如过去聘金光洋299元,就要付150元,当今人民币三至五千元,尾数也要"九",还要加三牲和香纸烛炮提供给女方敬神。

订婚仪式时,女子坐在大厅中央,接受婆母祝福,并由婆母给她戴上订婚戒指、耳环,仪式即算结束。

迎　亲　结婚前一天,旧社会男方要请轿子(花轿)、喇叭班、挑几担猪肉、牛肉、鱼、蛋、面、粉计二三百斤东西到女家,叫"起轿"。当晚在女方家住(新郎本人不去),第二天一早把新娘抬来。

新娘出嫁之前由父亲带到祠堂向祖宗拜别(烧纸),回家再拜天神、门神。临出门父母要办一桌酒菜为女儿饯行,送"扎腰银"和一包借心惜肝(一包米借加鸡心鸡肝)给女儿。出门时辰一到,由父亲扶上轿,新娘要大声啼哭,称"哭好命"。一家人送到大门口,就在这震耳的哭声和鞭炮声中把新娘抬走了。

迎亲队伍走在最前面的是"拖青",拉一根手臂粗连根带叶的绿竹,竹头部用红带子挂一块猪肉(带食禄)。接着是两顶"打灯轿",里面坐的是新娘的小弟弟或小堂弟,各有一盏风灯(船灯)点着从女家带到男家,以祝新娘来年生贵子。后面是新娘轿、轿两边跟着媒人与陪嫁人,轿后面是挑回席篮的,篮里面将男方挑来的东西每样留一点,意思是"吉祥"、"有余"。后面跟着喇叭鼓乐队与抬嫁妆队(嫁妆有桌椅、衣柜、箱笼、台镜、帐围、马桶等,衣服穿戴一应俱全,古时还有带棺材的)。民谣说:"上等人家赔钱嫁女,中等人家将钱嫁女、下等人家赚钱嫁女。"说明女方嫁妆的多少决定于家庭的经济条件。

入　门　新娘轿停在新郎家门口,等时辰一到就要入门。新郎头戴礼帽,身穿长衫,肩披红绸带,手上拿把纸扇来到轿前,先用纸扇轻敲一下轿门顶,新娘在轿里向外一脚踢开轿门,婆婆上前扶出新媳妇(也有叫别人多子孙的大娘扶)。此时门前鞭炮鼓乐齐鸣,新娘一踏进大门槛,把随身带的一包红枣、花生、糖果撒在门厅上,让看热闹的小孩抢拾,意思是进门后早生贵子、夫妻生活甜甜蜜蜜。由大门进到厅上拜堂,然后才进洞房。中午婚宴后,新郎新娘在新房内先喝"交杯酒",除鸡、鱼肉之外,还有一个分成两半的蛋,每人一片,各人先喝一口酒,然后对换杯子。喝交杯酒先由长辈主持人说好话,点燃两支蜡烛,同时口念:"双手点火,百年偕老。"如今,新娘到男家就不要这么麻烦了,只要几个女朋友陪嫁,远的坐车,近的步行到男家,入门一串炮,进门可同桌,嫁妆有皮箱、彩电、摩托车等,既简单又气派。

闹洞房　交杯酒喝过后,入夜就闹房,来闹房的都是年青男女朋友。在新社会,闹房不在卧室,改在厅堂,人多又热闹。闹房的程序是:先由新郎新娘向来宾敬茶、奉烟、分喜糖,闹房人中选出一两个主持人,把新娘的姓名、年龄、文化程度等情况当场介绍给大家,然后叫新郎介绍双方认识或恋爱经过,接着叫新郎新娘表演各种节目,如两人同喝一杯茶、吸一支烟或同唱一支歌。跳舞、挽肩、接吻等等。乡下人对这些节目都觉得新鲜有趣,往往看热闹的男女老少多达几百人,笑声不断,一直闹到深夜。

新时代的今天,把闹房改为"茶话会"或开"舞会"的。有的就改为招待电影、录像,形式比过去轻松得多。

送 亲 新娘在进门的第二天早饭后送亲。凡是出嫁时娘家来的人,吃了早饭就要回去,男家要给每个人送红包和一条毛巾,表示感谢和洗尘。他们临走时要向新娘道别,旧时新娘要大哭一场,以示依依不舍。临别时新娘只能步出房间相送。如今新社会就不同了,新娘既不哭也不只步出房门,而可送到楼外,甚至送到车站上车才回来。

客家人娶媳妇,旧社会规矩十分多,如送亲以后九朝探娘家,满月娘家母来看女儿等等,都是母女互相看望以叙别情而已。如今,客家人大多受现代观念影响,尤其是大量的年轻人外出打工,觉得传统的婚礼仪式"很土",在婚礼仪式上将传统习俗渐渐弱化或抛弃的现象越来越严重。拍婚纱照,去酒楼设置婚宴,甚至旅行结婚,已成为新时代客家年轻人热衷的选择。随着村落开发为旅游景区,时常在村落中表演的客家婚礼场景,早已失去传统的内涵,成为游客的娱乐节目。

二、客家文化遗产的再生

今天,文化遗产即传统,是构成"地方"之所以称其为"地方"的重要资源。实际上,当下的地方叙事里,有些所谓的传统实际上早就失去了生命力。然而,出于政治上、经济上的需要,却重新被再创造(范可,2008)。作为世界遗产地,洪坑村毫无疑问担负着保护、展示传统文化的重任。作为旅游景区,公司不得不迎合游客寻求异质文化的需求,将洪坑村作为一个展示客家民俗的舞台,每天上演传统客家人的生活方式。洪坑村一方面面临着传统文化的渐渐褪色,另一方面却要将客家文化作为一种特色产品,开发展演给参观"世遗"的学者或是游客。这一矛盾必然要通过传统文化的再生产来实现。

在器物层面上,土楼公司主要进行了"客家土楼"特色商品的开发,其中包括陶艺制品34种、陶瓷制品4种、树脂土楼模型系列24种、土楼笔筒系列

6 种、紫砂茶具 4 种、红釉系列纪念品 3 种、大理石影雕系列 6 种、土楼文化衫等服装系列 8 种。土楼公司计划联合工艺品开发商根据客家文化元素来创意旅游商品,扶持龙岩地区民间工艺师傅、书画家和家庭手工艺作坊进行规模化生产。

永定客家食品类的土特产也纳入土楼公司的开发规划中。公司准备借助现有的食品加工企业,投入设备资金,试产具有客家土楼特点的土特产,重点挖掘闽西八大干、土楼王茶、下洋鸭爪、中川牛肉丸、柿子加工产品、粄类食品、芋仔包、客家娘酒等。另外,土楼公司还借助土楼客家文化节,进行土楼旅游商品的宣传:举办"客家土楼文化旅游纪念品设计大赛",并通过各大网站广征创意,最终完成制作"文化节"专项纪念品——"太极土楼"紫砂壶纪念品。同时,把楹联、民间传统礼仪、客家传统文化等通过整理,以书籍和影像资料等形式展示出来,做成文化商品出售给游客。

土楼公司还以"提升客家传统和民间文化艺术"为己任,在旅游景区加入客家民俗文化表演活动。土楼公司成立民俗表演队,为游客表演闽西汉剧、提线木偶戏、闽西客家十番音乐、客家山歌等民间艺术,向游客更形象具体的宣传客家文化。

在庆城楼客家民俗博物馆中,每天都上演"客家特色艺能"表演。如申请了吉尼斯世界纪录的民间艺人×××吹奏树叶、吹奏雨伞表演;获得国家三级演奏员称号的民间艺人李福渊表演的倒弹扬琴、"一个人的十番乐队"——单人同时弹奏五种乐器(唢呐、扬琴、小鼓、钹、树叶)、同时在一架扬琴上弹奏两首曲子等绝艺表演。当地村民对这些新奇的表演十分的不以为然:"这些人都是旅游公司从别的乡镇,甚至是别的县花钱请来的,那些花里胡哨的表演根本不是客家的(曲艺),他们在我们土楼这样表演,会让外面的人(游客)误以为我们土楼客家人就是这样的。"村民言语间偶尔流露出排斥的情绪。但游客并不在意这些表演项目是否出自客家文化,但新奇的表演形式确实吸引了游客的眼球。

如果说这些表演不能算作是植根于客家文化,这只是土楼公司打着"客家文化"的旗号,借助这一文化标签新开发出来的旅游产品。民俗文化村中的婚嫁表演、山歌表演、木偶戏表演、游龙表演、"山歌大王"李天生的竹板山歌表演等项目则是在原有客家文化基础上,对传统文化的再生和振兴。

诚然,现在青年们已不再举行传统的婚礼仪式了,作为当地文化的一部分传统的婚礼形式已经在人们的实际生活中消失,仅仅存在于人们的记忆

图 5-4 "一个人的十番乐队"

图片来源:笔者田野资料。

图 5-5 福裕楼内的木偶戏表演

图片来源:笔者田野资料。

中。然而,为了增加景区中的旅游项目,土楼公司把客家传统婚礼又重新挖掘出来,经过一番包装在"十一"黄金周重新出现在人们面前。婚礼表演由土楼公司雇来的演员以福裕楼为舞台,每天演出一场,演出时间为固定的每天上午 9:00～11:00。游客们不仅可以看到整个的婚嫁过程,并且可以参与其中,体验一把做传统的客家"新娘"或"新郎"的感觉。但体验不是免费的,婚礼表演中扮成"伴娘"的工作人员会以"按照传统习俗"为借口向男性游客索要红包。这当然是公司安排的固定节目,收取的红包利润除了给演员们固定比例的抽成,其余的都纳入土楼公司的收入中。在整个婚嫁表演的过程中,传统的客家文化似乎借助"世遗旅游"这颗"还魂丹"得到了重生,但传统再生产的过程并非复活传统文化的过程,它只是借助地方传统的"壳",实际上赋予了新的内涵。

文化的再生产并非完全的复旧或者机械的发生历史循环。萧凤霞(1989)认为,文化的复兴并不是传统的真实的复制,虽然现在的婚礼也有着传统的仪式程序,但今非昔比,因为前后的意义已经发生了根本性的转变。意大利文艺复兴运动其目的并不在于复古,而是借助于复古提倡一种新的人文精神。我们发现,今日洪坑村因旅游而生的传统文化的复兴和展演,恐怕应该定义为一种文化发明与创造,这个过程采取了貌似传统的形式而已。霍布斯鲍姆(2004)说:"总之,它们采取参照旧形势的方式来回应新形势,或是通过近乎强制性的重复来建立他们自己的过去。"

第五节 客家族群认同的强化

洪坑客家土楼民俗文化村在申遗过程中强化客家认同、重构地方传统文化的现象,背后有着深层次的原因。首先,是由于洪坑村地处客家族群与闽南族群交界地区,历史上族群冲突时有发生,从而本地人的认同感就相对较强。其次,从心理层面而言,新中国成立后,特别是改革开放以来,大量青壮年洪坑人常年外出务工,客家身份对于其在外的发展没有实际帮助,因而客家认同感也就渐渐减弱。而当"客家土楼"成为永定县的名片,客家身份面临利益的最大化时,洪坑人果断地选择了主动追求。如果说是因为"申遗"激起了洪坑人的客家身份荣誉感,而旅游直接刺激和鼓励了洪坑人的客家身份选择,那么另外一个主要因素也不可忽视,就是客家精英和地方政府的推动,正是这个因素强化了洪坑客家人的这种身份认同感。

一、政府对当代客家认同的推动

王明珂(2003)认为,认同与区分是人类社会结群现象的一体两面。空间、资源环境、与人群在其间的资源分配、分享与竞争体系,是人类社会分群的主要背景。在"福建土楼"申遗的背景下,永定土楼为获取到更多的旅游资源,着重强调本地的文化特征——"客家文化",以区分于其他两个申遗地区(华安土楼、南靖土楼),并与他们两地展开了激烈的竞争。"如果说,当年的民族主义运动通过对'地方'和传统的强调与肯定的目的是在于建构民族国家认同"(范可,2008),那么如今的客家土楼的申遗运动则是国家权力(地方政府为代表)有意识的通过对当地"客家文化"的强调和再造,来建构地方族群的认同。

"福建土楼"的世界文化遗产称号是以永定、南靖、华安三地的土楼和土楼群,经过福建省申遗办的重新整合,联合申请的。但是由于南靖行政归属上属于漳州,而漳州则是一般意义上的闽南地区。这样客家地区的"永定土楼"与闽南地区的"南靖土楼"之间的资源竞争关系,成为族群认同与区分的主要背景。

当笔者来到永定县申遗办时,几个办公室都是空着,办公人员只有五个人。申遗办的负责人告诉笔者:申遗办只是一个临时单位,申遗成功了,申遗办的职责也就完成了。目前申遗办正在和永定县文物局做交接手续,等一切都交接妥当,世遗办就要被撤销了。现在世遗办的工作人员统统各自回到抽调的原单位。

"那永定县申遗办的上级部门——福建省申遗办呢?"笔者很是疑惑。

> 我们同福建省申遗办只有业务关系,不存在上下级的从属关系。只是因为省里面在当年武夷山申请世遗时已经有过申遗经验了,他们对申遗规则会比较了解。再加上,现在是三个县的土楼资源整合到一起申遗,需要有一个能在宏观上协调运作的部门。所以省世遗办只是对三个县的申遗办提出规范要求、协调三者的申遗步骤。至于安排落实具体工作,如宣传、维修直至土楼符合世遗标准等实务性工作则是由各县自己负责。

笔者之前已经了解到,在旅游开发方面南靖土楼是永定土楼强劲的竞争对手。但对于其中的原因一直只能猜测到是因为南靖土楼地理位置的优势。南靖土楼位于漳州市与龙岩市交界处,实际上南靖土楼到永定洪坑土楼的距离并不远,在新的旅游路建成后,只需要半个小时的摩托车程即可到达。但南靖属于闽南地区靠近厦门,游客特别是旅游团往往先在厦门游玩,或是远途游客乘坐飞机前来福建,南靖土楼是三个世遗地点里距离厦门最近的,并且位于厦门通往永定的必经之路上,在交通位置上南靖占尽先机。

但事情并没有笔者之前想象的这样简单,显然地理位置的优越确实是南靖土楼能与永定土楼竞争的一个重要原因,但政治、文化上的原因却被忽视了。

县世遗办官员提醒我们:在申遗过程中和申遗成功后,南靖土楼其实获得了比永定土楼更多的旅游资源。原因有四个:

第一,政府重视。南靖土楼建造年代较晚,由于经济落后在装饰和文化内涵上比永定土楼差,并且旅游开发的也比永定晚很多,只是近两三年才兴起的。但是由于当地经济较不发达,没有其他经济支柱,因而县政府十分重视,将旅游收入作为南靖县经济创收的一种途径,从土楼的宣传、规划都投入了大量资金,还聘请了专家,管理十分到位。因此南靖土楼旅游走在了永定土楼前面。

而永定县一直靠煤矿产业作为县支柱产业,投入少、利润高、见效快。因而在"申遗"前,永定县并不十分重视旅游开发。

第二,宣传重点。永定县发展旅游已经有18年的历史了,但一直没有把"永定""客家"土楼这几个关键词作为宣传点,只是申遗之后才开始把"永定""客家"作为土楼宣传的关键词。因而,花费了十年的时间,永定对土楼的宣传仅仅是普及了大众对土楼这一建筑形式的浅层认识,却没有让大众记住"永定"、记住"客家"。因而前期永定土楼旅游发展的十八年光阴,对申遗后的永定客家土楼在与起步晚的南靖土楼争夺旅游资源中并没有显著优势。

第三,宣传口号。南靖土楼的旅游宣传口号为:"福建土楼在南靖"、"福建土楼故里南靖"、"四菜一汤"(田螺坑土楼群)"北斗七星"(河坑土楼群)、"世外桃源八卦村"(塔下)。南靖把风水话语运用到土楼宣传中,形象而奇特,充满神秘感和传统文化的意味,游客通常都会记忆深刻。

永定土楼的宣传语:"福建土楼之都客家故里永定"企图将"福建土楼"这一世遗标签与"客家""永定"融合在一起,让游客在记住世遗"福建土楼"的同时,也记住永定的客家文化。但实际效果却因字数过多,语句偏长,犯了宣传语的大忌。实际的效果远不如南靖的口号让游客记忆深刻。

并且南靖在2009年7月"申遗"成功之前一直是以"福建土楼在南靖"为口号进行宣传。致使很多不了解情况的游客都误以为:南靖土楼才是"世界文化遗产——福建土楼",而以"客家土楼"或"福建客家土楼"进行宣传的永定土楼不能让游客直接联想到世遗"福建土楼"。

第四,闽南族群的优势。对于南靖土楼的旅游宣传口号为:"福建土楼在南靖"、"福建土楼故里南靖",永定县申遗办的官员对此有很多不满。他认为"福建土楼"这一世遗标签是以永定县、南靖县、华安县三个县土楼的名义共同申请的,理应是三个县共享的资源。但是南靖土楼打出"福建土楼在南靖"、"福建土楼故里南靖"的标语口号,会让游客误以为南靖的土楼就是世遗"福建土楼",而将二者混为一谈。永定县世遗办官员认为,这样其实是抢夺了其他两个县的旅游资源。

笔者正想要提问:这样明显的违规行为为什么没有上层管理机构去规范制止呢?世遗办官员已经预料到,又补充道:

> 人家是闽南地区的,我们是客家人呗。原来,南靖原本属于客家地区,但在行政区划上属于漳州,即闽南地区。因而某些土楼的居民开始渐渐把自己认同为闽南人,虽然改了族群认同,但其生活习惯和语言却很大程度上保留了客家的影子。更重要的是,南靖县的政府官员大多都按照行政区划的划分方式,认为自己是闽南人,由此而获得更多的政治利益。闽南人在福建省内的势力和影响力都比较大,跟省里的关系很不一般,我们客家人势力会弱很多。所以南靖土楼单独使用"福建土楼"这个称号造成误导游客的行为,虽然被省里的领导口头批评过许多次了,但南靖仍然在使用这些标语没有改变,省里面护着他们,关系很暧昧,也就对他们睁一只眼闭一只眼了。既没有严格叫停,更没有严责惩罚。
>
> 有一次去省里面开会,我们把永定县政府请专家做的旅游规划书按要求带去给省领导批阅,但会议一结束,南靖方面就已经拿到我们的规划书了。省里面偏袒他们闽南人,对客家没有那么重视,连我们永定土楼的商业机密都泄露给南靖。
>
> 有专家、领导下来视察,省里面就会安排来我们永定。他们当然也知道我们永定的土楼比南靖的更有历史文化价值。但是"福建土楼"的部署会议却都放在南靖去开,显然把南靖放在我们土楼申遗的三个县的中心位置。省里面明显是偏向南靖的嘛!

经过笔者对当地政府材料的梳理,部分证实了这一说法。

"毋庸讳言,对一些地方的当政者而言,传统或文化遗产可以是某种获利的工具"(范可,2007)。南靖土楼与永定土楼之争,不仅仅是表面上闽南族群与客家族群地方文化之间的竞争,究其根源还是旅游资源的竞争。而正是这两地资源、经济利益的争夺,进一步激起了族群间的"排他意识",对外部的"排他"与对内部的认同必然导致的过程。而突显、强调甚至重构族群文化,既是"排他"与"认同"的表现,同时又推动着认同感强化。

二、地方民众的认同

"今天,传统或文化遗产已然成为重新建构地方认同的重要资源"(范可,2008)。政府或土楼公司用"客家文化"来包装永定土楼,并将这种解释同迎合游客的猎奇心理相结合写入景区导游词。公司用这样的导游词去培训景区讲解员,景区讲解员又把这些经过加工的土楼解释每天轮番几百遍的传播给每一个到土楼参观旅游的游客,在这一过程中,每天身居景区中的村民也渐渐被这些导游解说词所洗脑。如:笔者问村民有关土楼很多问题,他们的解释与土楼公司导游们的导游词基本一致。原本对于传统文化,村民本身并没有多少自觉意识,但经过旅游公司导游之口,他们平时生活中的很多早已习以为常的生活习惯或习俗却统统贴上了客家文化的标签,这无形中增强了村民对自己客家身份的自豪感,于是他们也乐于认可并接受了这种"官方版本",当地村民脑中对于当地传统文化已经渐渐模糊的轮廓又开始被重新建构并清晰起来,潜移默化之中对土楼客家人的认同感也增强了。

笔者在于村民的交谈中发现:村民在描述某段历史或某个现状的时候,经常会用到"我们客家"这个自称,说明当地的村民们已经在潜意识中区分出"我者"和"他者",并刻意突出当地文化特点来强调自己的客家身份。

为了了解永定客家土楼与南靖土楼的文化差异,笔者曾特地转去南靖申遗的土楼群村落去做了短期的调查。南靖的当地村民已经在身份认同上将自己划为闽南族群了,但是据用摩托车载笔者前去的洪坑村民说:"他们(南靖田螺坑村民)说的话我基本上都可以听懂,就是我们客家话嘛。"笔者找到一个田螺坑的村民,对他表示希望了解田螺坑的历史来源。田螺坑的这个村民很高兴,他说:

> 我们的祖先原来不是住在这里,是从永定奥香村迁来的。600多年前,我们的开基祖黄百三郎靠放鸭子为生,放鸭子的时候来到这,发现这里山脚下河边地里到处都是田螺,觉得这是个养母鸭的好地方,就在这里的山坡上搭了个小房住下来了。他养的鸭子吃了这里的田螺,每次都生两只蛋,于是就靠卖鸭蛋的钱发了家,盖起了土楼。

在最后他又补充道:"但我们是闽南人,不是客家人。"陪同笔者前去的洪坑村民听到后,脸上浮现出很复杂的表情。

南靖田螺坑之行结束后,笔者再次回到洪坑村,并与洪坑村民谈论起南靖土楼。在听说田螺坑村民自认为不是客家人而是闽南人的说法后,所有的洪坑村民都很不解:

> 他们明明是从我们村子不远的另一个村子迁出去的,这一点他们自己也承认,这么证据确凿的,怎么还说自己不是客家人呢?我们村子与田螺坑之间百年来一直都有通婚,他们说的也是客家话,怎么就变成闽南人了?他们既然承认是客家人的后代,那就明显是客家人嘛。

接着村民们又七嘴八舌讨论道:

> 田螺坑的土楼也还是我们客家人建的呢!当年田螺坑的祖先要在当地建土楼,可当地请不到会建土楼的工匠,后来还是请的我们湖坑这边的师傅去建的。

> 再说,南靖田螺坑的祖先是靠卖鸭蛋起家的,家底到底是不够丰厚。你看他们那边的土楼装饰上都很简陋,没有什么文化内涵,只不过是建在山坡上,外形比较奇特而已。我们洪坑这边的土楼就不一样啦!我们这边是靠卖烟刀起家的,那当然比他们家底厚,你看振成楼、福裕楼那些土楼,建筑装饰都很精细,门楣、题字、各种风水造型很是讲究,而且我们又重视教育,我们洪坑土楼比他们有文化内涵。

最后大家得出这样一个结论:南靖田螺坑土楼就是客家人的土楼,是永定客家土楼的一个分支,并且这个分支远远不如永定客家土楼有价值。

洪坑村民认同感加强还可以从另一个方面得到体现,即"申遗"引起村民对当地传统文化的重新解读。

在"申遗"成功前,社区当中几乎完全是一个老年社区,年轻人全部都外出上学打工,留守村中的只有老人和上小学孩子,可以说这是一个文化萎缩的社区。一个社区,在其社会成员大都外迁流失的情况下,也会导致它的传统的地方性文化随之弱化、萎缩、甚至濒危。随着"申遗"成功,永定县政府加大对客家土楼的开发重视和资金投入,特别是县政府授意下,土楼公司在开发永定土楼时主打"客家文化牌",这使得有些村民也开始把目光从外地转投到本村,这些村民在回村参与旅游产业的同时也对本地的传统文化有了兴趣。

笔者在田野地点的主要报道人之一"阿光",原本是村中的木匠,20世纪

90年代中期便带着一身的手艺同亲戚一起闯荡到永定县城,一直从事建筑装修的工作,并在县城买了房。直到半年前,他放弃了在县城的工作回到村中,在振成楼前的小广场上做起了给游客拍照的生意。他对于景区导游对村中土楼的讲解和土楼公司安排的民俗表演都很不认可:

> 前几天,公司为了迎接奥运冠军团来洪坑参观,特地请了个舞龙队,表演客家舞龙。那些个舞龙队都是从外面请来的,不是本地人。我们本村传统舞龙都有自己的章法,那些外地舞龙队不知道这些,只会乱舞。
>
> 既然土楼现在申报为世界文化遗产,那要向外面(外界游客)宣传土楼、展示土楼,就要重视我们村里的传统。现在的民俗表演都乱改了我们的传统,那还是真正的客家土楼文化吗?土楼公司应该请一个村里懂传统的人做顾问,或是请本村的村民组成民俗表演队,那样表演出来的才是原汁原味的客家土楼的文化。

阿光对振成楼楼主林日耕对振成楼的解释也很不认可:

> 现在大家都说振成楼的风水好,因为振成楼坐北朝南,前后左右拱卫着四座山峰,就说这是"左青龙、右白虎、前朱雀、后玄武",是风水宝地。其实,哪里是什么风水宝地啊,那里风水很不好的。我们的祖先里建楼都会请很好的风水先生,所以比较好的风水早就被前辈的祖先们选了址建了楼。以前我们村是分为上村和下村,所谓的下村就是我们现在作为客家土楼民俗文化村景区的这一部分,下村建的比较晚,风水都不如建楼较早的上村。而振成楼又位于下村的村尾,这在以前是没有人要的地方。最明显的你一看就明白,上村和下村是按照流经村中的河水流向来定的,河水由村头流到村尾,全村的人都在里面洗衣、洗澡、洗菜、洗马桶,等上村洗过这些东西的水流至下村的时候,水质就不太好了。所以以前大家都不喜欢住在村尾,这里风水怎么可能会好。振成楼建楼的时间很晚,当时村中合适建楼的地址已经被占满了,没有办法只好选到村尾。至于"左青龙、右白虎、前朱雀、后玄武",那是后面强加上的。按道理说背山面水风水才是好的,四面环山财气都被堵死了,哪里还会有好风水啊!现在是为了旅游才这么说的,振成楼是村中最有名的土楼,当然要把它说成是哪里都很好啦!这样游客才喜欢听嘛。这些都是我回到村中摆照相摊之后,问了很多村中的老人,才想到的。我还把这些自己对村中风水的考证写了好几篇文章,改天可以拿

给你看。

"阿光"从一个离开洪坑村多年在外谋生,早已远离了当地传统文化的游子,转变为一个回迁洪坑村,开始重视本村传统,甚至自发的重新思考并挖掘本村的民俗和风水文化的村民。这其中的转变很大程度上是与"申遗"有着密切相关的原因。

"申遗"背后引发的一连串的影响,不仅是刺激了当地的旅游开发,从而带来直接的经济利益和潜在的经济利益,还包括在经济利益的驱使下,村民们对自我的地方文化的重视和重新认识,并在政府的倡导下有意识地强化对自己文化的认同。

第六节 社区内部不同利益群体的关系

"申遗"的其中一个副产品就是遗产旅游,这通常是一个由政府主导,政府、旅游公司和当地居民作为利益相关者,同时在经济利益的驱使下共同参与、互动的过程。

利益相关者理论最初属于管理学的范畴,其基本思想来源于一种协作或合作的观念。1963年,斯坦福研究所(Stanford Research Institute)首次使用了利益相关者理论这一术语。弗里曼(1984)把利益相关者定义为"任何可以影响组织目标的或被该目标影响的群体或个人",认为任何一个企业的发展和生存都离不开各种利益相关者的投入和参与,企业应该将员工、消费者以及政治、社会、经济都纳入管理中,承担起企业应负的责任。

利益相关者理论很快就被引入到旅游学中,大卫·韦弗和马丁·沃普曼对旅游利益主体进行了界定,认为旅游利益主体主要包括旅游者、旅游业、客源地政府、东道主政府、东道主社区、非政府组织、大学等,并绘制了旅游利益主体系统图,每一个利益主体的活动都是双向互动、相互影响的,旅游开发项目必须研究旅游利益主体,重视旅游项目对目的地的社会、经济、环境诸方面的影响,协调利益主体的关系,走旅游可持续发展的道路。因此,引入利益主体理论的旅游开发过程中的利益主体就是"影响旅游开发过程或被旅游开发活动所影响的群体或个人"。

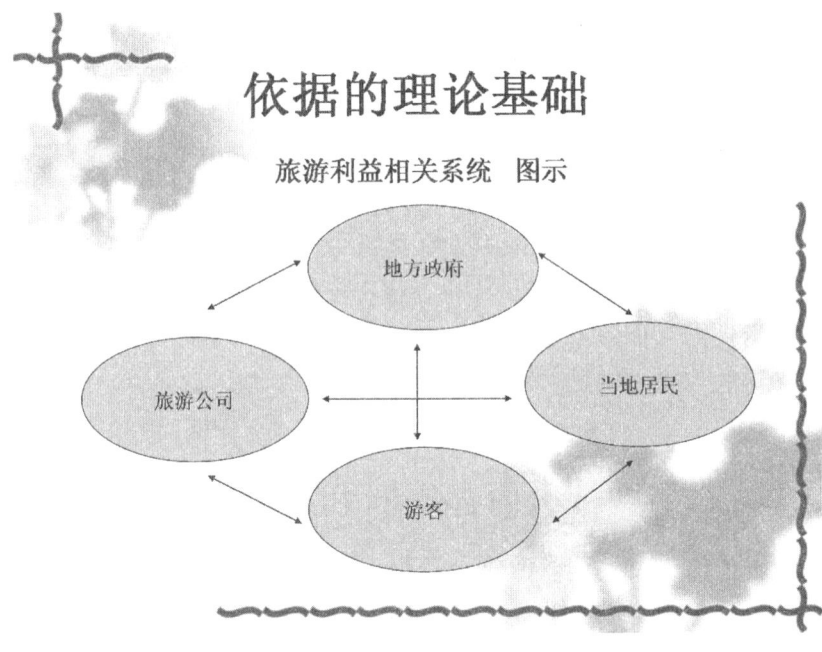

图 5-6　旅游利益相关系统图

一、公司与村民的关系

土楼公司作为旅游景区的经营方,其最大利益在于利润最大化,当地居民的利益经常被忽略。在土楼旅游开发过程中,虽然已有一部分土楼居民参与到旅游业当中,例如担任向导,用自己的感受和经历讲述土楼的文化和内涵;或者是开设土楼饭店和小旅馆。但是大部分居民没有受过旅游知识和旅游法规的培训,对土楼旅游的认识和参与不足。同时他们是旅游负面影响的最大受害者,有时有外地亲友来访也被景区保安强制收门票,当地地价、物价上涨,环境被破坏,原本属于当地居民的资源都成为旅游经营者向旅游者提供的商业产品的一部分。土楼之所以是有生命力的"文化遗产"而非失去了文化功能的"文化遗存"(或称"文化残存"),土楼居民及其生活中的文化传承是决定性因素。因此,旅游企业应更多地关注当地居民的利益,让他们在旅游发展中得到更多的收益,从而达到双赢。

案例一:

土楼公司租用土楼经营的租金过少,而且只有被保护的几个"国宝"楼,这也让很多村民,包括几个"国宝楼"的楼主都很有意见。一方面普通村民认为申请世遗的是洪坑土楼群,那么公司在租下洪坑土楼群建成客家民俗文化村景区之后,景区中的村民应该获得一定的经济补偿。但事实情况是:土楼公司除了个别租下了三栋"国宝楼"之外,只是以每年三万元的租金向村委会租下了洪坑村下村的经营权。而这三万元在镇政府的财政监督下,是用作村委会的日常开支的经费,并没有分给村民。因而在整个公司租赁洪坑村用作旅游开发的过程中,村民没有得到任何经济补偿。许多村民认为:土楼公司在拿着我们的村子作为景区来赚钱,可到头来钱却都被旅游公司赚走了,村民们没有得到什么好处。反而给生活造成了许多不便,如:亲友进村探访被景区售票处强制收门票,村民家中经常有游客擅自闯入参观、拍照。另一方面,土楼公司每年付给三个"国宝楼"的租金是:振成楼一年35000元/年,奎聚楼8000元/年、福裕楼6000元/年,这三东楼的楼主也向笔者表示这样的租金太低。奎聚楼主曾抱怨:

> 我们以前还没有申请到世界文化遗产,公司只给我们8000元/年的租金。我们楼中有40户,平均每户只能分到200元/每年,这样的租金也太低了。我们也不愿意租,向政府和土楼公司争取了很久,但都没有用。公司的背后是政府,不租不行啊!可政府只顾着公司的利益,不顾我们村民的利益。土楼申遗后,旅游发展起来,可只是富了公司和政府的腰包,大部分村民一点好处都得不到。

> 申请了世遗之后,公司准备以每年1.5万元的租金租下我们楼(奎聚楼),并且一次就要签20年的合同,这也太不合理了。先不说奎聚楼已经是"世遗楼",目前以1.5元万/年的租金就很低,"世遗楼"不止这个价啊!再加上,土楼公司要我们一下子签20年的合同,也就是说接下来的20年都要按照1.5万元的价格出租给公司。20年的时间里1.5万元人民币到时候贬值贬的连口锅都买不起。这是老祖宗留给我们的东西,不能那么廉价就胡乱租了啊,到时候子孙后代会怪我们怎么当年那么低价还签了20年的合约。这就跟让我们廉价卖楼差不多。

案例二:

土楼公司禁止村民私自带游客逃票进入景区,认为逃票影响收入。可这在操作上却存在很大难题:公司的售票处很难判断村民带入村中的是逃票的游客还是来访的亲戚、朋友,没有一个统一的判断标准。这就为土楼公司的管理和村民的日常生活都带来很大麻烦。曾经有一次,村民们因为公司阻止振成楼的一个楼主带亲戚进入景区,强迫其买票,双方冲突不断升级,镇政府甚至派了公安来现场维持秩序,但政府派来的公安站在和公司同一个立场,"镇压"了村民的"暴动"。村民们在无奈之下采取了"非暴力不合作"活动,以振成楼为代表。在一位振成楼楼主的号召下,振成楼关闭大门,拒绝接待游客。这次的事件给了公司很大的震撼,公司开始重视在"带客逃票"问题上缓和与村民的矛盾,但由于没有一个根本的解决办法,村民与公司的冲突仍然时有发生。在笔者田野期间,就曾有一天夜里,有村民偷偷放火烧掉了位于景区门口查票处的保安亭。据说这是一位白天带亲戚进景区却被当作带客逃票的村民做的。这件事性质恶劣,引起了镇派出所的高度重视,派来了很多警力来调查此案。但有很多村民暗地里拍手称快,觉得终于有人替他们出了口怨气。

案例三:

景区管理规定明确表示:不允许在景区中摆摊设点。可还是有村民在景区内摆摊叫卖水果和纪念品,因此和公司发生矛盾,多次货物和摊位被扔到溪里,村民意见很大。公司方认为他们是依照有关规定执行公务,并且已经给了经营临时摊点的村民许多优惠措施了。例如,原本规定的是在作为"世界文化遗产"的洪坑景区内,完全不允许出现临时摊点。但经过与村民的探讨协商,将村中大榕树下作为村民摆设临时摊点的统一区域,在此区域外不允许乱摆设摊点。另外,公司还对洪坑村中所有村民经营者不收取任何管理费用,只是监督非流动性店铺的经营执照和许可证,以减轻村民的负担。至于那些在规定区域外路边随意设置的摊点,劝说其离开,如遇到反抗才会请出湖坑镇派出所的民警协助。掀翻村民摊位,把货物扔到河里的事情很少发生。

案例四:

原本村民集资在景区买了13辆电瓶车拉客,但2009年初土楼公司为迎接申遗到来加强管理,以向村民赎买的方式收回电瓶车由公司统一管理。有些合资购买电瓶车的村民十分不满:

> 公司将我们集资买的电瓶车强制收走,到现在已经半年了,既没有给过我们一分钱,也没有把车还给我们,甚至连个说法都没给。有些没有电瓶车牌照的集资村民反而都按照原来电瓶车价格的9.8折得到公司赎买金,可我们有牌照的到现在都还没有拿到钱。

公司则认为电瓶车已经按照原本售价的9.8折向村民车主购买,将电瓶车统一管理理由是原有的电瓶车速度太快,怕村民借此带人逃票,电瓶车的

第五章 客家传统社区的重构——以永定县湖坑镇洪坑村客家民俗文化村为例

服务收费也不统一。现在公司统一培训后,电瓶车的司机全部换成女司机,免费向游客开放,有人觉得公司断了其收入方式,感觉其利益受损了。

案例五:讲解证问题

村民反映公司要求在景区内带游客讲解必须通过公司统一组织的培训,并考取讲解证,但实际上即使考到景区颁发的讲解证的村民也很少能带到游客。村民对此的解释是,土楼公司专门雇佣的正规导游,通常在售票处等候。收入归公司,自己拿抽成。而村民给游客导游却不上缴公司任何费用,公司得不到利益,因此让公司的导游对游客宣传不要接受不正规的"野导"。公司对此的解释是村民没有接受过专业的训练,不熟悉景区,会误讲、乱讲,很可能破坏土楼形象。另外,公司声称还有些村民会让游客去自己家开的店铺去消费,这样做不规范会破坏土楼店铺经营的秩序。

案例六:天后宫事件

天后宫位于客家土楼民俗文化村的入口处,是游客进入景区的第一站。历史上由于环境恶劣,仅靠从事农业生产无法满足当地村民的生存需要,因而很多村民当时选择了外出谋生,有些人从此迁往外地甚至海外定居;也有一些村民选择了带着从外地学来的技术(烟刀制作、木匠、泥瓦匠等)和资金回到村中,而同时也带回来了妈祖信仰。因为村中家家户户都有在外谋生的亲人,妈祖女神很快有了众多信徒,其庆典活动的隆重程度甚至早已超过了公祠祭祖活动。而又因为妈祖女神生前姓林,洪坑村民也是林氏后人,因而感情更加亲近,称呼妈祖为"姑婆"。但旅游公司承包村子经营权的时候,村委会将妈祖庙的经营权也一并给了土楼公司,导致村民对此十分不满。

土楼公司在承包村庄的时候得到其经营权,后又以第一年3万元,第二年4.5万元的费用转包给一个浙江商人经营。这商人此前一直经营着同为世界文化遗产地的武夷山的寺庙。其义务是修缮维护寺庙,承包天后宫后仍然不收门票,其收入来源主要有三种:求签解签、游客自愿投入功德箱的香火钱,向香客游客兜售福牌(他们自制的红色小木牌,上面可以写下姓名和许的愿望——据寺庙的管理人员说是开过光的,一排排密密麻麻挂在天井两侧的柱子间拉起的绳子上),以及香客(多为华侨)对寺庙的捐资。寺中无和尚也无道士,有个身穿黑色传统开襟衫的白胖年轻人,在笔者提醒下说自己是住寺的居士,给香客宣传福牌的好处,声称免费让人写福牌,自愿给点香火钱1~2块钱就好,最近几天搞活动平时没有这么优惠。听上去像是超市特卖活动。当天是周末,由于阵雨游客不是很多,但是五分钟内还是出现了2个香客写了福牌自己挂在院子的绳子上,心满意足的离去。还有个年纪稍大些身着同样服装的"居士"正在正殿一侧用黄布帘隔出的小厢房内给香客解签。

对于公司将村里的天后宫租与外地人经营的事情,有很多洪坑村民都很不满,纷纷表示天后宫是全村人的信仰朝拜地,公司却把村民朝拜他们心中最重要的神明的地方——天后宫,像件商品一样租售了出去,这是对妈祖的亵渎,对村民信仰的不尊重。

案例七:

笔者在村口榕树下向村民发放问卷了解洪坑村基本情况时,大部分村民都不愿配合填写,推脱说:"不懂不懂";"不会写字";"我什么都不清楚,不要问我"或是"我很忙,没有时间。"但当有个别村民在填写问卷,与周围村民交流时,很多围观的村民七嘴八舌地议论,纷纷对现状表示不满,抱怨"拿我们的土楼申报了世遗,招揽游客,政府和旅游公司把钱都赚走了,我们却没有赚到钱,生活水平也没什么提高。"但当笔者要求他们将这一情况如实反映到问卷当中时,村民们却都摆手拒绝,说:"我们是敢怒不敢言!"

土楼旅游公司洪坑景区管理处的游经理表示,由于目前永定县的旅游开发还处于起步阶段,很多旅游设施都还不完备,尤其是景区周边没有相应的购物、住宿、娱乐等设施,也没有兴建购物区。景区管理处设置的游客服务中心是景区内唯一的"正规商店",除此之外都是本村村民在自家土楼内或路边经营店铺。游客通常没有太多选择,都会向村民购买商品。而且随着"福建土楼"世遗申报成功,游客也比之前增加了,村民收入应该有了很大提高。例如在"十一"黄金周期间,暂且不提振成楼楼主的经营收入,就拿路边摆摊的村民来说,他们每个摊点的收入每天至少也会有300~500元。只要村民肯经营,都有获得不错的收入。况且,景区管理处已经给予村民很宽松的经营环境了。原本景区内是不许摆设摊点的,但经过与村民的协商,景区管理处并没有完全取缔村民的经营摊点,而是治理取缔了景区道路两旁的违规摊点,把河边大榕树下原本村民乘凉的空地作为相对固定的经营场所,规范村民经营。为了能让村民能得到更多的实惠,景区管理处对景区内所有的村民经营项目都没有收取任何费用,只是责令店铺办理相关经营执照和卫生许可证。

在矛盾的解决方式上,村民只能以忍耐、暗中的不配合不合作,或矛盾激化时的过激抗争等方式,以促使土楼公司的让步。如以上描述的村民关门拒接游客、烧保安亭、冒充游客去省旅游局投诉土楼公司。但这始终是消极抵抗方式,不能从根本上解决二者之间的矛盾。

而公司开始采取一些措施让利于民,给了村民适当的利益,如:为全体洪坑户籍的村民购买社会保险;从2008年7月开始,洪坑村景区范围内的居民,凡年龄在60周岁以上的都可以在土楼公司获得每月100元的生活补助;过年过节组织老人搞活动等。并鼓励村民参与到世遗地旅游发展中来,如:在土楼公司十年规划中明确了计划南溪兴办由当地村民主导参与的农家乐,兴建购物街租给村民等。这种让村民参与到旅游收入的分配中的做法,长远来看是最根本的解决二者之间矛盾的方式。

村民对景区的态度是在不同人群身上,不同的事件上也会有差异,二者之间并非只存在利益分配不均而产生的矛盾冲突。一方面,在土楼开发中没有获得经济利益或获得经济利益较少的村民对土楼公司的态度是不满和抗争,这方面的事例以上举了很多;另一方面,一部分村民对于土楼公司的主管是敬畏并且主动逢迎的。这部分人以村委会干部和村民中开办家庭旅馆和饭店的小生意者为主。他们希望能与土楼公司的管理人员主动结交良好关系,对于其经营活动给予方便。本质上还是经济利益的驱动使然。

二、公司与政府的关系

土楼公司虽然有永定县政府一手承办,且由原永定县财政局局长担任总经理,在当地有着强大的靠山,但与湖坑镇的各个机关部门仍然既有着经济利益的一致,又有利益的分歧。

首先,土楼公司代表的永定县政府的利益,这与地方乡镇政府的利益必然具有某种程度的一致性。在民俗文化村景区内,公司与村民间的矛盾时常处于紧张状态,即使平时没有过激冲突,景区内的秩序仍然很难靠景区的几个管理人员去维持。这样就不得不依赖湖坑镇派出所的民警。一旦发生景区管理人员与村民的冲突时,镇派出所人员立即随时赶到,维持治安(当然更多是维护景区管理处的利益)。平时派出所也派有值班人员每天按时在景区内巡视,协助景区人员规范管理村民在路边出售水果、纪念品的小摊点。而景区管理处则每年提供资金,作为镇派出所的办公经费。

其次,土楼公司是永定县政府直属的,理论上说各个景区的利润收入都直接归入总公司,最后成为县财政收入的一部分。然而由于永定客家土楼的旅游发展尚处于起步阶段,除门票外几乎没有其他购、住、娱等项目收入,

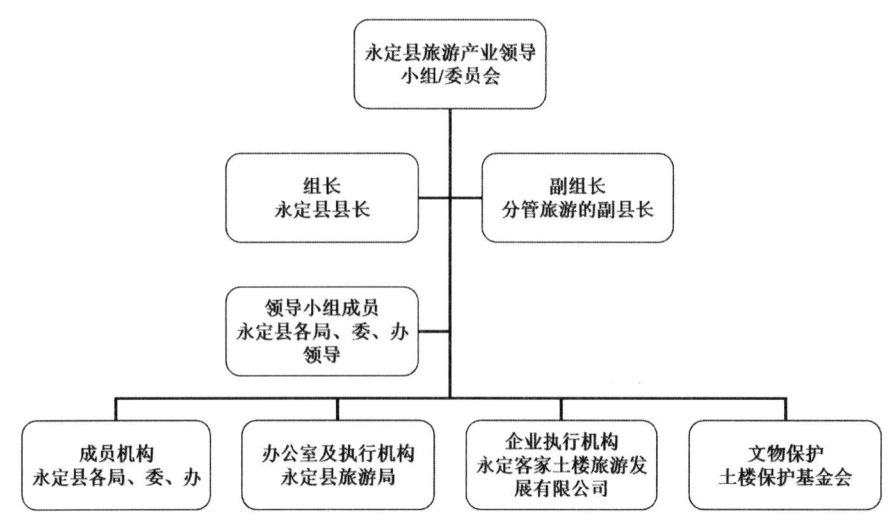

图 5-7　永定县旅游产业领导小组机构设置

资料来源:《做大永定旅游业的对策此措施》,福建土楼旅游发展有限公司内部材料。

各项基础设施尚处于建设阶段,实际上目前公司是靠县财政补贴,支出大于收入的。而客家民俗文化村虽然位于湖坑镇洪坑村,但当地的镇一级的政府部门目前却很难因此而获得直接的经济收入。这种利益分配的不均必然会引发矛盾,只不过由于土楼公司背后代表的是永定县政府的利益,这种矛盾只能是隐性的,也必然会通过一种更为隐蔽的方式去调和。于是,湖坑镇政府的各级大小官员常来民俗文化村景区管理处"揩油",都企图来分一杯羹,否则就会暗中不配合公司,景区管理处的经理原话是:"常给我们小鞋穿。"

民俗文化村景区管理处的 Y 经理抱怨说:

> 按照公司规定:县级以上的领导来视察时才是免收门票的,但实际操作起来却行不通。现在不要说县级、副县级领导来了是免票的,就算是镇长、书记带了人来,并提前给我打过招呼的,也不能收门票啊! 不但免票,而且有时还要安排好吃住和专门的导游讲解,把他们伺候好。否则的话,梁子就此结下,以后的工作就会遇到很多不必要的麻烦了。不要说镇长,我们就是连镇上派出所所长、指导员都得罪不起啊!

但通过其他访谈渠道,笔者了解到:永定县政府对土楼公司的态度是全力支持的,因为二者的利益基本一致;永定县政府为了缓和土楼公司与湖坑镇的矛盾关系,以行政命令的方式让土楼公司拨了 20 万元给镇政府,支持乡镇建设。虽然旅游公司对个别的政府官员有些许意见,但二者出于最终利益的一致性,并没有突出的矛盾。

三、政府与村民的关系

为了申请世界文化遗产,政府对世遗申报区(其中包括客家土楼民俗文化村)进行了大规模的环境整治,如:永定县前后共拆除与土楼风貌不协调的建筑物 37001 平方米,搬迁安置农户 476 户、1492 人,房屋外墙改造 22513 平方米,绿化美化面积 53500 平方米,改造和拓宽公路 47 公里;"三线"(电力、电信、电视)入地总长度达 60.9 公里。其中洪坑村就强制拆迁了农户房屋 78 户,政府在给予拆迁户一定补贴后,还将洪坑村口的六连村的部分土地作为新的住宅建筑用地分给拆迁村民。然而让村民不满的是:一方面,政府当初是强制征地,在征地过程中肯定会遇到阻力,但政府解决的办法过于行政化,说服教育不足。很多村民心中虽然也支持土楼申遗,但却被迫迁出家园,心中难免不平;另一方面,村民中有许多人抱怨政府对拆迁户的补贴过少,迁去六连村后建房"连个壳都建不起来";另外,由于原本是世遗保护区——洪坑村的村民,却要住在世遗区外面,"心里总感觉不舒服,好像被世遗排除在外了"。

关于保护永定客家土楼景区旅游资源的通告

(1)永定客家土楼范围为:以湖坑历史文化名镇为中心,包括洪坑村、集镇控制区范围和西片、新南、南中、南江、实佳等行政村,以及下洋初溪村、高头高北村和其他县级以上文物保护单位的保护范围。

(2)禁止在景区公路沿线第一重山及保护范围内采石、挖沙取土、损坏植被、毁林开荒、建造坟墓等破坏旅游资源的活动。

(3)景区内严格用地审批,严禁乱建;在珍贵景物周围和重要土楼景点上除必须保护的附属设施外,不得增建其他任何设施。

(4)凡新建建筑物的选址和设计方案必须报有关职能部门审查同意。

(5)禁止在景区道路两旁、景区停车场、土楼景点附近堆放杂物、晾晒谷物等。

(6)严禁往沿溪排放生产、生活污水及垃圾等。

(7)禁止在景区保护范围内第一重山砍伐天然林。

(8)禁止对景区内的古建筑、古迹、岩石、树木等进行涂写、刻画等破坏行为。

对照这份《关于保护永定客家土楼景区旅游资源的通告》,可以发现在制定这份政府文件的时候,政府站在高高在上的管理者的立场上着眼于"保护"、"禁止"、"严禁"等事项,但却忽视了身居客家土楼景区内的村民们的生活便利。例如通告第五条:"禁止在景区道路两旁、景区停车场、土楼景点附近堆放杂物、晾晒谷物等。"

永定县政府也许并没有对景区村民的经济生活方式有太多了解。据笔者在田野地点的实地考察,发现景区内常驻村民很多人依然不能依靠旅游收入维生,一半以上的村民仍然没有脱离农事劳动,几乎家家的水稻等粮食都是用于自给自足。由于自家种出的新粮没有经历专门的脱水工序,潮湿天气里很容易发霉,因此村民们秋天粮食收获后的一个时期内习惯在村头、路边等空地上晾晒谷物,防止发霉。这在客家农村地区是个很常见的传统。

但是《关于保护永定客家土楼景区旅游资源的通告》的出台,使那些原本就没有在景区旅游开发中获益的村民,生活中增添了更多不便。

四、村民内部的关系

洪坑村中虽然都是源于同一个林氏祖先,但经过几百年的发展也分为不同的房支,不同房支间的经济实力和在村中的影响力也各有差别。在旅游开始进入这个社区后,村民在旅游中获取的资源和利益差距明显,被列入世遗名单的土楼,其楼主在旅游资源的分配中占尽先机,以振成楼、奎聚楼和福裕楼为代表的"三大名楼"为代表的楼主,是村民中获得利益最多的群体,以旅游收入作为主要或全部收入来源,甚至因此获得了政治利益(林日耕,永定县政协委员);其余留守村民虽在旅游中也获得一些经济收入(摆摊、开饭店),但大多数人的生计方式仍以农业生产为主。

(一)"三大名楼"在旅游资源的分配中占据不同的地位

振成楼是永定县最早宣传开发旅游的土楼,加之游客的脑海中土楼就是邮票上的那样,圆形的才是他们心目中想要看到的"纯正"的土楼,所以最受到认可。并且振成楼还是进入民俗文化村的第一站,无论是振成楼的建筑设计、内部环境、文化气氛、旅游设施,还是楼内居民的旅游服务意识的开放程度,及其对游客的主动态度,尤其是振成楼楼主阿耕的个人名气和激情讲解及其旅游十年培养出的对游客心理的精准把握,都使振成楼在吸引住游客方面更有优势。加上振成楼中人才辈出,各家培养出了多位高级知识分子,还有早年去香港谋生现在回到土楼中居住的老人,整体村民素质比较高,更容易让游客接受。相比同村其他土楼,振成楼内店铺多,出售的商品种类多,有专门的店铺出售旅游纪念品和特产,并且在村内最早开办饭店、家庭旅馆等,旅游配套相对更丰富。振成楼的楼主不仅在村内的旅游竞争中占据优势,在其他方面相对其他土楼家族也更具影响力:楼主阿耕旅游收入最多,还是龙岩市政协委员;阿耕家族出了多位院士和海外华侨富商,人才多、地位高。显然,这些都使得振成楼在村中享有特殊的地位。

奎聚楼和福裕楼都没有位置的优势,离景区入口较远,游客要步行十多分钟才能到达,导游说有些个别的游客看完振成楼就直接回去,不往后面去看其他的土楼了。在到达这两栋楼的时候,游客往往已经在振成楼购物了一番,或是没有购物的打算,而楼中卖纪念品的店铺数量不多,品种也不如振成楼丰富,因而游客相对较少在这两栋楼中购买纪念品。在店铺收入上,比振成楼要低很多,

奎聚楼虽然在建筑规模和室内面积上比振成楼要大,但是视觉效果上并没有振成楼那样的开阔感,空间较为局促,游客往往浏览一番,在奎聚楼中停留的时间很短就转移到下一个景点。再加上奎聚楼没有开设饭店和旅社,收入上就又比其他二者少很多。

福裕楼是景区安排的旅游路线的第三个景点,其位置位于洪坑村中心的洪坑溪畔,背山面水据说风水极佳,因而家族一直十分兴旺。福裕楼属于官府式土楼——五凤楼,造型独特,由三个相对独立的院落构成。右侧院落的楼主很有经商头脑,将自己拥有的院落开发成集食宿于一体的家庭旅馆,生意十分兴隆。左侧院落的楼主原本没有什么特色经营,只是卖些旅游纪念品,收入很有限。但9月初,楼主与公司签订了租赁合同,将自有院落交由土楼公司开发成客家民俗婚庆表演和木偶戏表演的场所,收入也很可观。

福裕楼百年来靠打制烟刀起家,经济实力雄厚,且楼主多重视子孙教育,被村民公认为是洪坑村百年来的"头家"。

关于振成楼的建筑资金来源村中一位林氏老人还告诉笔者这样一个传说:

振成楼的居民祖上原本是从福裕楼迁出来的。当初福裕楼的三个

兄弟一起经营烟刀生意,由于打制烟刀需要用到木炭,他们就雇佣村民上山挖窑烧炭。有一天在挖新窑的时候,无意间挖到了一个大墓,墓里面都是银圆和财宝。当时工人就立即报告给掌柜,三兄弟听到这个消息合计了一下,就让挖窑的村民停工先回家去等消息。可半夜里这三兄弟和亲戚几个人就偷偷上山,把墓中的财宝全部挖出来运回家了。福裕楼三兄弟突然间发了财的消息很快在村民中流传起来,可顾虑到福裕楼住着的是村里的头家,势力很大,村民们也拿他们没有办法。后来,福裕楼一直对外宣称他们发家是靠烟刀生意,但是实际上打制烟刀并非暴利,靠着一把刀一把刀的卖怎么可能会那么快就迅速暴富了起来。

有了这笔钱,三兄弟拿出一部分在村尾又盖了一座楼,这就是振成楼。

(二) 争楼事件

"申遗"使土楼的价值由偏僻山区里的村舍,飞升为"国宝"、"世界文化遗产"。近年来永定县政府高度重视土楼"申遗",村民们开始渐渐意识到从自己父辈手里传给他们的祖屋,竟然有着无法比拟的价值。于是有些早年迁出土楼,定居城市的人们又开始返回故乡,争夺土楼的所有权。有些因为争楼纠纷,亲戚间甚至反目成仇、闹上法庭。

据《永定土楼志》记述,在传统的客家土楼村落中,房屋归属通常有不成文的规定:

> 房产和田地一般按"房份"均分,一个儿子算一房(旧时妻子和女儿没有继承权)。到了下一代,儿子多、人丁旺的,其房产和田地又均分成几份,各人分得的房间和田地就少;儿子少的,特别是几代单传的,占有的房间和田地便比较多。土楼人家还有一条规矩,子孙若因天灾人祸致使生活困难,需出卖房产的,必须经本楼长辈同意,至亲签字画押,决不许卖给外楼人。由于各方之间的利害关系,外楼人一般也不敢贸然买下。本楼实在找不到买主时,往往由管理公田的长辈用公款暂时买下,以缓解生活困难者的不时之需,使本楼房产不致落入外人之手。

在笔者调查期间,庆城楼的叔侄之间就正在因争楼纠纷僵持不下。庆城楼早年原本分属于林永泰、林永荣两兄弟居住。林永泰去世较早,永泰妻子几年后带着儿子改嫁,并搬出庆城楼。后来永泰的儿子去香港做生意,定居在香港。而原本应有林永泰儿子继承的部分土楼房间,就一直由林永荣父子五人打理居住。直到两年前,永泰的儿子在政府"申遗"宣传的感染下,意识到故乡土楼的价值,他认为自己按照父系血缘关系继承权来算,应该享有庆城楼一半的所有权。林永荣父子当然不肯轻易地将庆城楼的一半所有权拱手让人,在协商无果的情况下,永泰的儿子便委托律师将叔父告上法庭,以求得到他认为应由自己继承的土楼所有权。

然而,土楼所有权的归属变更并没有如此简单,其中还涉及土楼的经营权,经营收入的分配等问题。永泰儿子不仅要求永荣父子归还其半座土楼的所有权,还要求得到之前庆城楼出租费用的相应部分。事实上,永荣父子一直只将明确属于自己的半座土楼出租给土楼公司,另外部分并不在土楼公司租楼合约范围内。收到永泰儿子的委托,一家永定县的律师事务所按照法定程序开始查找所有庆城楼的租楼合约,但其中波折重重。由于福建省永定客家土楼旅游发展有限公司是在原有的永定县土楼旅游开发公司的基础上改组重新挂牌成立的,最初与庆城楼签订租楼合同的是永定县土楼旅游开发公司,从2009年开始与庆城楼签订租楼合同的单位变更为福建省永定客家土楼旅游发展有限公司。改组后的公司没有保留之前公司与洪坑村民完整的租楼合约。由于缺乏足够证据,这场叔侄争楼的官司一直纠缠至2009年。而理论上应属于永泰儿子的半座土楼,由于归属权不明确既不能出租,也乏人打理,目前半座楼仍然空置,很多木构件已损坏也无人修缮。

至于原本租给土楼公司的半座楼,由新成立的福建省永定客家土楼旅游发展有限公司重新装修,作为"客家土楼民俗博物馆"展出了许多公司人员从村民家中回收购买来的许多传统器物,如:日常起居用品、农具、烟刀、牌匾、契约文书等。目前,土楼公司把"客家土楼民俗博物馆"包装成一个旅游景点,向游客免费开放。同时在庆城楼的天井和祖堂位置,每天都有公司长年从别的乡镇雇来的民俗表演乐手为游客现场表演:吹奏树叶,自创的组合乐器表演、倒弹扬琴等奇特绝技,十分受游客欢迎。

成功"申遗"后,永定县政府大力开发土楼旅游业,旅游资源的开发必然影响到多个利益群体的利益,若处理不当,不仅会造成各种各样的矛盾,而且会严重影响"世界遗产地"的保护与可持续利用。在永定县洪坑村,代表了政府利益的土楼公司在申遗成功即将来临之际设置了洪坑景区管理处,开始进驻这一社区,并以租赁其经营权的方式将村落社区的管理直接纳入土楼公司,乃至县政府的规划中。

第七节 结 论

永定县洪坑村是永定县最早进行旅游开发的社区,作为永定土楼旅游的重点项目,在十年"申遗"过程中受到较大的影响,文化变迁特征较为明显。我们对永定土楼"申遗"的过程进行了详细的梳理,并从政府和客家文化精英两个角度分别表述,目的在于展示"申遗"过程中一个传统社区的社会文化变迁。对于"申遗"影响,分别从三个不同角度论述:关注地方性的传统文化在遗产运动中是如何被描述、再造与展演,全球化的遗产运动将对地方社会结构与身份认同产生怎样的影响,在"申遗"的刺激下当地政府和土楼公司开始强调客家文化的价值,这绝不单纯是为了复兴传统文化的目的,经济利益毫无疑问是其中重要的因素,而经济利益的分配则直接导致了社区关系的重新构建。

永定土楼的"申遗",可以说是伴随着地方利用强化和重构自我历史、文化资源来突出自我的认同建构过程,而政治话语与权力的干涉下地方社会的失语、经济利益分配不均导致遗产地社会的矛盾同时也伴随其中。

当政治权力、旅游业带来的经济利益与"申遗"相遇时,地方性的自我表达湮没在"他者"的表述与解释中。目前永定县政府针对"世遗"土楼及其所属社区制定的遗产保护政策和土楼公司的管理大都属于社区外部官方话语层面,其中缺失了对地方话语的关注,致使世遗地的洪坑村民处于文化失语状态。正如彭兆荣所说的:"遗产的主体,即遗产的创造者与'发明者'在很大程度上并没有成为代表遗产'发声'的主体,却经常处于对'自己的财产'丧失发言权的情状之中。……所以,对遗产最有处置权的理应是既代表族群又反映个人意愿的人群共同体"(彭兆荣,2008)。

与此同时,对文化遗产地的居民来说,文化上的失语还伴随着经济利益的忽视。洪坑村作为遗产旅游正在兴起的社区,由于旅游公司景区管理处的介入,原本传统社区的社会关系被打乱,由于在世遗旅游中获得的经济利益的不同,新的社会层次关系正在形成。政治话语与权力的干涉下地方社会的失语、经济利益分配不均导致遗产地社会的抗争和冲突(如投诉、闭门拒接游客、烧保安亭)不断,这一点在第五章的多个案例中都可以得到体现。而笔者用利益相关者理论意图说明作为土楼旅游当中的一个主要的利益相关者,当地村民的经济利益也要考虑到。否则,利益分配的不均衡不仅会引起利益群体之间的冲突,不利于社区的稳定,并且会影响到当地村民对遗产旅游的参与积极性,从而加剧地方社会的失语。

一旦"世遗"失去了地方性表述,虽然可以通过文化的展演让原本失去生命力的地方传统又再次呈现,但这种"呈现"并不是地方传统的复苏,而是在地方权力的干涉下,出于政治经济需要而被人为地再创造。其结果或许会如张小军所担心的那样:"文化遗产本来的文化意义和文化安排正在被人们无情地抛弃而非真正的继承……继承性的'文化遗产'(将)沦为另类商业功能之'文化遗存'"(张小军,2005)。

当然,在看到当前洪坑村社区内部由于政治权力的介入和经济利益分配不均而导致地方社会文化失语的同时,我们也乐观的发现:已经有村民开始对政府和公司对社区传统文化的表述产生不满,认为其忽略了当地人的"声音"。以"阿光"为代表的洪坑村民开始自觉的挖掘和重视对自我文化的解释,并希望把这种来自当地村民的"声音"传达给代表着政府利益的土楼公司。笔者离开洪坑村之前,也听说洪坑村里一位德高望重的已退休的小学校长已经开始着手编写本村的村志,希望本村的传统文化得以保存和继承。而外出年轻人开始有小部分人因"申遗"而回迁到村中,这又为传统的继承提供了载体。所有这一切似乎预示着地方社会不甘心也不会一直处于文化的失语状况,当地村民对本村传统文化的地方性叙述将为世界文化遗产——洪坑土楼注入新的生机。

附录一

福建省永定县旅游发展总体规划(2008—2020)(部分)

第七章 旅游发展战略

第三十七条 "世遗"项目先导战略

以永定土楼成功申遗为契机,优先启动永定境内的"世遗"项目,并同时在其核心区域及周边区域优先打造旅游景区、片区,创造旅游热点、塑造旅游品牌、打造旅游产业。

第三十八条 国际化旅游开发战略

充分发挥永定拥有世界级的旅游资源和良好的区位条件,坚持"以国际旅游为突破、国内旅游为基础和核心、国际国内兼顾"的发展方针,以"国际化视野、国际化定位、国际化人才、国际化营销"理念为指导,加快旅游国际化步伐,推动永定旅游产业快速发展。

第三十九条 区域联合互动发展战略

充分利用其地缘优势和资源优势,借助高速公路等快速交通网络建设,积极参与区域合作,融入海西旅游区,创建"福建土楼"旅游核心目的地和闽粤赣客家文化旅游圈集散地。

第四十条 形象重塑与文化复兴战略

按照"福建土楼之都客家故里永定"的概念,创建世界文化遗产有效保护与合理利用的典范,重塑县城形象——构建"客家文化城",打造客家文化标志物——"客家圣殿",推进客家文化的复兴。

第四十一条 推进旅游产业深入发展战略

加快休闲度假、会议商务和其他的专项旅游产品的开发,构建多样化旅游产品体系,打造旅游精品;重视"食、住、行、游、娱、购"六大要素配套体系建设,整体提高各行业发展水平,共同营造旅游发展大环境,实现互惠互利、百业兴旺的良好局面。

第四十二条 推进城镇化和新农村建设战略

旅游业的发展应与县域非农经济和城镇化发展相结合,发展特色旅游乡镇,促进新农村建设,引导居民积极参加景区建设,提高居民素质。通过旅游业的发展不断促进县域产业结构优化升级,促进城镇化进程和新农村建设,改善城乡人居环境,让广大群众共享旅游发展带来的好处。

第十一章 旅游产品开发

第六十条 旅游产品开发重点

1.优化提升旅游产品结构。

以特色旅游产品培育为重点,以土楼旅游、客家文化旅游、自然观光、综合性休闲度假四大产品为主导,以属性产品、线路产品、景区景点、要素服务产品、节庆及文化活动产品为主要类别,构建多功能、多层次,特色鲜明且有特定主题的旅游产品体系。

2.打造永定特色旅游产品集群。

依托旅游资源、客源市场、可进入性等条件,培育客家土楼观光、土楼+温泉、客家文化+山水生态三张特色品牌,并按照旅游产品在空间上的优势聚集地域,组合产品属性,打造国内外著名的组合型度假旅游目的地。

第六十一条 四大主要旅游产品开发

1.土楼旅游产品开发

以世界文化遗产为主要游览内容,进行深度的土楼观光旅游。并通过丰富的客家文化演绎、体验真实体验、各类民俗风情表演对产品进行深此度的提升,并逐步使单一的观光形态逐步向旅游度假形态转变。其核心发展区域是东部土楼文化旅游组团。

2.客家文化旅游产品开发

重点建设客家圣殿、客家文化广场与公园,重点发展客家风情风貌体验、客家朝觐旅游、客家宗祠宗庙文化旅游。核心发展区域在县城及东部土楼文化旅游区,在西部则体现为将客家文化符号注入旅游景区、景点的形象建设中去。

同时大力挖掘、保护、传承及弘扬永定非物质文化遗产。如已被列入国家级非物质文化遗产名单的"客家土楼营造技艺"、"闽西客家'十番音乐'"、"闽西汉剧",正在申报的"中医养生(万应茶)",列入福建省非物质文化遗产名单的"永定客家山歌"。土楼楹联、土楼风水学以及作大福、打新婚、四月

八、迎花灯闹古事、迎春牛等永定民俗文化也具有重要的保护和开发价值，应加紧申报国家级、省级非物质文化遗产，并在旅游开发中，使其成为重要的特色产品。武平民间绝技、龙岩采茶灯、傀儡戏、客家春耕习俗、闽西元宵节庆等也可一并吸收应用。

3.自然观光产品开发

重点开发龙湖、王寿山、东华山以及北部生态农业与高山湿地旅游。形成永定旅游的重要产品。

4.综合性休闲度假产品开发

重点开发土楼村落旅游、龙湖滨水旅居休闲旅游、温泉疗养、休闲运动旅游以及度假饭店、客家美食产品、文化休闲娱乐产品等。

四大旅游产品的开发，以土楼旅游产品开发为主，其他三类旅游产品开发主要依托和服务于土楼旅游市场的发展，并充分注重该系列产品与土楼产品的复合、互补式开发。

第六十二条 六大特色产品开发

开发特色乡村旅游、红色遗址旅游、风水堪舆旅游、宗教宗庙旅游、温泉休闲旅游、侨乡体验旅游六大特色产品。六大特色产品均以客家土楼作为主要载体，但在主题上有所倾向，以形成特色。

第六十三条 创新八大文化产品

开发土楼风云实景演出、客家风俗系列表演、微缩土楼世界巡展、土楼艺术作品巡演、永定山水系列影视、土楼文化节等节事活动、世界楹联大赛、客家乡土文化系列等八大文化产品。

第十二章 重点开发项目

第六十四条 重点开发建设项目

(一)洪坑景区(洪坑土楼民俗文化村)

洪坑村土楼民俗文化村现状古朴如画的民居建筑，山水如歌的自然生态，雄浑的客家土楼，淳净如梦的客家村落，勾列出一幅原汁原味、质朴沉静的古村落画卷。规划以游线组织为主线，溯溪而上，根据景点特色，依次划分为十三个特色各异功能区，并对每个功能区的重点建设项目进行细化，以期赋予她游客所期望的观赏性、艺术性、趣味性、知识性和参与功能，打造经典的"世遗古村落游"，旅游核心内容为世遗土楼观光、客家文化展示及历史演绎。

（1）开发利用鸭子潭至现有景区大门部分的村落及土地，以停车场、餐饮购物和酒店服务功能为主。

（2）入口集散广场区位于洪川溪东岸、现状停车场处，主要用于景区售票及停放穿越村内的电瓶车。

（3）在入口集散广场与天后宫之间的洪坑历史文化展示区。

（4）将现有接待中心进行升级，设置旅游商品展示中心等设施，为VIP游客提供接待咨询服务。

（5）重点展示世遗土楼王子振成楼。该区应严格按照世遗保护的要求，保持其控制范围内的原风貌，包括农田等。该区应将楼内商业迁出。

（6）由福兴楼至如升楼的区域设置休憩购物区。

（7）林氏家庙，主要用于宣传和介绍林氏家族的历史，形成宗庙文化旅游区，可围绕其形成一系列关于姓氏族谱的介绍。

（8）近代教育重现区，该区主要指的是日升学堂，重现近代教育的教学方法，包括课本、课桌等等，并让游客能参与其中，体验近代教育的教学方式，增添游玩的乐趣。

（9）由福裕楼、光裕楼、庆福楼等几座土楼组成五凤楼观光区。

（10）世遗土楼奎聚楼展示区，重点展示宫殿式土楼奎聚楼的风采，设置休息厅，为游客提供一中途休息、品尝客家美食和购买旅游旅游商品的场所。

（11）由朝阳楼、阳怡楼、景阳楼、洪川溪中岛屿及南溪对岸组成民俗文化演艺区的区域，在朝阳楼设置一客家民俗表演馆，庆成建设一民俗馆、蜡像馆，九盛楼成立农具体验馆。

（12）在升恒楼、庆源楼沿线区域改造旅馆村。

（13）在大坪顶，以客家茶、花、烟草、果林等为主要载体、辅以表现客家风情的弱建筑及各功能服务区，建设一个具有浓郁客家风情的小型主题公园及游憩、休闲中心。

（二）土楼狂欢谷

"土楼狂欢谷"选址位于南溪"土楼长城"景区南段——南江村—实佳村—蛟塘。"土楼狂欢谷"重点建设向游客提供全立体观光为主的旅游模式，并创造夜间游览项目以吸引游客留宿，规划主要策划以下五大建设项目：

（1）游客服务点

在南江村北段设置游客服务点,并实现交通工具的转换。本景区实行半封闭式管理,游客在此转乘电瓶车或是徒步进入景区。游客服务点除具备售票、接待、商品售卖等基本功能外,可适当发展接待宾馆。

(2)滨水游线

以南江村的水口为起点,沿南溪溪畔对原有道路进行修整和改造,形成六米宽游览道路,提供电瓶车和租借自行车供游人使用,并在临水一侧修建汀步、木栈道和亲水平台,为游人提供一条近观土楼、安全舒适、饶有趣味的滨水游线。

(3)土楼农家

发动景区内村民参与建设,通过对现有土楼功能上的改造、服务上的标准化提升,打造成一个集农家乐(果蔬采摘、农家自助炊、干农家活等)、观光、餐饮、住宿和娱乐为一体的土楼农家深度体验游线。

(4)古寨幻影

利用各色灯光的变化影造出各种图案,投射到南江或实佳的土楼群上,让土楼之夜点亮,并在长达数小时的时间里,变换六种完全不一样的色彩组合,在质朴的土楼上创造炫丽与多彩,让土楼旅游更具魅力,并吸引游客留宿于此。

(5)云上土楼

在蛟塘建设"云上土楼"景点,包括热气球观光、观光索道、土楼长城升降观光塔(俯视土楼长城奇观)、云上村落、云顶别墅、云中餐馆、远眺九十九崇、土楼长城夜景等项目。

(6)狂欢活动

策划和实施民间文艺表演和对歌活动、打新婚、走古事等狂欢活动。

(三)初溪景区

"初溪景区"是永定旅游的核心产品之一。该主题景区以"水岸山村、世间桃源"为主题,建设成为土楼原生态观光园。除提供世遗村落的参观外,着力营造土楼人家的生产、生活形态。土楼、小桥、流水、青石板路与梯田、青山、蓝天、白云接为一体,是客家古村落独特韵味的集中体现。

1.土楼村落编年史。初溪土楼群在北面山坡上,距小溪越近,所建的土楼规模越大,年代也越久,以后建造的土楼依山就势逐渐向山势较高的南面扩展。可通过编年牌外置及主动式的宣传引导,引导游客深入了解明清土楼古村落的风水格局、聚散关系以及客家人的族群关系。在不作大的基建情况下,深度挖掘村落文化内涵,使游客获取更生动、更深入的体验。在村落史的文化阐释上,强调"土楼共庆"的主题(初溪所有土楼均带庆字)。

2.项目东部区域设置"三鹿园",回溯初溪之村史典故——"三鹿引路"所以才有徐姓在此建村,初溪之名由此而来(初的繁体字即为"麤")。除放养野鹿外,园内同时展现闽西特有的珍稀动物(如云豹、短尾猴、鬣羚、黑翅鸢等),让游客深刻体会到永定良好的生态环境及动植物生活环境,并在土楼观光时获得其他类型旅游消费的补充。

3.项目西部区域设置植物园,以竹为主,以丝栗栲、马尾松等为辅。初溪徐姓开基祖追鹿而至时,鹿正是进入了茂密的竹林。而开基祖见竹林深深、溪水潺潺,顿时豁然开朗,觅此佳地。今人再访,依然是如沐春风、如在世外。

4.客家手工作坊群。挑选十个左右的楼群,以及部分开阔地,规划和发展擂茶、客家酿酒、造纸等各类客家手工业作坊,基本实现"一楼一坊"。

5.童趣园。在共庆楼前开阔地带,设置儿童游乐中心。并以童谣为主题,形成主题雕塑、特色文化表演。

6.艺术村落。初溪连同暗佳、除牛、山子下等自然村及梯田形成"山水土楼别墅"、摄影及文艺创作基地、艺术家村落等项目。

(四)下洋温泉度假村

温泉=享受=美丽=时尚=健康,温泉有益健康,是一种四季皆宜的休闲养生方式。在游客饱览土楼美景,体验客家风情的魅力之后,为游客提供时尚健康的休闲活动和闲适的度假环境,是现代旅游者在永定旅游中追求的是一种独特的旅游体验。下洋温泉度假村应努力打造时尚的、高端的和富有特色的景观、设施和服务。项目内容构成:

1.温泉康乐中心

温泉康乐中心由温泉保健养生区、客家特色 SPA 区和温泉休闲娱乐区。

2.五星级温泉酒店及分时别墅区

土楼造型和客家风格建造装修的拥有350张床位的五星级宾馆。按分时度假经营模式进行设计与营销的度假别墅。

3.土楼风情购物休闲街

餐饮及购物:客家美食街、下洋牛系列餐厅,乡村购物中心,艺术品及手工艺品中心。户外咖啡座、咖啡屋、酒吧;卡拉 OK 歌舞厅、音乐茶座等。

(五)客家圣殿公园

规划选址于县城东北部的东溪村,抚适公路西侧,永定河两岸。它是将永定县城打造成为"客家文化城"的核心旅游项目,目标定位为"客家人的精神家园,客家文化旅游目的地"。

公园以"朝觐客家先辈,荟萃客家民居,体验客家民俗,彰显客家文化"为主题,把积淀着客家文化的历史名迹、民居建筑、宗教祭祀、民间艺术和游客们喜闻乐见的节庆活动、文艺演出等有机地结合于一体,吸引海内外客家人和游客前来参观游览。

继承客家建筑空间依山傍水、大气磅礴的传统手法,并汲取客家建筑遗存的精华,构建"一轴一带六区一中心"的总体格局。"一轴"指通向"客家圣殿"的朝觐甬道,在朝觐甬道设置客家千米祖图(讲述客家先民祖上迁徙及生产生活故事的绘画及艺术作品),讲述客家迁徙史及客家人的丰功伟绩;"一带"指沿永定河的滨河景观带;六区分别指"中原文化"区,"赣南风情"区、"粤东风情"区、"观音朝拜"区、"客家圣殿"区、"闽西风情"区;一中心指会议中心(含演艺中心、剧院)。具体布局如下:

1."客家圣殿公园"以规划建设的"客家圣殿"为主体建筑,高踞上岗之上,面向东南方向。山岗上茂密的青松翠柏拥立着庄严伟岸的"圣殿"。"圣殿"取永定客家圆楼形制,造型古朴、雄浑。

2."客家圣殿"向东南方引出中轴线,在与抚适公路相交处设置公园大门和入口广场,并利用湖角里半岛空地建设停车场。

3.从公园大门处修建玉带桥跨过永定河,在中轴线上建设宽阔的朝觐甬道。甬道旁设置"客家千米祖图",用不同的图案或颜色划分为五段,代表着客家人历史上的5次大迁徙;甬道两侧雕塑记述着客家人迁徙中的磨难和重大历史时间。甬道至山坡下为广场,广场中央设莲花宝座,安坐一尊3.2米高的玉观音,并设观音殿,是游客敬佛事或客家人"作大福"的场所。

广场尽头为朝觐大石阶,高约60米,长约230米。并上至"圣殿"前的前庭广场。

4.朝觐甬道两侧依次荟萃"中原文化"区、"赣南风情"区、"粤东风情"区、"闽西风情"区的客家民居,如中原王宫式建筑、赣南的"厅屋组合式"民居、粤东的围龙屋、极富特色的永定客家土楼等。在每个区域里,根据该区的文化特色,安排不同的文化景观、民俗活动。

每个区的建筑及设施既是观赏、展示用物,也是供消费的场所。让所有对客家文化感兴趣的游客可以留在这里吃、住、玩及进行深度文化体验。

5.在湖角里半岛,利用现有民居进行改造,形成客家生产生活体验区。

第六十五条　重要节事活动

策划和组织具有国际国内影响的土楼文化节、生土建筑大赛、楹联大赛、谜语大赛等大型活动。

第六十六条　永定旅游十大亮点项目

延绵万米的土楼长城、如临仙境的云上土楼、别样风情的土楼狂欢、古风新作的土楼酒店、山水古寨的实景演出、倚楼听雨的土楼别墅、恢宏巨制的客家圣殿、古今融合的博览中心、如沐春风的度假温泉、神秘刺激的山都再现。

附录二

福建土楼·永定客家土楼保护规划
（同济大学国家历史文化名城研究中心、永定县人民政府编制，福建省人民政府批准，2006年）

第一章 总 则

1—1 为指导永定客家土楼和土楼村落的保护与利用，积极改善村镇的居住环境，统筹安排各项建设项目，特制定本规划。永定客家土楼保护规划的依据主要为：

(1)《保护世界文化和自然遗产公约》（1972年）
(2)《中华人民共和国文物保护法》（2002年）
(3)《全国重点文物保护单位保护规划编制要求》（2005年）
(4)《福建省"福建土楼"文化遗产保护管理办法》（2006年）
(5)《历史文化名城保护规划规范》（2005年）
(6)《中华人民共和国城市规划法》（1989年）
(7)《村庄和集镇规划建设管理条例》（1993年）
(8)《村镇规划标准》（1994年）
(9)永定客家土楼申报"世界文化遗产"的有关材料
(10)《永定县旅游发展总体规划（1997—2010）》

1—2 通过对永定县内的土楼建筑群进行实地勘踏，详细调查了客家土楼的历史变迁。在综合分析其空间特色，深入挖掘土楼文化内涵的基础上，结合地方政府、当地居民和评审专家的意见，编制完成本规划。规划对象包括下洋镇初溪土楼群、湖坑镇洪坑土楼群、高头乡高北土楼群、湖坑镇新南村衍香楼、湖坑镇西片村振福楼、下洋镇霞村永康楼，简称"三群三楼"。

1—3 永定土楼和土楼建筑群落集中体现了客家民族的传统聚居形式和建筑风貌，拥有丰富的自然资源、历史人文资源和民俗文化资源，蕴藏了深厚的文化内涵。永定客家土楼及土楼建筑群代表人类与自然和谐共处的居住环境，至今仍保存着传统的建筑风貌、村落格局、居住形式和民俗风情，为研究客家土楼历史及文化提供了宝贵资料,是人类珍贵的文化遗产。

1—4　永定客家土楼及土楼建筑群的保护、利用和发展将对永定的城乡建设、环境保护以及风景开发产生重要影响,为使客家土楼及土楼建筑群落在不断发展过程中具有历史的延续性,在城乡建设、经济发展中应提高保护意识。永定客家土楼的保护,应将保护与建设、保护与利用充分结合起来,协调环境改善、设施更新、旅游发展的关系。

1—5　本规划的解释权属福建省永定县人民政府。

第二章　规划目标与原则

2—1　永定客家土楼保护规划的目标为:保护祖国优秀的历史文化遗产,保护反映明、清、民国各时代,客家聚居群落的建筑风貌;同时,保护建筑周边的地形、地貌和山水环境,保护客家民间风情,特别是传统建造工艺、民俗节庆、特产风物等无形的文化遗产,充分挖掘客家土楼建筑群的文化景观内涵。

2—2　综合考虑区域、群落、建筑三个层次的保护问题,以达到保护整体风貌的目的。以动态的眼光看待保护与更新,使土楼群落适应当代生活,以达到积极保护的效果。在保留土楼建筑特征的基础上,适当降低人口和建筑密度,改善基础设施,完善生活服务设施和绿化环境,增强土楼群落可持续发展的能力。

2—3　提倡公众参与土楼保护的整个过程,包括对住房的维护、改建、环境的改善与管理、保护方法和保护规章的制定等。充分调动居民参与保护的积极性,使历史环境保护成为广大居民的自觉行动。

第三章　保护内容与保护层次

3—1　划定土楼建筑或土楼建筑群的保护区和缓冲地带,制定保护范围内的相应保护要求、控制要求及土楼建筑的保护措施,包括群落空间形态和空间视廊的保护,各村落的保护和整治要求;确定重要土楼单体的整修、利用原则,协调保护整治与旅游开发、经济发展与环境改善的关系。

3—2　重点保护初溪、洪坑、高北等土楼建筑群落和新南村衍香楼、西片村振福楼、霞村永康楼等土楼建筑。对各级文物保护单位,包括宗祠等宗教建筑,按照《中华人民共和国文物保护法》划定保护范围和建设控制地带,制定建筑高度、体量等规划控制要求。

3—3 保护土楼建筑群落周边环境以及反映山地特色的自然地理环境,提出促进生态环境保护的原则要求。保护非物质文化遗产,展现人文和历史背景,丰富遗产内涵。结合风景区和旅游区的建设,达到保护文物古迹,提高当地居民生活水平的目的。

第四章 保护规划框架

4—1 保护框架是在深入分析土楼群体的传统特色、进一步挖掘其文化底蕴的基础上,为整体地保护永定客家土楼群的传统物质形态和文化内涵而制定的结构性规划。

4—2 保护框架由自然环境、人工环境和人文环境三类要素构成。自然环境包括中华山、笔架峰、金山寨等山脉和苏溪、南溪等水体。树木植被、山石、岸线形态等均在保护之列。人工环境指土楼居民活动所创建的各种物质要素。客家土楼聚落以水系为群落骨架,以山脉为环境背景,包括民居、各类夯土建筑物、宗祠、水上构筑物等多种建、构筑物类型。人文环境为当地数百年来延续的客家人日常生活习惯、民间风俗、节庆礼仪、名人轶事、艺术创造等内容。

4—3 人类与自然和谐共处的群落居住环境是保护的关键。永定客家土楼群保存完好的众多历史要素,是土楼聚居地悠久历史的积淀。历史要素在物质空间形态上表现为节点、轴线和区域三个层次。景观节点是人们感觉和识别土楼群落、判别方向的重要参照物,也是人流聚集的核心,它包括:河汊、水泊、洼塘、树木、土楼、民居、廊桥、水埠、船坞、汀步。群落风貌控制区的划定,对区内的建筑高度、风貌进行整体控制,使其风貌特色得以保存。客家土楼群通过村道、山系、水系将节点、轴线和区域组织起来,共同反映土楼群落的传统特色。

第五章 保护范围与建设控制地带

5—1 为切实有效地保护永定客家土楼群的特色风貌、文物古迹、重要建筑物及历史环境,保护范围按两个层次划分:文物保护单位、土楼建筑群。

5—2 依据《中华人民共和国文物保护法》的相关规定,对各级文物保护单位划定保护范围和建设控制地带,执行不同等级的控制规定。在保护范围内不得进行其他建设工程,保护范围需做出标志说明,建立档案,并区别情况分别设置专门机构或者专人负责管理。在建设控制地带内进行建设工程,不得破坏文物保护单位的环境风貌,不得建设危及文物安全的设施,工程设计方案应当根据文物保护单位的级别,经相应的文物行政部门同意后,报城乡建设规划部门批准。

5—3 为保护各级各类文物保护单位并协调周边环境,保护土楼群落风貌,依照《中华人民共和国文物保护法》、《保护世界文化与自然遗产公约》以及《实施世界遗产公约操作指南》,将土楼群落保护范围划分为两个等级。

保护区是土楼建筑群作为世界遗产登录地的遗产范围,土楼群落和土楼单体保护区通常包含各级文物保护单位的保护范围,并结合地形、地貌等具体情况划定。

缓冲地带考虑视线所及周边环境范围,结合地形、地貌等具体情况(如第一重山脊线等)以及眺望景观保护的需要划定。缓冲地带中建设用地范围内的新建筑高度、形式、色彩和风格应满足规划要求。建设用地之外的其他区域,包括基本农田、林地、河流等,作为土楼的重要背景环境,应以保护为主,严格按照相应的法律法规控制建设行为。

第六章 土楼群落保护等级及保护原则措施

6—1 各级文物保护单位应尽可能保持原居住性质和使用功能或作为旅游展览场所定时开放。不能随意改变现状,不得施行日常维护外的任何修建、改造、新建工程及其他任何有损环境、观瞻的项目。现有影响文物建筑原有风貌的建筑物、构筑物必须坚决拆除。

6—2 保护区内的传统民居建筑应加强维修,建筑色彩应取土黄、青灰及其他传统民居的色彩,并统一加以控制。建筑装饰、建筑形式应采用民居形式的坡顶黑瓦房,建筑门、窗、墙体、屋顶及其他细部必须依据土楼传统民居的做法。建筑功能尽可能保持居住,适当选择部分改建为民居展示馆或民居旅馆。保护区内水系应保持现有的格局,严禁对其进行任意的填挖,并应对其进行合理的整治以提高水体质量、防治污染。

6—3 缓冲地带建设用地范围内的各项建设活动应根据保护规划要求严格控制。建筑形式以坡顶为主,体量宜小不宜大,色彩以土黄、青灰为主色调,建筑高度控制在2层以下,檐口高度不超过6m。建筑功能应以居住与公共建筑为主。保持缓冲地带的良好生态环境和自然景观。

6—4 土楼沿河风貌带应保持原有的传统特色和滨水景观。滨水建筑的形式应以坡顶为主,体量宜小不宜大,建筑高度控制因地置异,色彩应以土黄、青灰为主色调，门、窗、墙体、屋顶等形式应符合风貌协调要求，建筑功能与性质应以居住建筑为主。

6—5　可选择风貌相对完整的民居地段进行成片维修改造，保持原有空间形式及建筑格局，门头、墙界石、树木及反映居民生活之特色庭院、街头广场、埠头广场等特色空间应予以保留，不符合风貌要求的建筑应予以改造或拆除。

6—6　初溪土楼群的保护措施：集庆楼为全国重点文物保护单位，初溪土楼群为县级文物保护单位。以各级文物保护单位四至界线以外50m的范围为基准，结合山地地形、道路走向、初溪土楼群集中分布的特征等具体情况划定保护区。保护区东、西、北三面均以主要道路为界，占地面积14.72 km²。缓冲地带南至视线所及第一重山脊线，北至观景台所在山体山脊线，占地面积约271.20km²。

6—7　洪坑土楼群的保护措施：振成楼、福裕楼、奎聚楼为全国重点文物保护单位，日新学堂、如升楼、洪坑土楼群为县级文物保护单位。以各级文物保护单位四至界线以外50 m的范围为基准，结合狭长河谷地形、地貌、道路等具体情况划定保护区，占地面积29.87km²。缓冲地带为沿河流两岸视线所及第一重山脊线范围，占地面积约72.40km²。

6—8　高北土楼群的保护措施：承启楼为全国重点文物保护单位，侨福楼、高北土楼群为县级文物保护单位；保护区以各级文物保护单位四至界线以外50 m的范围为基准，南面延伸至河边，占地面积9.44km²。缓冲地带南至视线所及的第一重山脊线，北至观景台所在山顶，占地面积约138.50km²。

6—9　衍香楼的保护措施：衍香楼为省级文物保护单位，庆丰楼、庆洋楼为重点保护土楼；以衍香楼、庆丰楼、庆洋楼四至界线以外50 m的范围为基准，结合周边环境特征，划定保护区。保护区西至公路，北至奥杳溪北岸，占地面积2.41km²。缓冲地带东至视线所及的第一重山脊线，南面和西面至南溪西岸，占地面积19.80km²。

6—10　振福楼的保护措施：振福楼为县级文物保护单位；以振福楼四至界线以外50m的范围（包括振福楼西侧河流）为基准，划定保护区。保护区占地面积1.56km²。保护楼内名人题联、弧形厢房、中门以及主厅。楼门、院内鹅卵石石坪，外大门及围墙要加以维护。缓冲地带东侧至视线所及的第一重山脊线，占地面积12.60km²。

6—11　永康楼的保护措施：永康楼为县级文物保护单位；以永康楼四

至界线以外50m的范围为基准,划定保护区。保护区占地面积2.04km^2。缓冲地带根据永康楼南面山体背景和周边河流、道路走向划定,占地面积11.50km^2。

第七章 建筑高度控制规划

7—1 为保护土楼建筑群的优美天际轮廓线和眺望景观,强化土楼建筑的标志性,必须对新建建筑的高度实施严格控制。为避免新建建筑和设施对建筑风貌造成破坏,应加强对正常视点,借景、对景等视线通廊的高度控制,保持历史建筑与河流、道路的良好尺度关系。

7—2 高度控制规划是在充分研究和分析土楼群落景观特色和现状的基础上,考虑群落保护、利用和开发的综合要求,针对文物的保护、景点之间的呼应与统一、群落外部空间轮廓、特色风貌地区保护以及外部空间环境的保护等,分别制定各级保护区的高度控制要求,结合视线走廊的分析,最终确定建筑限高。

7—3 各级文物保护单位四至界线内不允许建设新项目。土楼群落保护区内建筑高度应严格控制在现有高度以下,以满足景观风貌的保护要求。土楼群落缓冲地带建设用地内的新建建筑应控制在2层以下,檐口高度控制在6m以下。建设用地之外的其他区域,包括基本农田、林地、河流等,应以保护为主,严格按照相应的法律法规控制建设行为。

7—4 视廊控制,对从观景台向村中眺望全貌进行控制,保证土楼群落屋顶形态的完整性;严格按照高度控制规划,保持视廊通视,在可见范围内不得出现有碍观瞻,或高度、风貌与群落风貌不协调的建筑物和构筑物。

第八章 建筑保护更新方式与对策

8—1 综合考虑土楼群落的建筑质量和风貌状况,将建筑保护与更新方式分为四类。

保护:对各级文物保护单位和其他重点保护土楼单体,应按照文物的要求从严进行保护,其外观、内部以及环境除复原外,原则上不做任何改造,整修必须保持历史信息的原真性。

整治:对建筑结构、质量较差的土楼和其他传统建筑在保护其建筑格局和风貌、治理外部环境,修旧如故的同时,允许对其内部进行修缮更新;对尺度符合历史建筑要求,但形态、色彩、细部与历史环境不协调的建筑应采用整理装饰的手段,使之与传统风貌相融合。

拆除:对传统建筑风貌及群落空间形态影响较大的现代建筑、无传统特色和保留价值的危房,应予以拆除。

保留:1980年代以来建造的建筑多为砖混结构,建筑质量较好,如与环境风貌无冲突或位于保护区范围之外,可采取保留方式,维持现状,并对其外立面装修进行适当调整。

8—2 对各级文物保护单位修复时,必须加强科学管理。应对建筑年代特征进行仔细研究,准确把握建筑风格,遵循"修旧如故"的原则。施工上应采用合格的产品,如耐腐木材,经过严格技术处理后用于土楼修复,避免重复修复带来的损害。保护文保单位主体建筑周边具有历史价值的附属建、构筑物和具有特色的农田、水塘等环境。

8—3 土楼建筑应采取预防为主的维修方针,长期进行保护和维修。在保证土楼良好的物理性能前提下,结合现代技术与材料,采用砖墙,预制板,钢筋混凝土梁等,以替换腐朽木架,支撑倒塌土墙,同时降低用户间的噪音干扰。土楼维修当中务必加强防火、防虫、防腐蚀等技术的综合处理。积极采用新材料、新工艺、加强环保,提高保护的科技含量。

8—4 保存状况良好的土楼应有人居住,鼓励继续使用。改建设计中,可丰富土楼住宅平面功能,增加居住的私密性与舒适性。每户或每楼层应拥有相对独立的厨卫设施。在建筑结构允许的情况下,可适当增大窗洞面积。土楼建筑中可适当改变使用功能,如民俗旅馆、休闲娱乐等。

8—5 新建筑应与现存建筑特征一致,尽可能使用当地材料建造(包括夯土、木材等)。应注意建筑物的各种设施。让当地利益相关者参与建筑方案的制定。新建住宅必须由建房者呈报图样,应报省级以上文物主管部门批准。

8—6 重视土楼的灾害防治。火灾严重威胁土楼的生存,在日常的管理和维护中应重视消防。土楼中应配备一定数量的灭火器材,并对居民和管理人员进行培训,使其具备一定的消防知识。对结构较差,存在安全隐患的土楼应首先加固其结构体系。疏通河道和排水系统,对瓦屋面进行经常、及时检修,防治洪涝雨浸对土楼的损害。

8—7 保持楼内卫生清洁。鼓励居民坚持定期打扫,可增派人手协助清洁。人畜分离;降低木材燃料使用比例。在有自来水供应的地区考虑将其引入土楼的厨厕中。对已经坍塌的土楼应对其构件进行仔细的检查,完好的构件如瓦、梁、门、窗、柱等要妥善保管或留做样板,留作其他土楼维修时利用。部分坍塌土楼对遗存墙体进行加固后作为遗址加以保护。

8—8 减少旅游发展带来的负面影响。严格审批和监督保护范围内旅游项目的开发和旅游配套设施的建设。规范土楼内外商业摊点、餐馆及其他旅游服务设施的布点和经营,合理设置商业招牌和广告。控制同时进入土楼建筑的游客人数,避免对土楼建筑造成影响。

第九章 保护更新时序与政策建议

9—1 保护规划分期:近期为2006—2010年,远期2010—2020年。

9—2 近期以保护利用为宗旨。修缮各级文物保护单位,整治周边环境,对保护范围内的建设行为进行严格的监督与管理。改善土楼基础设施,完善地区交通条件。旧建筑改建和新建筑建设必须按保护规划中制定的技术要求进行严格控制,加大执法力度,提高村民的守法意识。传承和发展以土楼营造技艺为代表的民间工艺,保护非物质文化遗产,为民俗活动的开展提供场所和条件。资金积累方式主要是政府与居民共同出资改造。

9—3 远期保护更新宗旨为完善与展示。全面改善村庄的居住环境质量,保持缓冲地带的良好生态环境和自然景观。完善各土楼建筑群之间的旅游路线,根据旅游发展情况,增设旅游服务接待设施,开发具有参与性的旅游特色产品。通过多种形式的民俗活动,展示独特的地方文化。资金积累方式主要是积极争取广泛的保护资金,投资形成良性循环,国家、集体、个人在保护中享受到益处。

9—4 严格执行《福建省"福建土楼"文化遗产保护管理办法》等相关法律法规。明确保护工作的相关法律责任,加大保护工作的执法力度,号召广大居民自觉守法。对违反土楼保护法律规章的行为应予以禁止,对严重违反法律规章的个人或集体应进行处罚。通过法律手段开展土楼保护规划与管理工作。

9—5 建立保护专项基金,主要是针对土楼群落历史环境的管理和维护专款进行使用。利用好国家财政拨款、地方集资、社会赞助和居民筹款的资金,坚持将保护资金纳入预算管理。

9—6 对开展保护的基层组织应给予奖励和表彰,以促进保护工作的全面开展。对严重违反保护规划的单位、个人要进行处罚,部分罚金可划入到保护基金中。政府应采取积极的保护办法,制定政策鼓励企业、个人投资于保护方面。

9—7　发展经济,促进生产,提高土楼群落自身的生存能力和当地居民生活水平。应着力发展经济效益较高且有助保护土楼周边自然环境的种植业;着力发展具有地方特色的农副产品加工业;发展传承地方传统文化的木、石、竹工艺品制作业及其他无污染性的第二产业。加强旅游发展和村镇经济的密切联系,以旅游促进群落经济的发展;同时,以经济和产业的发展作为旅游发展的基础和动力。

参考文献

一、中文专著

(法)埃米尔·迪尔凯姆著:《自杀论》,北京:商务印书馆,1996年。

(法)克洛德·列维—斯特劳斯著,张祖建译:《结构人类学》,北京:中国人民大学出版社,2006年。

(法)米歇尔·福柯著,刘北成译:《临床医学的诞生》,南京:译林出版社,2011年。

(法)皮埃尔·布迪厄、(美)华康德著,李猛、李康译:《实践与反思:反思社会学导论》,北京:中央编译出版社,2004年。

(加)BobMcKercher、(澳)Hilary du Cros著,朱路平译:《文化旅游与遗产管理》,天津:南开大学出版社,2006年。

(美)阿瑟·克莱曼著,方筱丽译:《道德的重量》,上海:上海译文出版社,2008年。

(美)阿瑟·克莱曼著,陈新绿译:《谈病说痛:人类的受苦经验与痊愈之道》,台北:桂冠图书股份有限公司,1994年。

(美)本尼迪克特·安德森著,吴睿人译:《想象的共同体:民族主义的起源与散布》,上海:上海人民出版社,2003年。

(美)丹尼逊·纳什著,宗晓莲译:《旅游人类学》,昆明:云南大学出版社,2004年。

(美)杜赞奇(Prasenjit Duara)著,王福明译:《文化、权利与国家——

1900—1942年的华北农村》,南京:江苏人民出版社,1995年。

（美）葛伯纳（Bernard Gallin）著,苏兆堂译:《小龙村——蜕变中的台湾农村》,台北:联经出版事业公司,1979年。

（美）黄宗智著:《华北的小农经济与社会变迁》,北京:中华书局,2000年。

（美）克利福德·格尔茨著,韩莉译:《文化的解释》,南京:译林出版社,1999年。

（美）马若孟著:《中国农民经济》,南京:江苏人民出版社,1999年。

（美）摩尔根著,杨东莼等译:《古代社会》,北京:商务印书馆,1977年。

（美）纳迪克·安德森著,吴睿人译:《想象的共同体:民族主义的起源与散布》,台北:时报文化出版企业股份有限公司,1999年。

（美）施坚雅著,史建云、徐秀丽译:《中国农村的市场和社会结构》,北京:中国社会科学出版社,1998年。

（美）施坚雅著,叶光庭等译:《中华帝国晚期的城市》,北京:中华书局,2000年。

（美）苏珊·桑塔格著,程巍译:《疾病的隐喻》,上海:上海译文出版社,2003年。

（美）瓦伦·L.史密斯编,张晓萍、何昌邑译:《东道主与游客:旅游人类学研究》,昆明:云南大学出版社,2007年。

（美）威廉·科克汉姆著,杨辉等译:《医学社会学》,北京:华夏出版社,2000年。

（美）阎云翔著,李放春、刘瑜译:《礼物的流动》,上海:上海人民出版社,2000年。

（日）濑川昌久著,钱杭译:《族谱:华南汉族的宗族·风水·移居》,上海:上海书店出版社,1999年。

（日）绫部恒雄编:《文化人类学的十五种理论》,北京:国际文化出版公司,1988年。

（英）埃文斯·普理查德著,覃俐俐译:《阿赞德人的巫术、神谕和魔法》,北京:商务印书馆,2014年。

（英）霍布斯鲍姆·兰格著,顾杭、庞冠群译:《传统的发明》,南京:译林出版社,2004年。

（英）莫里斯·弗里德曼著,刘晓春译:《中国东南的宗族组织》,上海:上海人民出版社,2000年。

(英)维克多·特纳著:《象征之林:恩登布人仪式散论》,北京:商务印书馆,2006年。

白莲:《历史记忆与民族旅游——满族身份重新建构的个案与研究》,《旅游、人类学与中国社会》,昆明:云南大学出版社,2001年。

保继刚、楚义芳:《旅游地理》,北京:高等教育出版社,1999年。

曹道巴特尔:《蒙汉历史接触与蒙古语言文化变迁》,沈阳:辽宁民族出版社,2010年。

曹锦清、张乐天、陈中亚著:《当代浙北乡村的社会文化变迁》,上海:上海远东出版社,2001年。

车裕斌:《村落经济转型中的文化冲突与社会分化:楠溪江上游毛氏宗族村落个案分析》,北京:中国社会出版社,2010年。

陈春声:《三山国王信仰与台湾移民社会》,《"中央研究院"民族学研究所集刊》第80期,1995年。

陈达:《南洋华侨与闽粤社会》,上海:商务印书馆,1938年。

陈华编著:《医学人类学导论》,广州:中山大学出版社,1998年。

陈支平:《近500来福建的家族社会与文化》,上海:三联书店上海分店,1991年。

陈支平:《客家源流新论》,南宁:广西教育出版社,1997年。

邓晓华:《论闽客族群的方言文化研究中的几个问题》,庄英章主编:《华南农村社会文化研究论文集》,台北:"中央研究院"民族学研究所,1997年。

邓晓华:《闽客若干文化特征的比较研究》,庄英章、潘英海编:《台湾与福建社会文化研究论文集(二)》,台北:"中央研究院"民族学研究所,1995年。

段颖,杨慧:《权力边缘的曼春满——旅游作为现代性与民族意识的个案研究》,《旅游、人类学与中国社会》,昆明:云南大学出版社,2001年。

房学嘉:《客家历史与文化:文化人类学的视野》,北京:知识产权出版社,2011年。

房学嘉:《多重视角下的客家传统社会与聚落文化》,广州:华南理工大学出版社,2012年。

房学嘉:《客家源流探奥》,广州:广东高等教育出版社,1994年。

费孝通、张之毅:《云南三村》,天津:天津人民出版社,1990年。

费孝通:《江村经济——中国农村的生活》,北京:商务印书馆,2001年。

费孝通:《乡土中国·生育制度》,北京:北京大学出版社,1998年。

费孝通:《学术自述与反思》,上海:三联书店,1996年。

福斯特、安德森著,陈华、黄新美译:《医学人类学》,台北:桂冠图书股份有限公司,1992年。

郭志超:《闽客民间宗教比较研究》,庄英章、潘英海编:《台湾与福建社会文化研究论文集(三)》,台北:"中央研究院"民族学研究所,1997年。

何小莲:《西医东渐与文化调适》,上海:上海古籍出版社,2006年。

何小昕:《风水探源》,南京:东南大学出版社,1990年。

黄淑娉、龚佩华:《文化人类学理论方法研究》,广州:广东高等教育出版社,2004年。

黄树民著,素兰、纳日碧力戈译:《林村的故事:1949年后的中国农村变革》,北京:三联书店,2002年。

黄应贵:《时间、历史与记忆》,台北:"中央研究院"民族学研究所,1999年。

黄映玲:《村落文化》,昆明:云南教育出版社,2006年。

亢亮、亢羽:《风水与建筑》,天津:百花文艺出版社,1999年。

孔永松、李小平:《客家宗族社会》,福州:福建教育出版社,1995年。

李经纬:《西学东渐与中国近代医学思潮》,武汉:湖北科技出版社,1990年。

李景汉:《北京郊外之乡村家庭》,北京:商务印书馆,1929年。

林美容:《一姓村、主姓村与杂姓村》,《台湾的民间信仰与社会组织》,台北:自立晚报社文化出版部,1993年。

林美容:《由祭祀圈到信仰圈——台湾民间社会的地域构成与发展》,《中国海洋史发展论文集》第三辑,台北:"中央研究院"三民主义研究所,1988年。

林耀华:《金翼:中国家族制度的社会学研究》,北京:三联书店,2000年。

林耀华:《民族学通论》,北京:中央民族大学出版社,1997年。

林耀华:《义序的宗族研究》,北京:三联书店,2000年。

刘朝晖:《超越乡土社会——一个侨乡村落的历史文化与社会结构》,北京:民族出版社,2005年。

刘小幸:《彝族医疗保健》,昆明:云南人民出版社,2007年。

罗香林：《客家研究导论》，台北：南天书局，1992年。

罗香林：《客家源流考》，北京：中国华侨出版公司，1989年。

毛丹：《一个村落共同体的变迁：关于尖山下村的单位化的观察与阐释》，上海：学林出版社，2000年。

纳日碧力戈：《现代背景下的族群建构》，昆明：云南教育出版社，2000年。

裴丽丽：《土家文化传承与变迁——以辛家庄和贺尔郡为例的研究》，北京：民族出版社，2010年。

彭兆荣：《遗产：反思与阐释》，昆明：云南教育出版社，2008年。

丘权政：《客家的源流与文化研究》，北京：中国华侨出版社，1999年。

石奕龙：《福建土围楼》，北京：中国旅游出版社，2005年。

世界银行：《贫困》，北京：中国财政经济出版社，1990。

陶格斯：《多重力量作用下的乡村日常生活——关于内蒙古一个偏远小山村社会变迁的实地研究》，北京：中央民族大学出版社，2011年。

田村克己编：《文化的生产》，香港：明光社，1999年。

田汝康：《芒市边民的摆》，重庆：商务印书馆，1946年。

涂传飞：《农村民俗文化体育的变迁——一个村落舞龙活动变迁的启示》，北京：北京体育大学出版社，2011年。

万建华：《利益相关者管理》，北京：海天出版社，1998年。

王纯阳：《村落遗产地政府主导开发模式研究：以开平碉楼与村落为例》，北京：中国华侨出版社，2012年。

王东：《那方山水那方人：客家源流新说》，上海：华东师范大学出版社，2007年。

王恩涌：《人文地理学》，北京：高等教育出版社，2000年。

王明珂：《华夏边缘：历史记忆与族群认同》，台北：允晨文化实业股份有限公司，1997年。

王明珂：《羌在汉藏之间：一个华夏历史边缘的历史人类学研究》，台北：联经出版事业股份有限公司，2003年。

王铭铭：《村落视野中的文化与权力——闽台三村五论》，北京：三联书店，1997年。

王铭铭：《社会人类学与中国研究》，北京：三联书店，1997年。

王铭铭：《社区的历程：溪村汉人家族的个案研究》，天津：天津人民出版社,1997年。

文化:《卫拉特——西蒙古文化变迁》,北京:民族出版社,2002年。

吴毅:《村治变迁中的权威与秩序——20世纪川东村的表述》,北京:中国社会科学出版社,2002年。

席焕久主编:《医学人类学》,沈阳:辽宁大学出版社,1994年。

项继权:《集体经济背景下的乡村治理》,武汉:华中师范大学出版社,2002年。

肖唐标:《村治中的宗族:对9个村的调查与研究》,上海:上海书店出版社,2001年。

谢重光:《客家源流新探》,福州:福建教育出版社,1995年。

徐嵩龄:《文化遗产的保护与经营——中国实践与理论进展》,北京:社会科学文献出版社,2003年。

徐一峰、严非:《文化与健康——医学人类学实践》,上海:上海人民出版社,2005年。

徐勇:《村民自治:国家与社会的关系重塑与互动》,《徐勇自选集》,武汉:华中理工大学出版社,1999年。

杨慧、陈志明等:《旅游、人类学与中国社会》,昆明:云南大学出版社,2001年。

杨念群:《再造病人》,北京:中国人民大学出版社,2006年。

杨彦杰:《闽西客家宗族社会研究》,香港:法国远东学院、国际客家学会、香港中文大学海外华人研究会,1996年。

于建嵘:《岳村政治——转型期中国乡村政治结构的变迁》,北京:商务印书馆,2001年。

余光弘、蒋俊、赵红梅:《闽西安坝人的社会与文化》,厦门:厦门大学出版社,2008年。

詹成付:《乡村政治的若干问题研究》,西安:西北大学出版社,2004年。

张厚安等:《中国农村村级治理——22个村的调查与比较》,武汉:华中师范大学出版社,2000年。

张军、王晓毅、王峰:《传统村庄的现代跨越》,太原:山西经济出版社,2003年。

张乐天:《告别理想——人民公社制度研究》,上海:东方出版中心,1998年。

张小军:《遗存还是遗产？——简论文化全球化中的"文化遗产"困境》,《中国非物质文化遗产保护研究》(上),北京:北京师范大学出版社,2005年。

张尧耕:《侨乡漫笔》,福州:福建省南京文学艺术界联合会,2006年。

张有春:《医学人类学》,北京:中国人民大学出版社,2011年。

折晓叶、陈要晏:《社区的实践——"超级村庄"的发展历程》,杭州:浙江人民出版社,2000年。

折晓叶:《村庄的再造—个"超级村庄"的社会变迁》,北京:中国社会科学出版社,1997年。

郑大华:《民国乡村建设运动》,北京:社会科学文献出版社,2000年。

周祝伟、林顺道、陈东升:《浙江宗族村落社会研究》,北京:方志出版社,2001年。

庄孔韶:《人类学通论》,太原:山西教育出版社,2005年。

邹统钎:《遗产地旅游开发与管理》,北京:中国旅游出版社,2010年。

福建省申报世界文化遗产办公室:《福建土楼申报文本》。

姑田邓姓宗亲会:重修《邓氏族谱》,1984年。

姑田蒋姓宗亲会:重修《蒋氏族谱》,1983年。

姑田华姓宗亲会:重修《华氏族谱》,1982年。

姑田江姓宗亲会:重修《江氏族谱》,1983年。

连城县姑田镇志编纂委员:《姑田镇志》,1999年。

永定县旅游事业局:《永定旅游项目投资招商方案》,2008年。

永定县县志办公室:《永定县志(1988—2000)》,2002年。

永定县地方志编纂委员会:《永定客家土楼志》,北京:方志出版社,2009年。

中国旅游设计院陕西省旅游设计院:《福建省永定县旅游发展总体规划》,2008年。

二、中文期刊论文

杰茜卡·安德森·特纳著,杨利慧译:《旅游景点的文化表演之研究》,《人文讲坛》2004年第1期。

Pierre L.van den Berghe,Charles F.Keyes 著,徐赣丽译:《旅游和民族性的再创造》,《民俗研究》2006年第1期。

白露、张晓红:《古村落旅游开发经营模式比较研究》,《价值工程》2010

年第 23 期。

鲍展斌:《历史文化遗产之功能和价值探讨》,《绍兴文理学院学报》2002年第 3 期。

曹红枝:《基于利益相关者理论的民俗开发讨论》,《改革与战略》2007 年第 23 期。

陈淳、顾伊:《文化遗产保护的国际视野》,《复旦学报(社会科学版)》1999 年第 4 期。

陈宏辉、贾生华:《企业利益相关者三维分类的实证分析》,《经济研究》2004 年第 3 期。

陈腊娇、冯丽华、沈红:《古村落旅游开发模式的比较——金华市诸葛八卦村和郭洞村实证研究》,《国土与自然资源研究》2005 年第 4 期。

陈耀华、赵星烁:《中国世界遗产保护与利用研究》,《北京大学学报(自然科学版)》2003 年第 4 期。

程令国、张晔、沈可:教育如何影响了人们的健康?——来自中国老年人的证据,《经济学(季刊)》2015 年第 1 期。

程瑜:《乡土医学的人类学分析:以水族民族医学为例》,《广西民族学院学报(哲社版)》2006 年第 3 期。

池婧、崔凤军:《乡村旅游地发展过程中的"公地悲剧"研究——以杭州梅家坞、龙坞茶树、山沟沟景区为例》,《旅游期刊》2006 年第 7 期。

楚永生:《利益相关者理论最新发展理论综述》,《聊城大学学报(社会科学版)》2004 年第 2 期。

邓汉慧、赵曼:《企业核心利益相关者利益要求实证分析》,《中南财经政法大学学报》2007 年第 3 期。

邓晓华:《福建境内的闽、客族群及畲族的语言文化关系比较》,《日本国立民族学博物馆研究报告》1999 年第 24 卷第 1 号。

邓晓华:《论客家话的来源——兼论客畲关系》,《云南民族大学学报(哲学社会科学版)》2006 年第 4 期。

范可:《传统与地方——"申遗"现象所引发的思考》,《江苏行政学院学报》2007 年第 4 期。

范可:《"申遗":传统与地方的全球化再现》,《广西民族大学学报》2008 年第 5 期。

范可:《再地方化与象征资本——一个闽南回族社区近年来的若干建筑

表现》,《开放时代》2005 年第 2 期。

范凌云、郑皓:《世界文化和自然遗产地保护与旅游发展》,《规划师》2003 年第 6 期。

弗里德里克·巴斯著,高崇译:《族群与边界》,《广西民族学院学报》1999 年第 1 期。

傅安辉、余达忠:《文化变迁理论透视》,《黔东南民族师专学报(哲社版)》1995 年第 3 期。

官巧燕、廖福霖、祁新华:《旅游开发过程中不同利益主体的协调研究——以永定土楼为例》,《长春师范学院学报(自然科学版)》2008 年第 4 期。

何星亮:《关于保护和开发文化与自然遗产的若干问题》,《云南社会科学》2003 年第 6 期。

胡伟、潘志庚:《虚拟世界自然文化遗产保护关键技术概述》,《系统仿真学报》2003 年第 3 期。

黄芳:《传统民居旅游开发中居民参与问题思考》,《旅游学刊》2002 年第 5 期。

姜睿:《旅游与遗产保护》,《商业研究》2001 年第 7 期。

景军:《农村儿童养育中文化权威问题》,《清华社会学评论》2002 年第 3 期。

李传义:《近代城市文化遗产保护的理论与实践问题》,《华中建筑》2003 年第 5 期。

李菲:《遗产名录与族群整合》,《中南民族大学学报(人文社会科学版)》2008 年第 3 期。

李善峰:《20 世纪的中国村落研究:一个以著作为线索的讨论》,《民族研究》2004 年第 3 期。

李应军:《民俗旅游开发中的文化商品化与文化真实性探讨》,《文史博览》2006 年第 10 期。

李月新:《探讨世界文化遗产地——承德面向 21 世纪的城市发展思路》,《城乡建设》2000 年第 9 期。

梁德阔、王邦虎:《世界遗产地西递、宏村经营管理体制探讨》,《合肥学院学报(社会科学版)》2005 年第 1 期。

林美容:《从祭祀圈来看草屯镇的地方组织》,《"中央研究院"民族学研究所集刊》第 62 期,1987 年。

林美容:《彰化妈祖的信仰圈》,《"中央研究院"民族学研究所集刊》第 68 期,1989 年。

林娅嫱:《论遗产与旅游》,《青海社会学科学》2008 年第 3 期。

刘晖:《"摩梭人文化保护区"的质疑——论少数民族文化旅游资源的保护与开发》,《旅游学刊》2001 年第 5 期。

刘继同:《社会基础设施体系建设与构建和谐社会的社会基础》,《福建论坛(人文社科版)》2008 年第 3 期。

刘继同:《中、日、韩健康照顾与社会福利制度结构性特征的比较研究》,《学习与实践》2007 年第 6 期。

刘绍华:《医学人类学的中国想象》,《广西民族大学学报(哲学社会科学版)》2006 年第 3 期。

罗佳明:《保护为先是永恒的主题——从世界遗产保护与旅游的关系谈乐山大佛的保护》,《理论与改革》2001 年第 5 期。

孟华:《"世界遗产地"利益相关者图谱构建——以泰山为例》,《泰山学院学报》2008 年第 5 期。

莫里斯·弗里德曼、郭永平、宁夏楠:《社会人类学的中国时代》,《青海民族大学学报(社会科学版)》2017 年第 3 期。

纳日碧力戈:《民族与民族概念辨正》,《民族研究》1990 年第 5 期。

庞爱卿、覃锦云:《激励理论与自然文化遗产资源管理体制改革》,《云南财经学院学报》2003 年第 5 期。

彭兆荣:《客家土楼——遗产家园的表述范式》,《贵州民族研究》2008 年第 6 期。

彭兆荣:《土楼:一种地方性人文生态的表述范式》,《东南文化》2000 年第 5 期。

彭兆荣:《现代旅游中家园遗产的生态链》,《广西民族大学学报》2007 年第 1 期。

彭兆荣:《"遗产旅游"与"家园遗产":一种后现代的讨论》,《中南民族大学学报》2007 年第 5 期。

彭兆荣:《遗产学与遗产运动:表述与制造》,《文艺研究》2008 年第 2 期。

彭兆荣:《遗产政治学:现代语境中的表述与被表述关系》,《云南民族大学学报》2008 年第 1 期。

彭兆荣:《以民族国家的名义:国家遗产的属性与限度》,《贵州社会科学》2008年第2期。

阮仪三、肖建莉:《寻求遗产保护和旅游发展的"双赢"之路》,《城市规划》2003年第6期。

阮仪三、严国泰:《历史名城资源的合理利用与旅游发展》,《城市规划》2003年第4期。

阮仪三:《冷眼看热潮——申报世界遗产和保护历史文化遗存》,《城市规划汇刊》2000年第6期。

沙伦·沙利文著,贺从容译:《澳大利亚建筑遗产保护》,《世界建筑》1999年第5期。

邵勇、阮仪三:《关于历史文化遗产保护的法制建设——法国历史文化遗产保护制度发展的启示》,《城市规划汇刊》2002年第3期。

孙九霞:《旅游对目的地社区族群认同的影响——基于不同旅游作用的案例分析》,《中山大学学报(社会科学版)》2010年第1期。

唐胡浩:《民族认同研究回顾》,《新疆大学学报(哲学人文社会科学版)》2006年第5期。

唐晓云、吴忠军:《农村社区生态旅游开发的居民满意度及其影响》,《经济地理》2006年第5期。

唐晓云、赵黎明:《农村社区生态旅游发展分析——基于利益相关者理论》,《西北农林科技大学学报》2006年第2期。

陶伟、田银生、吴霞:《世界遗产中古城研究方法与内容初探》,《地理研究》2002年第2期。

陶伟:《中国"世界遗产"的可持续旅游发展研究》,《旅游学刊》2000年第5期。

陶伟:《中国世界遗产地的旅游研究进展》,《城市规划汇刊》2002年第3期。

王唤明、江若尘:《利益相关者理论综述研究》,《经济问题探索》2007年第4期。

王景慧:《论历史文化遗产保护的层次》,《规划师》2002年第6期。

王林:《中外历史文化遗产保护制度比较》,《城市规划》2000年第8期。

王世仁:《保护文物古迹的新视角——简评澳大利亚巴拉宪章》,《世界建筑》1999年第5期。

王志芳、孙鹏:《遗产廊道:一种较新的遗产保护方法》,《中国园林》2001年第5期。

魏小安、窦群:《发展旅游和遗产保护能否双赢——关于中国世界遗产资源保护、开发与旅游业发展》,《旅游管理》2003年第2期。

翁乃群、杜娟、金黎燕等:《海洛因、性、血液及其制品的流动与艾滋病、性病的传播》,《民族研究》2004年第6期。

翁乃群:《麦当劳中的中国文化表达》,《读书》1999年第11期。

武雅士著,张珣译:《神、鬼和祖先》,《思与言》第35卷第3期,1997年9月。

夏赞才:《利益相关者理论及旅行社利益相关者基本图谱》,《湖南师范大学学报(社会科学版)》2003年第3期。

谢朝武、郑向敏:《关于文化遗产旅游研究的若干思考》,《桂林旅游高等专科学校学报》2003年第2期。

谢凝高:《"世界遗产"不等于旅游资源》,《北京规划建设》2001年第6期。

谢世忠:《观光活动、文化传统的塑模与族群意识:乌来泰雅族Daiyan认同的研究》,《考古人类学刊》1992年第48期。

徐嵩龄:《中国文化与自然遗产的管理体制改革》,《管理世界》2003年第6期。

徐嵩龄:《中国遗产旅游业的经营制度选择:兼评"四权分离与制衡"主张》,《旅游学刊》2003年第4期。

徐新建:《开发中国:"民族旅游"与"旅游民族"的形成与影响——以"穿青人"、"银水寨"和"藏羌村"为案例的评述》,《西南民族学院学报(哲学社会科学版)》2000年第7期。

杨慧:《民族旅游与族群认同、传统文化复兴及重建——云南民族旅游开发中的"族群"及其应用泛化的检讨》,《思想战线》2003年第1期。

杨丽霞、喻学才:《中国文化遗产保护利用研究综述》,《旅游学刊》2004年第3期。

于岚:《谈谈旅游真实性研究》,《北京第二外国语学院学报》2000年第3期。

余光弘:《妈宫的寺庙——马公市镇发展与民间宗教变迁之研究》,《"中央研究院"民族学研究所集刊》第19期,1988年。

袁志鸿:《京都道教文化遗产的保护、经营和管理》,《北京联合大学学报》2003年第1期。

张成渝、谢凝高:《世纪之交中国文化和自然遗产保护与利用的关系》,《人文地理》,2002年第1期。

张成渝:《从遗产和自然环境的关系看文化遗产的地质学价值——以八达岭风景名胜区为例》,《中国园林》2003年第3期。

张成渝:《世界遗产公约中两个重要概念的解析与引申——论世界遗产的真实性和完整性》,《北京大学学报(自然科学版)》2004年第1期。

张晓萍:《西方旅游人类学中的"舞台真实"理论》,《思想战线》2003年第4期。

张珣:《台湾人类学汉人宗教研究之回顾》,《"中央研究院"民族学研究所集刊》第81期,1996年。

赵颖:《建筑选址与风水文化》,《建筑与文化》2007第3期。

郑孝燮:《加强我国的世界遗产保护与防止"濒危"的问题(在2002年10月25日"世界文化遗产保护管理与利用研讨会"的发言)》,《城市发展研究》2003年第2期。

郑欣:《乡村政治研究及其路径选择》,《重庆社会科学》2003年第1期。

郑易生:《自然文化遗产的价值与利益》,《中国园林》2002年第2期。

周大鸣:《论族群与族群关系》,《广西民族学院学报》2001年第2期。

周玲:《旅游规划与管理中利益相关者研究进展》,《旅游学刊》2004年第6期。

周霄:《人类学视野——论旅游的本质及其社会文化影响》,《湖北大学学报(哲学社会科学版)》2003年第5期。

庄英章:《台湾汉人宗族发展的若干问题——寺庙宗祠与竹山的垦殖形态》,《"中央研究院"民族学研究所集刊》第36期,1975年。

宗晓莲:《试论布迪厄的文化再生产理论对文化变迁研究的意义——以旅游开发背景下的民族文化变迁研究为例》,《广西民族学院学报(哲学社会科学版)》2002年第3期。

宗晓莲:《西方旅游人类学研究综述评》,《民族研究》1999年第3期。

三、学位论文和田野报告

艾佩:《体验经济背景下的文化遗产旅游研究》,河南大学硕士学位论文,2005年。

胡渊:《塔下社区祖先崇拜调查报告》,厦门大学人类学系硕士学位论文,1992年。

黄迎新:《一个客家山村的风水浅谈》,厦门大学人类学系硕士学位论文,1992年。

杨蓉:《中国乡村社会的医学多元主义》,厦门大学人类学系硕士学位论文,2007年。

应天煜:《中国古村落旅游"公社化"开发模式及其权力关系研究——以皖南西递村与宏村为例》,浙江大学硕士学位论文,2006年。

于佳琦:《永定下洋侨乡的社会变迁》,中央民族大学硕士学位论文,2009年。

赵红梅:《旅游情境下的文化展演与族群认同——以丽江白沙乡为例》,厦门大学博士学位论文,2008年。

张宏明:《神庙祭典与家族竞争》,厦门大学人类学所硕士学位论文,1995年。

周典恩:《清代台湾拓垦中的族群关系研究——以"番"汉互动为中心》,厦门大学博士学位论文,2007年。

四、英文著作

Ackerknecht E H,Medicine and Ethnology:Selected Essays,Baltimore:Johns Hopkins University Press,1971.

Barnett H G,Innovation:The Basis of Cultural Change,New York:McGraw-Hill,1953.

Bourdieu P,The Logic of Practice,Stanford:Stanford University Press,1990.

Brown P J,Understanding and Applying Medical Anthropology,(ed) Mountain View,CA:Mayfield Publishing,1998.

Charles M L,Asian Medical Systems:A Comparative Study,Berkley:University of California Press,1976.

Clifford G,The Interpretation of Cultures,New York:Basic books,1973.

Dubos R,Man Adapting,New Haven:Yale University Press,1965.

Foster G M, Anderson B G, Medical Anthropology, New York: John Wiley, 1978.

Friedson E, Profession of Medicine, New York: Harper & Row, 1970.

Freeman R E, Strategic Management: A Stakeholder Ap-proach, Boston: Pitman Publishing, 1984.

Giddens A, Runaway World: How GlobalizationIs Reshaping Our Lives, London and New York: Routledge, 2000.

Good B J, Medicine, Rationality, and Experience, An anthropological Perspective, Cambridge: Cambridge University Press, 1994.

Guo Zinbin, Ginseng and Aspirin health care alternative for aging Chinese, New York: Cornell University press, 2000.

Hahn R A, Sickness and Healing: An Anthropological Perspective, New Haven : Yale University Press, 1995.

Harrison D , Hitchcock M (eds.), The Politics of World Heritage, Clevedon/Buffalo/Toronto: Channel View Publications, 2005.

Siu H F, Agents and Victims in South China: Accomplices in Revolution, New Haven : Yale University Press, 1989.

Hewison R, Heritage: An Interpretation, in Uzzell, D (Ed.), Heritage Interpretation, London: Belhaven, 1989.

Hobsbawm E, Introduction: The Invention of Tradition, in Eric Hobsbawm and Terence Ranger (eds.), The Invention of Tradition, Cambridge: Cambridge University Press, 1983.

Howard P, Heritage Management, Interpretation, Identity, London/New York: Continuum International Publishing Group, 2006.

Janzen J M, The Social Fabric of Health: An Introduction to Medical Anthropology, New York: McGraw-Hill, 2002.

Inda J X, Rosaldo R, The Anthropology of Globalization, Aford: publishers, 2002.

Levine J, Between the Ancients and the Moderns: Baroque Culture in Restoration England, New Haven: Yale University, 1999.

Kleiman A, Culture, Health and Illness: Introduction for Health Professionals, Oxford: Butterworth Heinemann, 1994.

Kleinman A, Patients and Healers in the Context of Culture: An Exploration of the Borderland between Anthropology, Medicine and Psychiatry, Berkley: University of California Press, 1980.

Logan M H, Hunt EE, Health and the Human Condition, Perspectives on Medical Anthropology, California: Duxbury Pres, 1978.

Lowenthal D, The Past Is a Foreign Country, Cambridge: Cambridge University Press, 1985.

Martin E, The Cult of the Dead in a Chinese Village, Stanford: Stanford University Press, 1973.

Murdock G P, Ethnographic Atlas, Pittsburg: University of Pittsburg Press, 1967.

Anttonen P J, Tradition through Modernity: Postmodernism and the Nation-State in Folklore Scholarship, Helsinki: Finish Literature Society, 2005.

Rivers W H R, Medicine, Magic and Religion. New York: Harcourt Brace, Roemer, 1924.

S. Hall, New cultures for Old, Massey D, Jess P, eds, A Place in the world, Oxford: oxford university Press, 1955.

Scheper-Hughes N, Death Without Weeping: The Violence of Everyday Life in Brazil, Berkeley: University of California Press, 1992.

Smith A D, The Ethnic Origins of Nations, Oxford: Blackwell publishers, 1986.

Strathern A, Stewart P J, Curing and Healing: Medical Anthropology in Global perspective, Durham: Carolina Academic Press, 1999.

Weber E, Peasants into Frenchmen: The Modernization of Rural France 1870—1914, Stanford: Stanford University Press, 1976.

Wilenski P, Delivery of health services in the People's Republic of China, Canada: International Development Research Centre, 1979.

五、英文期刊

Bachour B, Dong Wei, A New Method in Urban Planning Based on GIS Technology-Conservation and Rehabilitation Analysis of Xijin Ferry District in Zhenjiang, Journal of Southeast University (English Edition), 2002(2): 141-147.

Caffyn A, Lutz J, Developing the Heritage Tourism Product in Multi-ethnic Cities, Tourism Management, 1999(2):213-221.

Clements FE, Primitive Concepts of Disease, University of California Publibions in Archedogy and Ethnology, 1932(32):185-252.

Robson J, Robson I, From Shareholders to Stakeholders: Critical Issues for Tourism Marketers, Tourism Management, 1996(7):533-540.

Drost A, Developing Sustainable Tourism for World Heritage Site, Annals of Tourism Research, 1996(2):479-484.

Gamper J A, Tourism in Austria: A Case Study of the Influence of Tourism on Ethnic Relations, Annals of Tourism Research, 1981(3):432-446.

Goubert P, "Local History" in Daedalus: Journal of the American Academy of Arts and Science, Wintervolume, 1971.

Harrison D, Introduction: Contested Narratives in the Domain of World Heritage, Current Issues in Tourism, 2004(7):281-290.

Howard P, Pinder D, Cultural heritage and sustainability in the coastal zone: experiences in south west England, Joural of Cuttaral heritage, 2002(1):57-68.

Hitchcock M, Tourism and Ethnicity: Situational Perspectives, International Journal of Tourism Research, 1999(1):17-32.

Kleinman A, Neurasthenia and Depression: A Study of Somatization and Culture in China. Culture, Medicine and Psychiatry, 1980(2):117-190.

Mac Cannel D, Reconstructed Ethnicity: Tourism and Cultural Identity in Third World Communities, Annals of Tourism Research, 1984(3):375-391.

Moscardo G, Mindful Visitors Heritage and Tourism, Annals of Tourism Research, 1997(2):376-397.

Nuryanti W, Heritage and Postomdern tourism, Annals of Tourism Research, 1996(2):249-260.

Parsons T, Illness and the Role of the Physician: A Sociological

Perspective,American Journal of Orthopsychiatry,1951(3):452-460.

Pitchford S R,Ethnic Tourism and Nationalism in Wales,Annals of Tourism Research,1995(2):35-52.

Sahlins M,Goodbye to tristes tropes: ethnography in the context of modern world history,Journal of Modern History,1988(65):1-25.

Scheper-Hughes N,The Primacy of the Ethical: Propositions for a Militant Anthropology,Current Anthropology,1995(3):409-440.

Singer M,The emergence of a Critical Medical anthropology,Medical Anthropology Quarterly,1986(5):128-129.

Teo P and Yeoh B S A,Remaking Local Heritage for Tourism,Annals of Tourism Research,1997(1):192-213.

Vand B P L, Keyes C F,Introduction: Tourism and Recreated Ethnicity,Annals of Tourism Research,1984(3):343-352.

Young A,Internalizing and Externalizing Medical Belief Systems: An Ethopian Example,Social Science and Medicine,1976(3):147-156.

Young A,The Anthropologies of Illness and Sickness, Annual Review of Anthropology,1982(11):257-285.